国家社科基金项目成果农村老年人居家养老服务体系研究【11BRK006】

农村老年人居家养老服务体系研究

张国平 著

中国社会科学出版社

图书在版编目（CIP）数据

农村老年人居家养老服务体系研究／张国平著．—北京：中国社会科学出版社，2015. 12

ISBN 978－7－5161－7479－1

Ⅰ.①农…　Ⅱ.①张…　Ⅲ.①农村—养老—社会服务—研究—中国　Ⅳ.①D669.6

中国版本图书馆 CIP 数据核字(2015)第 312007 号

出 版 人　赵剑英
责任编辑　王　茵
特约编辑　张　潜
责任校对　郝阳洋
责任印制　王　超

出　　版　中国社会科学出版社
社　　址　北京鼓楼西大街甲 158 号
邮　　编　100720
网　　址　http://www.csspw.cn
发 行 部　010－84083685
门 市 部　010－84029450
经　　销　新华书店及其他书店

印刷装订　三河市君旺印务有限公司
版　　次　2015 年 12 月第 1 版
印　　次　2015 年 12 月第 1 次印刷

开　　本　710×1000　1/16
印　　张　19.75
插　　页　2
字　　数　334 千字
定　　价　69.00 元

目　　录

第一章

农村人口老龄化与居家养老服务体系建设

第一节　中国人口老龄化现状与趋势

我国拥有庞大的人口基数，严格实行计划生育政策，经济正迅猛发展，同时呈现二元经济结构，这些基本国情决定了我国特殊的人口老龄化现状：老年人口数量大、增长快、高龄化严重、老龄化程度地区差异大以及人口老龄化与经济发展不协调等。

一　老年人口绝对数量大，占人口总数的比重大

据 2011 年 4 月国家统计局发布的数据显示，我国总人口（包括中国台湾地区）已达到 13.7 亿，同年 10 月，世界人口约为 70 亿[①]，我国人口总量约占全世界的 19.6%，中国依然是世界人口第一大国。

相应的，我国老龄人口的绝对数量和比重在不断上升。2011 年 4 月，第六次人口普查数据显示，全国 60 岁及以上老年人口已达 1.7 亿，占全国总人口的 13.26%，与 2000 年第五次人口普查相比上升了 2.93 个百分点。到 2011 年年底，我国 60 岁以上的老年人口达到 1.85 亿，占总人口的 13.7%，比 2010 年年末提高 0.47 个百分点；65 岁以上的老年人口为 1.23 亿，占总人口的 9.1%，比 2010 年年末提高 0.25 个百分点。

从纵向内部对比的角度，1950 年，中国 60 岁以上老年人口抚养比（60 岁及以上的人口总数占 15—59 岁的人口总数的比例）为 12.93%，而此时世界 60 岁以上老年人口抚养比为 14.08%；到 2010 年，中国与世界 60 岁以上老年人口抚养比分别为 18.09% 和 17.71%。60 年间，中国的老

① 2011 年世界人口状况报告。

年人口抚养比已发生扭转，超越世界老年人口抚养比。

从横向外部对比的角度，1950 年我国老年人口占世界老年人口的比重为 20.39%，我国总人口占世界总人口的比重为 21.84%，我国老年人口占世界老年人口的比重低于我国总人口占世界总人口的比重；而 2010 年的统计数字显示，我国 60 岁及以上老年人口占世界 60 岁及以上老年人口的比重为 21.91%，我国总人口占世界总人口的比重则约为 19.56%，我国老年人口占世界老年人口的比重已超过我国总人口占世界总人口的比重。①

二　老年人口增长速度快

首先，新中国成立后的 1949—1957 年，由于社会安定、经济发展，我国迎来了第一个人口增长高峰，如今恰逢该人口队列进入老年阶段；其次，随着社会经济持续发展，人口平均预期寿命不断延长，能够进入老年阶段的人口迅速增加；最后，我国人口总量增长步伐的减缓一定程度上使得老年人口比例扩大，2000—2010 年的 10 年里，我国人口总数增长量为 7390 万人，而 1950—2000 年的 50 年间，平均每 10 年增长人数为 1.2 亿。

我国 60 岁及以上的老年人口在 1990—2000 年的 10 年间增长了 3300 万人，平均每年增长 330 万人，2000—2010 年的 10 年间增长了 4753 万人，平均每年增长 475.3 万人，第二个 10 年比第一个 10 年的年均增长量增加了 145.3 万人。可见我国老年人口已进入快速增长时期，预计近几年老年人口的年均净增长量将超过 700 万人。②

我国老年人口系数（老年人口占总人口的比重）从 7% 上升至 14% 用了 25 年，而从 14% 上升至 21% 只用了 15 年，比大部分发达国家和地区所用时间都短，比如，法国的老年人口系数从 7% 上升至 14% 用了 116 年之久；甚至在发展中地区我国老年人口系数的增长速度也名列前茅，印度老年人口系数从 7% 上升至 14% 用了 30 年。③ 从 1999 年到 2011 年，我

---

① United Nations：World Population Prospects：The 2010 Revision，http：//esa. un. org/unpd/wpp/Excel-Data/population. htm.

② 杜鹏：《新时期的老龄问题我们应该如何面对——从六普数据看我国老龄化新形势》，《人口研究》2011 年第 4 期，第 30—32 页。

③ 袁蓓：《人口老龄化对中国经济增长的影响》，武汉大学，博士学位论文，2010 年。

国60岁以上的老年人从1.26亿增加到1.85亿，年平均增长率为3.2%，约为总人口增长率的5倍。

三　高龄化严重

通常60—69岁被划分为低龄老年人口，70—79岁为中龄老年人口，而80岁以上则为高龄老年人口。根据我国第六次人口普查数据显示，2010年我国80岁以上的高龄人口总数为2098.9万人，占全国老龄人口比重为11.8%。联合国经济和社会事务司在《2010年世界人口展望》中预测，到21世纪中叶，我国80岁以上的高龄人口总数将达到1亿左右，占我国老年人口总数的比重将达到22.5%。未来老年人口增长快于总人口增长，老年人口增长也将是全部人口增长最快的部分，所以高龄人口的比例将进一步增长。由于高龄老年人大多生理机能衰退，患病率高，失去劳动能力，生活自理出现不同程度的困难，因此高龄老人在生活上需要照料；另外，其退出劳动力市场已久，个人储蓄所剩无几，因而他们同时需要经济上的供养。我国老年人口高龄化形势越发严峻意味着纯粹被赡养人口给我国带来的负担越来越重。

四　人口老龄化地区差异大

我国人口老龄化地区的差异主要体现在城乡差异及东西部地区差异两个方面。

新中国成立以来，我国迅速完成了人口结构的转变，农村也随之实现了人口再生产类型的转变，老年人口比例迅速提高；另外，自改革开放以来，我国产业结构发生了根本性转变，城市的就业拉动力使得农村劳动力大量流向城市。在内因和外因的双重作用下，我国人口老龄化逐渐出现了城乡倒置的现象。

2000年我国农村60岁以上的老年人口系数为10.9%，而城市为9.7%，城市比农村低了1.2个百分点。至2010年，我国农村老年人口系数是14.98%，城市老年人口系数是11.47%，城市比农村低了3.51个百分点，老龄化城乡差异进一步加剧。

虽然人口老龄化城乡倒置现象在发达国家也曾普遍出现，但该现象在我国显然有其独特之处。首先，我国农村的经济发展水平远远低于城市，20世纪90年代末，我国城镇居民的可支配收入是农村的2倍多，到2009

年，城乡居民可支配收入差距扩大到3.3∶1。[①] 其次，我国人口老龄化城乡倒置的持续时间长。在未来较长时期内，农村青壮年劳动力仍会大量向城市迁移，这将导致农村老龄化程度高于城市的现状无法得到改变，预测这种状况将持续到2040年，此后城市的老龄化程度才会逐渐超出农村。

与此同时，我国人口老龄化的区域差异还表现为东西部地区的差异，这主要是东西部经济发展及医疗水平不同，气候条件也有所差异，导致东部地区人们的平均寿命相对比西部地区长。一方面，三大区域在进入老龄化社会的时间上存在较大差距，东部地区早在1992年就进入了老龄化社会，比中部地区早了整整十年，而西部地区则在2004年才以老年人口系数7.02%的水平进入老龄化社会。[②] 另一方面，从绝对差距来看，三大区域老年人口系数呈阶梯分布，由东向西依次为高、中、低，从2003年开始，绝对差距有所减小；从相对差距来看，东西部地区差距最大，紧接着是东中差距，最小的是中西差距。

五　人口老龄化与经济发展不协调

发达国家的人口发展历史经验表明，人口老龄化程度是基于一定的社会经济发展水平的。我国的人口老龄化虽然也是伴随经济高速增长而发生的，但是前者的发展速度却远远超出了后者所能承受的力度，即当前的老龄化程度与经济发展水平极不协调，被称为“未富先老”。

首先，我国的人口结构呈现老龄化并不能代表我国进入了老龄化社会，这是我们国家人口老龄化的特殊之处。联合国在1956年发表的《人口老龄化及其经济和社会影响》中指出人口老龄化的标准为65周岁及以上的人口比重超过7%。该报告还按照人口年龄结构对社会进行了划分：如果人口可以被硬性地分为年轻型、成年型和老年型的话，则年轻型是指65岁及以上的老年人口系数低于4%，成年型是指这一比例为4%—7%，老年型是指这一比例超过7%。由此可见，“人口老龄化”是纯粹从人口统计学意义上对一个社会的人口状况进行的描述，其落脚点在“人口”。

---

① 李迅雷：“居民可支配收入或被低估4万亿，扩大内需核心是缩减收入差距”，http://finance.ifeng.com/opinion/zjgc/20091010/1314075.shtml，凤凰网，政经观察。

② 李秀丽、王良健：《我国人口老龄化水平的区域差异及其分析研究》，《西北人口》2008年第29期，第105页。

而“老龄化社会”则是从更广泛的视角对整个社会的类型进行描述，不仅包含了人口老龄化程度，更涵盖了经济与社会的发展程度，通常意味着在社会经济高度发达的前提下人口呈现老龄化，并对社会经济发展起到反作用，其落脚点在“社会”。换言之，如果一个社会的人口老龄化程度开始对发达的经济和社会生活产生不利影响，并威胁到了社会赡养能力，则可以称其进入了老龄化社会。从人口与经济发展的规律来看，任何社会在其发展过程中都存在着特定的老龄人口比重转折点，一旦老龄人口比重超出该转折点都必将对经济社会的发展产生不利影响，这是“人口老龄化”与“老龄化社会”的内在联系，亦即人口老龄化的标准存在的意义就是为老龄化社会提供一条警戒线。当然，各国社会经济发展水平和结构不尽相同，对人口老龄化程度的承受能力亦不同，所以在相同的人口老龄化程度下不一定都会进入老龄化社会，反之，在进入老龄化社会的时候人口老龄化程度也不一定相同。因而，我国虽然已出现人口老龄化，但是社会经济的发展程度和特征并不足以使我国进入老龄化社会。

其次，老年人口比重的增加一定程度上阻碍着经济的发展。一方面，我国的人口老龄化尚处于初期阶段，劳动力仍在增加，其对储蓄的积极效应部分抵消了老龄化所带来的消极效应，同时由于我国老年人传统的消费观念以及目前老年人消费和投资渠道狭窄，因此我国人口老龄化在短期内会增加居民储蓄，减少社会消费。另一方面，从劳动力供给的角度来看，由于人口梯队效应，老年人口比重上升意味着劳动力资源的减少，这将成为未来经济发展战略的桎梏。

六　我国人口老龄化发展趋势

受计划生育政策、城市化和经济增长模式的影响，我国人口增长率逐年降低。预计到21世纪中叶，我国人口增长率将下降至－0.33%，占世界人口总量的比重也将下降至15%左右。即便如此，我国老龄化程度仍持续加深，预计到2030年，我国将进入人口老龄化最严峻的时期，一方面，老年人口总数将迎来高峰，据预测，2030年我国60岁以上老年人的总数将达3.43亿，2050年达4.5亿左右；另一方面，随着老龄化的加剧，老年人口抚养比大幅度攀升，2030—2050年，我国老年人口抚养比将保持在40%—50%。①

同时，我国高龄化的趋势也愈加突出，预计2030年和2050年我国80岁以上老年人的数量将分别达到3959万和9962万，分别占全世界80岁以上老年人总数的20.29%和24.75%。

目前我国经济正在持续发展，社会各方面因素都有利于人口向经济发达地区的迁移，然而在城市吸纳农村劳动力达到饱和、农村生育水平降低后，现存的由农村向城市、由中西部地区向东部沿海地区的大规模劳动力转移现象将难以再现，预计2040年以后，年均城乡转移人口规模仅为120万—160万②，同时，历史上大规模迁入城市的人口逐渐步入老年，为扭转老龄化城乡倒置的局面提供了条件。

第二节　中国农村人口老龄化现状与趋势

根据第六次全国人口普查数据公报，我国大陆居住在城镇的人口占全国总人口的49.68%，虽然已有近半数人口生活在城镇，但我国老龄问题的重心仍在农村。目前我国的社会保障体系尚不够健全和完善，农村的社会保障资源更是不足，因此农村养老资源仍主要来自家庭，而在代际关系弱化和代际资源转移不畅的今天，农村的老龄问题就显得尤为突出。

一　农村人口老龄化的现状

（一）老年人口总数大

我国拥有全球最大的人口规模，相应的，老龄人口总数亦居全球首位，是全世界唯一老龄人口过亿的国家。同时我国老龄人口增长势头迅猛，从人口成年型国家过渡到老年型国家仅用了其他国家1/4左右的时间。作为农业大国，我国农村人口（居住在农村的人口）占总人口的50.32%③，由此可知我国农村老龄化形势之严峻。

2010年全国第六次人口普查数据显示，我国大陆60岁及以上的人口

---

① 姜卫平：《中国人口发展趋势》，《人口与计划生育》2010年第8期，第9—10页。

② 王金营、原新：《分城乡人口预测中乡—城人口转移技术处理及人口转移预测》，《河北大学学报》2007年第3期，第17—18页。

③ 2010年第六次全国人口普查主要数据公报。

有1.78亿，占总人口的13.26%，而整个欧洲60岁及以上的老年人口数仅为1.58亿。到2011年年底，我国60岁及以上的老年人口达到1.85亿人，占总人口的13.7%。《中国老龄事业的发展》白皮书中指出，中国老年人口近六成分布在农村，由此可推算出我国农村60岁以上的老年人口约超1亿人，是全球罕见的农村老龄人口过亿的国家。

（二）老龄化系数高

根据2010年全国第六次人口普查数据，我国农村60岁及以上老年人口占农村总人口的比重为14.98%，相比2000年第五次人口普查的10.9%上升了4.08个百分点，年均增长率0.4%。

理论上，农村地区的计划生育政策存在更多疏漏，生育率水平更高，其老龄化程度应该低于城镇。但实际上，大量的农村劳动力流向城镇使得城镇的老龄化程度得到一定缓解，同时提高了农村的老龄化程度。目前，留守老人已成为我国农村常住居民的主体，2011年我国农村留守老人达4000万，其中65岁以上的留守老人有2000万。因此，农村实际老年人口比重更高，调查表明，2009年全国农村实际老年人口系数已超过18.3%。

（三）高龄化趋势明显

与全国人口老龄化情况相同，农村人口老龄化亦显现出高龄化趋势。中国人口统计年鉴数字显示，1982年，我国农村80岁及以上的高龄老人约为400万人，2000年该数字增长到818万。2010年我国农村80岁及以上的高龄老人总数达1195万，约占农村老年人口总数的12%，较2005年的10.8%增长了1.2个百分点。

农村高龄化不仅体现在数量上，同时也体现在增长率上。将农村老年人口划分为60—69岁、70—79岁以及80岁以上三个年龄段，1982年第三次人口普查至1990年第四次人口普查8年间，这三个年龄段的人口年均增长率呈递增趋势，分别为1.7%、2.2%和4.7%；而1990年第四次人口普查到2000年第五次人口普查10年间，这组数据分别为1.0%、2.4%和3.6%；2000年第五次人口普查到2010年第六次人口普查的10年间，这组数据分别为1.3%、1.3%和4.6%，可见，80岁以上高龄老人的年均增长率明显高于其他年龄段的增长率。

二　农村人口老龄化的趋势

（一）老龄化系数和老龄化指数持续攀升

据预测，我国农村老龄化系数（60岁及以上的老年人口数/人口总数×100%）在2050年以前将持续升高。2011年，我国农村老年人口系数约为15.36%，预计到2018年将突破20%，2029年超过30%，2050年将达到峰值40.18%。

我国农村老龄化指数（60岁及以上的老年人口数/14岁以下的儿童人口数×100%）直到21世纪初期一直略低于城镇老龄化指数。1982年我国农村老龄化指数为21.9%，2000年为42.8%，2010年上升为78.2%，而2010年城镇老龄化指数为83.01%，农村老龄化指数逐年逼近城镇老龄化指数，2015年农村老龄化指数将突破100%。[①]

（二）老年抚养比逐年提高

从1964年到2050年，我国农村人口的总抚养比（非劳动年龄人口数/劳动年龄人口数×100%）动态曲线以2000年为拐点呈"U"形变化。1964年，我国农村人口总抚养比为77.4%，2000年下降为49.3%，此后开始回升，2011年上升至52.2%。农村老龄化的不断深化将加速农村总抚养比的提高，2010年农村老年人口抚养比为22.75%，2011年为23.37%，提升了0.62个百分点。2015年农村老年人口抚养比将赶超少儿人口抚养比，2023年农村老年人口抚养比将超过40%，在经历一个快速上升阶段后，2030年将突破60%，紧接着渐趋平稳直至2045年，此后又将进入快速发展的阶段，届时，我国农村老年人口抚养比将逼近90%。

（三）老年人口规模先升后降

2010年，我国农村60岁及以上的老年人口总数约为9930万，2011年增加到1.08亿，2013年超过1.3亿，预计2026年将达到1.5亿，2034年将达到峰值1.67亿，此后将会缓慢下降，预测2050年下降到1.4亿。

---

① 陈昱阳：《中国农村老龄人口经济供养与福利制度研究》，西南财经大学，博士学位论文，2011年，第39页。

（四）2035年前老龄化快速发展

2011—2035年，我国农村60岁及以上老年人口比例的增长率预计均在1%以上，大部分年份在2%以上，最高时甚至将超过5%。2035年以后，老年人口比例的增长率将逐年回落至1%以下，2043年以后又将出现小幅回升，但增长率仍维持在1%左右。

（五）2030年后高龄化加速发展

2010年，我国农村80岁及以上老年人占农村老年人口总数的12%，直至2030年以前，农村高龄化程度将在该水平上下平稳运行。2030年开始，农村高龄老年人占老年人总数的比例将开始爬升，2035年将超过15%。2041年以后将开始新一轮更加猛烈的提速，至2050年农村高龄老人占老年人总数的比例将达到26.54%。

总体来看，我国农村人口老龄化在目前和将来一段时间内将呈现出数量大、速度快、持续时间长的特点，可分为三个发展阶段：2011—2020年快速发展，老龄化速度前期较高，后期减速，高龄化趋势平稳，该阶段是我国农村人口老龄化向高位发展的最后缓冲期，同时是我国应对人口老龄化的重要战略机遇期；2021—2033年高速攀升，我国人口老龄化的发展进入前所未有的高速时期，高龄化趋势仍相对稳定，该阶段是我国农村人口老龄化的高位冲刺期，是我国应对人口老龄化的关键时期；2034—2060年高位运行，老龄化指数将超过35%，随着城市化程度进一步加深，老龄人口规模和发展速度均有所下降，而高龄化速度加快，该阶段将是我国农村人口老龄化负担最重的时期。

第三节　中国农村人口老龄化的特点

一　人口老龄化程度城乡倒置

1982年全国第三次人口普查数据显示农村的人口老龄化程度高于城镇，自此，我国人口老龄化城乡倒置的现象开始慢慢凸显。如今，城乡人口老龄化程度严重倒置已成为我国人口老龄化的一大典型特征。

劳动力从农村向城市的流动是造成我国农村人口老龄化程度高于城镇的“罪魁祸首”。根据国家统计局2009年的数据，我国有农民工2.29亿人，其中离开本县6个月以上的有1.45亿人，造成农村独居老人2000余万。随着城市化进程加深，短期内我国农村老龄化问题将进一步深化。

从老龄化系数来看，1982 年我国农村老龄化系数为 7.8%，城镇为 7.4%，农村比城镇高出 0.4 个百分点；1990 年农村老龄化系数为 8.7%，城镇为 8.2%，农村与城镇的差距拉开到 0.5 个百分点；2000 年，城乡老龄化差距再次扩大，农村老龄化系数为 10.9%，城镇为 9.7%；2005 年全国 1% 的人口抽样调查数据显示，农村老龄化系数为 13.7%，城镇则为 12.1%；[①] 直到 2010 年第六次人口普查时，农村老龄化系数为 15%，已比城镇高出 3.5 个百分点。此外，农村老龄化系数的增长率历来高于城镇老龄化系数增长率，且增长幅度呈现加速状态。

截至 2010 年 11 月，我国农村总人口为 6.628 亿人，城镇总人口为 6.70 亿人，我国 60 岁及以上老年人口为 1.776 亿人，其中农村 9930.33 万人，城镇 7829.11 万人，也就是在农村总人口比城镇总人口少 720 万的情况下，农村老年人口规模却是城镇的 1.27 倍。

2010 年，农村老年人口抚养比为 22.75%，城镇老年人抚养比为 15.74%，意味着在农村每 100 个劳动年龄人口要抚养约 23 个老年人口，而在城镇每 100 个劳动年龄人口只需抚养约 16 个老年人口。

从老龄化发展的速度来看，农村比城镇的老龄化更快，这从上文城乡老龄化系数的增长可知。另外，从人口老龄化指数看，2015 年农村老龄化指数将突破 100%，这将比城市早 12 年；此外，农村 2028 年将进入重度老龄化时期，届时每 3 名农民中就有 1 名老年人，而这比城市提早整整 20 年。

二　农村人口老龄化区域不平衡

我国农村人口老龄化表现出明显的区域差异，华东地区以及西南的四川、重庆等地的农村老龄化程度较深，2010 年重庆农村 60 岁及以上老年人的比重超出了 20%；而西北和东北地区的农村老龄化程度较弱，西藏、青海和新疆地区的农村 60 岁及以上老年人比重均不足 10%（见图 1－1）。[②]

---

① 2005 年全国 1% 人口抽样调查资料中国人口统计年鉴。

② 中国人口和就业统计年鉴，2010 年。

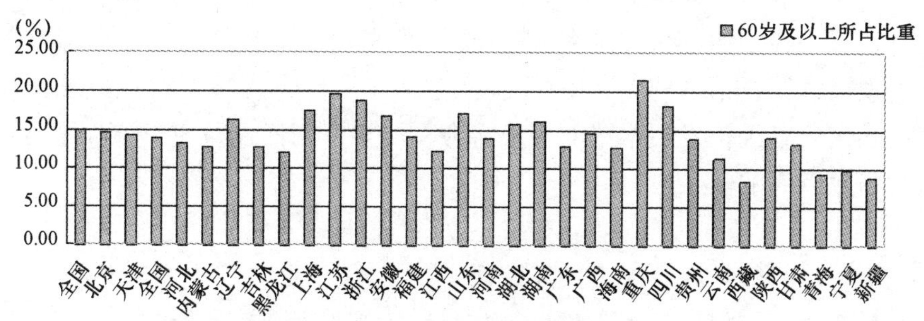

图1－1　2010年各地区农村老龄化系数

三　农村人口老龄化与其社会经济发展不协调

不同于发达国家的“先富后老”或“富老同步”，我国人口老龄化问题的突出特征是“未富先老”，即我国是在社会经济发展水平尚不发达、尚未实现现代化的情况下人口出现老龄化的，换言之，我国人口老龄化的程度较经济发展水平超前。尽管目前我国经济也在飞速发展，但随着老龄化步伐的加快，老龄化程度与经济发展水平的差距将进一步拉大，并预计在2040年前后达到高峰。

我国农村的物质基础相比城市更薄弱，社会保障制度也欠完善，社会服务严重滞后，养老资源稀缺，而人口老龄化程度又相对更高，形势更严峻。而在这种矛盾的基础上，农村人口老龄化又必然会抑制农村经济的发展，导致两者之间更深刻的矛盾。

自20世纪90年代以来，随着农村劳动力大规模向外转移，留守在农村的大多是老幼妇孺，这对农村社会生产造成的负面影响是不可小觑的。首先，农村青壮年的流出直接导致农村生产力数量和质量的双重削减，农业生产后劲不足，产业升级缺乏积极性、主动性，生产力水平提高艰难，甚至出现向传统生产方式倒退的趋势。其次，随着农村劳动力出路多元化，非农化转移增加，农业经营收入所占的农村家庭收入比重逐渐降低，越来越多的农民仅把土地耕种作为副业进行粗放经营，这使得农村土地利用率下降，宝贵的土地资源得不到有效发挥。最后，近年来全国各地空心村的出现已不罕见，特别是中西部地区，农村建设尤显力不从心，水利设施年久失修，乡村道路崎岖不平，基础设施严重落后，以致土地撂荒，村庄萎缩。

可见，农村人口老龄化在领先于农村社会经济发展的同时更在不断抑制其发展，在中西部许多农村已形成了“流动多、老龄化快、保障难度大、发展慢”的恶性循环。在目前及将来几十年，我国农村人口老龄化程度超前于其经济发展水平的现象将愈发凸显，因而农村应对该种矛盾的压力将是巨大的。

四 农村老年人超过三成无配偶

对于我国农村老年人来说，日常照料、精神慰藉等养老支持仍主要来自配偶。从历年对农村老年人婚姻状况的调查中可知，农村老年人无配偶的比例明显缩小，但比起城市，这一比例仍相对较高。2010 年第六次人口普查的数据显示，城市 60 岁及以上老年人无配偶的比例为 24.8%，农村为 31.8%，相差整整 7 个百分点。在农村无配偶老年人中，未婚的占 2.4%，离婚的占 0.6%，比例最高的为丧偶，占到 28.8%。尽管历年来，随着医疗水平的进步和人均预期寿命的延长，农村老年人丧偶的比例逐年降低，从 1990 年的 39.5% 降到 2010 年的 28.8%，然而其仍是构成老年人无配偶的最大因素。相比城市，农村各方面的养老资源本就存在劣势，再加上来自配偶的支持又比城市老年人匮乏，由此我国农村老年人所面临的养老问题更为棘手。

此外，农村女性老年人的丧偶率偏高。2010 年，在 28.8% 的丧偶老人中，女性占到了 19.7%，男性仅为 9.1%。

在农村女性 60 岁及以上的老年人中，未婚和离婚的比例之和尚不足 1%，而丧偶的比例却接近四成，是女性老年人无配偶的首要原因。在 60 岁以上的各个年龄段，女性老年人丧偶率均高于男性老年人，并且其差距随着年龄的增大而增大。

五 农村独居老年人规模庞大

随着农村人口自然增长率的下降和人口的迁移流动，农村家庭规模和结构已经发生变化，尽管农村 4 人及以上的户数还是比城镇多，但是近年来农村平均家庭户规模在不断缩小，四世同堂或更大规模的家庭已不多见。1982 年，我国农村平均家庭规模为 4.6 人，2010 年下降为 3.3 人，28 年间下降了 28%。

根据第五次、第六次全国人口普查及 2005 年全国人口抽样调查数据，我国农村家庭一人户的比例逐年增长，2000 年我国农村家庭中有 6.9% 是一人户，2005 年这一比例为 10.1%，2010 年上升为 12.4%，其中 60 岁及以上的一人户占了四成之多，换言之，2010 年我国农村家庭中有 5.3% 是 60 岁及以上的独居老人。

随着农村劳动力大量向城市转移，农村老年人空巢家庭急速增加。2000 年第五次人口普查数据表明，我国农村 60 岁及以上的独居、空巢老年人约为 1800 万人；据推算，2009 年，农村独居和空巢、类空巢老年人突破 2000 万人；2012 年，全国农村空巢家庭占农村老年人家庭总数的 38.3%。[①]

六　农村老年人健康状况堪忧

老年人的健康状况对于居家养老是一个至关重要的因素，第六次全国人口普查数据显示，我国农村 60 岁及以上的老年人生活无法自理或半自理的占全部老年人的 1/5 左右，而城镇老年人中该人群只占城镇 60 岁及以上老年人总数的 1/8 左右。在农村，3.3% 的老年人生活完全无法自理，而城镇生活完全无法自理的老年人比例为 2.5%，比农村低了 0.8 个百分点。但生活只能半自理的老年人的城乡差距却大得多，农村生活只能半自理的老年人占老年人总数的 16.9%，城镇为 9.8%，两者相差 7.1 个百分点。总体而言，农村老年人的整体健康状况远不如城镇老年人。

调查显示，农村老年人患关节炎、类风湿性关节炎和慢性支气管炎等慢性病的概率比城镇老年人明显偏高。在农村老年人所患的各种慢性病中，患病率最高的是关节炎，高达 34%，其次是高血压、类风湿、慢性支气管炎、颈椎腰椎病及心脏病。这是由于农村老年人经济状况普遍不理想，加之意识淡薄，缺乏常识，许多老年人患病后未能及时就医。2006 年的一项调查显示，11.1% 的农村老年人即使病情严重仍不接受治疗、73% 的农村老年人患病后不及时就医的原因是经济困难。

除了生理健康状况令人忧虑外，农村老年人的心理健康状况也值得关注。2009 年针对全国 10 个省的农村老年人生活状况的调查结果表明，农

① 全国老龄办农村空巢家庭老年人状况调查研究课题组：《全国农村空巢和类空巢家庭老年人状况调查》，《中国社会工作》2009 年第 5 期。

村老年人的自杀率普遍高于农村整体自杀率，其中，中部地区农村自杀率最高，南部地区次之，北部地区最低，这很大程度上是由当前农村家庭结构变动和代际关系疏远导致的。农村老年人物质资源相对匮乏，精神寄托难以实现，医疗服务不完善，这些均易导致老年人精神陷入绝望和无助，从而使自杀率上升，进一步促进了农村老龄化问题的纷繁复杂。

七　经济来源单一且匮乏

在对农村老年人生活满意度的调查中发现，影响其满意度的因素是多方面的，并且影响程度不同，其中经济状况的影响作用尤为重要，充足的经济保障是提高农村老年人生活满意度的基础前提。

第六次人口普查数据显示，我国农村老年人的生活来源主要是家庭其他成员供养及自己劳动所得，其占总收入比例分别为 47.7% 和 41.2%，其他收入仅占总收入的 10% 左右，其中离退休养老金占 4.6%，最低生活保障金占 4.5%，财产性收入仅为 0.2%。相比之下，城镇老年人的经济收入构成中，离退休养老金的比例超过 50%，与农村老年人的离退休养老金 4.6% 的比例差异悬殊。城镇老年人来自家庭其他成员的经济支持比农村低了 16.3 个百分点，为 31.4%；城镇老年人劳动收入占 12.9%，比农村老年人劳动收入的 41.2% 低了 28.3 个百分点。

农村老年人经济来源不仅结构单一，而且来自社会、单位和政府的支持力度弱，这直接降低了农村老年人的生活质量，为农村老年人居家养老服务带来诸多难题。

第四节　加快建立农村居家养老服务体系的必要性和可行性

一　建立农村居家养老服务体系的必要性

（一）家庭结构变化冲击着传统的家庭养老功能

1. “四二一家庭”

20 世纪 70 年代末，我国开始实行计划生育政策，独生子女在新增人口中所占比例迅速提高，并由此产生了“独生子女家庭”这一特殊的家庭形式。而今，我国最早的一批独生子女早已进入婚育年龄，在计划生育政策的持续影响下，产生了新一代的独生子女，大量的“独生子女家庭”

逐渐演化形成“四二一”家庭结构——四个老人是第一代，一对夫妻是第二代，一个孩子是第三代。

虽然现阶段我国绝大多数老年人都有多个子女，但是在未来十年里，第一批“独生子女家庭”中的老人将陆续步入老年期，“四二一”家庭中的第一代将成为我国老年人群的主力军，届时，这一批独生子女作为政策导向下的特殊群体会承受巨大的养老压力，“四二一”家庭结构在赡养老人方面的弊端将显露无遗。

一方面，随着我国平均家庭规模趋小，家庭内部赡养老人的人力资源缩减，而且时代步伐加快使得独生子女们把更多的时间精力投放到对事业和个人的追求中，这又导致赡养老人的物质和时间资源进一步缩减；另一方面，代际关系重心的下移在我国当前的社会尤为显著，家庭对孩子的关注度远远高于对老人的关注度，老年人在家庭中的地位日渐衰落，甚至出现部分养老资源向育儿资源的倒流，从而形成“养老倒挂”的现象。这不仅不利于我国传统家庭代际关系的构建和巩固，使代际产生疏离感，而且会威胁到整个社会的“养老安全性”。

在社会总抚养比整体上升的情况下，农村老年人所面临的养老困境更甚于城市老年人。人们对于人口老龄化的预期会使其降低消费、提高储蓄，以减轻子女未来的负担，同时保持自身消费水平的平衡。然而同样是提高储蓄率，对于城镇和农村的“四二一”家庭造成的影响却是不同的。由于城乡收入差距大，城市独生子女父辈的储蓄能够在一定程度上缓解“四二一”家庭结构所带来的养老困境，而农村该种储蓄的缓解作用却十分有限，因此家庭结构发生变化导致了农村家庭的赡养负担重于城市家庭。

2. “空巢家庭”

“空巢家庭”在农村的迅速蔓延也提高了农村老年人的养老难度。其实“空巢家庭”的现象由来已久，但是近年来随着其在农村家庭中的比例越来越高，“空巢老人”已经成为农村一个庞大的群体而备受社会的关注。造成农村“空巢家庭”比例快速上升的原因主要是大量的农村劳动力向城市转移。首先，受城乡二元经济结构的影响，城市的各种优势资源对农村剩余劳动力产生了巨大的拉力，吸引其大量迁往城市；其次，我国农业产业结构的调整要求发展非农产业，跳出“农”字，鼓励劳务输出，因而形成了一种农村对剩余劳动力的推力，促使其外出务工；最后，随着社会转型，年青一代农民的生活方式和价值观念也发生了一定变化，从而使代际交流出现障碍，年轻人更愿意去城市打拼而不愿被捆绑在父母身边。

“空巢家庭”的大量增加及空巢期的延长已经成为我国现代家庭形式发展的主要特征，2012 年，农村“空巢家庭”的比例达到了 38.3%，增长速度高于城市。“空巢家庭”的老年人在经济支持、生活照料和精神慰藉多方面得不到满足，而相比于城市，农村“空巢老年人”的养老困境显然更突出。城市老年人的物质资源本就比农村老年人丰富，城市的公共资源和社会保障制度也相对完善，同时城市老年人也较易享受到来自社会、社区和市场的各类养老资源，而农村老年人则无论在物质还是精神上的支持都处于劣势，因此“空巢家庭”给农村老年人带来的养老困扰是值得引起重视的。

（二）农村养老机构的缺陷

我国的养老机构一般可分为福利机构及老年公寓，福利机构是由政府出资兴建，主要的收养对象是城市“三无”老人及农村的“五保”老人；老年公寓则大多是民办机构，针对其他社会老人。

在农村，福利机构主要采取敬老院模式对农村“五保”老人进行集中供养服务。近年来，我国农村养老机构的发展取得了长足的进步，机构数量及床位均有相当程度的增加，但是总体来说，农村养老机构在数量及服务质量上仍然无法满足农村老年人的养老需求。

首先，农村养老机构的资金来源单一。我国农村地区经济发展水平较为落后，农村养老机构主要依靠乡镇政府的补贴和村集体筹资维持经营，社会资金的注入极少，资金来源单一而短缺。养老机构所获补贴基本仅够用于基础设施建设和维持老人的日常基本需求，很难有剩余资金来为老年人提供更多的服务内容，这也造成农村养老机构无法向广大农村社会老人开放，致使入住人员性质的单一性。而建设养老机构所需投入的资金是巨大的，新建一个拥有 100 张床位规模的养老院初期投资就需要约 2000 万元，每年还需至少几十万元的常规性投入，而这足以为 1000 位老人购买至少 16 年的居家养老服务。

其次，农村养老机构的功能定位不明确。美国根据老年人的健康状况和生活自理能力将养老机构分为技术护理照顾型养老机构、中级护理照顾型养老机构及一般照顾型养老机构，我国香港同样将养老机构分为高度照顾安老院、中度照顾安老院及低度照顾安老院。然而，目前我国农村养老机构基本由乡镇政府承办，收养对象以农村“五保”老人为主，而不具有“五保”资格的老人即使生活无法自理也很难入住，这使得农村养老机构实际上成了农村“五保户”集中供养的场所，而并非根据老年人实际健康状况进行分类的养老场所。这就导致生活能够自理的老年人占用了大量床位，而真正有需要入住养老机构的老年人却无法得到照顾，造成本就匮乏的农村养老资源进一步的浪费。

再次，农村养老机构人力资源匮乏。国际上普遍认为养老机构职工数与老年人数量比例在 1∶5 较为合适，我国民政部规定该比例在 1∶10 以内。然而我国农村地区养老机构职工数与老年人数量比大多超过 1∶10，职工总量严重不足，配置严重失衡。由于近年来农村养老机构床位有所增加，相应的，入住老人也不断增加，但工作人员的增长速度却严重滞后，导致职工与老年人数量差距越来越大，工作人员相应更加缺乏。同时，我国农村养老机构职工在结构上亦十分不合理，正式职工占职工总人数的比例低，职工更换频率高，接受过老年人护理专业培训和拥有职业资格水平认证的职工人数少，职工年龄总体偏大，存在“以老养老”的现象。总体而言，由于农村养老机构属于非营利机构，职工的薪资水平低，导致对专业人才的吸引力小，从而使农村养老机构人力资源供应不足，质量欠佳。

此外，农村老年人对养老机构的认知不够。由于“养儿防老”的传统观念在人们心中根深蒂固，尤其是农村老年人，因此大部分农村老年人对机构养老的模式存在很大程度的不认同。长期以来，我国农村养老机构一直属于国家兴办敬老院的模式，收养对象大多是鳏寡孤独的“五保”及“低保”老人，这直接导致许多老年人在态度上排斥机构养老的模式，部分采取家庭养老的老年人甚至对机构养老的老年人存在心理优越感。另外，农村老年人对于养老机构的生活不论从心理还是习惯上一时都无法适应。

最后，农村养老机构导致老年人缺乏人文关怀。老年人一旦入住了养老机构，子女亲友们认为其有人照顾便比较放心，会减少对老人的探望；即便不是如此，老年人在养老机构中也始终无法享受到在家中的天伦之乐。人至暮年，对精神慰藉和亲情交流都有一种特殊的需求，而机构养老只是为老年人提供物质保障，精神支持的空缺却很难弥补，无法给老人归属感。虽然养老机构中聚集了老年人，一定程度上可以减轻其孤独感，但是往往也因此而缺乏生机，并且经常性的死亡是不可避免的，这会对老年人的心理造成极大阴影，不利于老年人身心健康。

值得注意的是，机构养老由于投入成本过高和土地资源限制，即使在发达国家也无法成为老年人养老的主流选择。因此，最高效地利用有限的养老资源，探索一种符合国情和民情的新型养老模式成为当务之急。

（三）家庭养老的伦理道德基础削弱

“养儿防老”是我国几千年来的传统观念，并通过家庭养老的形式表现出来，孝道是中国传统社会家庭伦理道德规范核心和社会基本行为规范的重要标准。然而，自新中国成立以来，孝道遭遇了一系列功能错位、缺位和衰落。

20 世纪 50—60 年代中期，我国政治上“左”的错误和所有制的改变对家庭关系产生了重大的不良影响，使年轻人对“孝”的践行出现了一定程度的错位。紧接着的“文化大革命”更是对传统孝道产生了毁灭性的打击，磨灭了其在人们心目中一贯的地位，使孝文化的传承出现了断层。1978 年十一届三中全会以后，经济发展不仅主导了整个社会的走向，还逐渐影响到人们的行为准则，人们对自身利益的追求更甚，代际情感疏离，孝道伦理逐渐淡化。随着计划生育的实行和家庭模式的现代性转变，代际重心下移，年青一代越来越多地享受自由和追求自我价值，同时却造成了老年人晚年的孤独和寂寞。

与此同时，社会的转型也给养老风尚带来巨大的冲击。在稳定有序的社会中，人们较易形成普遍的精神信仰，而处于转型期的社会则会对人们的精神信仰产生巨大冲击。当今社会，传统孝道已出现一定程度的崩塌，而新型的养老伦理尚未成型，这种过渡并非一蹴而就，在这一过程中，对于社会频现的无德养老现象尚没有合适的处置手段，若不及时采取措施加以引导和挽救，就会加大道德不自律者的逃避心理，偏离舆论走向和价值取向，给社会转型期的养老风尚带来冲击和误导。

（四）人口平均预期寿命的延长增加了养老需求

人口平均预期寿命是综合反映人口健康水平的重要指标，我国社会经济的飞速发展、医疗技术的进步和卫生健康体系的逐步完善使人们的生活水平得到了很大提高，人口平均预期寿命进一步延长。

1981 年，我国人口平均预期寿命为 67.77 岁，1990 年达到 68.55 岁，

2000 年达到 71. 40 岁，2010 年达到 74. 83 岁，30 年来人口预期寿命加速提高。同时，女性平均预期寿命高于男性，提高速度也比男性快，2010 年我国女性平均预期寿命 77. 37 岁，比 2000 年提高 4. 04 岁；男性预期寿命 72. 38 岁，比 2000 年提高 2. 75 岁。10 年间男女平均预期寿命之差从 3. 07 岁扩大到 4. 99 岁。可以想见，随着我国人口预期寿命的进一步提高，老年人的养老需求必然增加。

然而，人口平均预期寿命虽然能够说明人口的宏观特征，却无法表达人们在所延长的寿命中的健康状况，即老年人有可能生活在不健康的状态下，或者说，老年人实际健康生活的年限并不能在人口预期寿命中体现。在平均预期寿命延长的同时，人们的不健康期也相应延长了。老年人随着年龄的上升，不仅生活自理能力下降，空巢期也延长了，从而增加了对养老期间的生活和经济支持的需求。

此外，随着人们预期寿命的延长，老年人丧偶比也提高了，而来自配偶的支持对老年人养老具有极其重要的意义，高龄老年人和女性老年人从配偶处获得养老资源尤其困难。

因此，人口预期寿命的延长势必是对我国当前老年人养老现状的一种挑战。

可见，不论是传统家庭养老还是机构养老，在现今社会的发展形势下，都面临着诸多困境。在日趋严峻的人口老龄化趋势下，两种养老方式都无法满足老年人巨大而多元的养老需求，尤其是农村养老服务供给与农村老年人的养老需求之间的缺口更大。为保障农村老年人的晚年生活质量，突破农村养老的重重困境，必须采取措施使当前农村的养老模式实现转型变革，走出一条符合我国国情的养老新路子。在此种情况下，一种新型养老模式——农村居家养老便应运而生。

从心理层面，建设农村为老服务体系是稳定农村居民社会认同感、提升农村居民社会自我价值感的有效途径。建设和完善一个针对农村居民的为老服务体系是社会进步的有效举措，通过为老服务体系的建设，农村居民可以切实体会到社会对其的认同感，并对自身价值产生积极认可，是提升农村居民幸福感的有效手段。同样，缩短农村社会保障服务体系与城镇社会保障服务体系的差距，拉近农村人口养老与城镇人口养老的物质差距、心理差距，是缩小社会保障地区发展不平衡的重要体现。获得与城镇人口一样的社会保障，既是经济发展的需要，也是缩小农村人口社会保障与城镇人口社会保障的心理差距。

建立农村居家养老服务体系是关注民生、构建和谐社会的必然要求。胡锦涛同志曾经强调："在我们这样一个农民占多数人口的国家里，农民是否安居乐业，对于社会和谐具有举足轻重的作用。广大农民日子过好了、素质提高了，广大农村形成安定祥和的局面了，和谐社会建设的基础就会更加牢固。"农村养老服务体系的构建显然关系到农村社会的稳定与和谐，农村居家养老模式既符合老年人的养老意愿，也减轻了家庭的负担，分散了社会的压力，能够实现农村社区的稳定发展，有利于和谐社会的构建。

二　建立农村居家养老服务体系的可行性

1995 年第五十届联合国大会报告上，联合国秘书长指出，老年人养老的目标是促进《联合国老年人原则》的实施。该原则强调，老年人应能在有收入、有家庭和社区的帮助及自助的情况下，获得足够的食物、水、住房、衣着和保健，应能尽可能长期在家居住，应得到家庭和社区根据各自社会的文化价值体系而给予的照顾和保护。可见，联合国提倡并支持居家养老的模式。作为舶来品，居家养老模式在我国各大城市的养老方式中已崭露头角并逐渐占据一席之地，而在我国农村尚未有长足的发展，但这并不代表我国农村不能为老年人居家养老模式提供肥沃的土壤。

（一）农村居家养老模式的政策支持

一直以来，党和政府高度关注着我国社会保障体系的建设和完善，尤其是养老保障制度的建设。1996 年颁布实施，并于 2012 年 12 月第二次修订的《中华人民共和国老年权益保障法》总则的第五条规定：国家建立和完善以居家为基础、社区为依托、机构为支撑的社会养老服务体系。2008 年，国家发改委、全国老龄办和民政部等十部委联合制定了《关于全面推进居家养老服务工作的意见》（以下简称《意见》），《意见》指出：全面推进居家养老服务，是破解我国日益尖锐的养老服务难题，切实提高广大老年人生命、生活质量的重要出路；是弘扬中华民族尊老敬老优良传统，尊重老年人情感和心理需求的人性化选择；是促进家庭和谐、社区和谐和代际和谐，推动社会主义和谐社会建设的重要举措；也是加快发展服务业，扩大就业渠道和促进经济增长的重要途径。同时，《意见》提出我国全面推进居家养老服务的基本任务是"积极推动居家养老服务在城市社区普遍展开，同时积极向农村社区推进”，具体而言，“农村社区依托乡镇敬老院、村级组织活动场所等现有设施资源，力争 80% 左右的乡镇拥有一处集院舍住养和社区照料、居家养老等多种服务功能于一体的综合性老年福利中心，1/3 左右的村委会和自然村拥有一所老年人文化活动和服务的站点”。在民政部的倡导下，全国各省市相继出台了建设发展农村居家养老服务体系的政策法规，为农村开展居家养老服务提供了政策依据。

（二）农村居家养老模式符合我国国情及农村经济现状

自改革开放以来，我国的经济发展速度和 GDP 总量在全球遥遥领先，但是从人均 GDP 和经济发展质量来看，我们与发达国家仍存在较大差距，因此在应对人口老龄化、解决老年人养老问题时仍有诸多困难，即所谓“未富先老”。发达国家的人口老龄化是伴随经济发达、城市化和工业化比较成熟而来的，而我国则不然。发达国家在 65 岁及以上老年人比重达到 7% 时人均国民生产总值一般超过 10000 美元，而我国在进入该种程度的老年化水平时人均国民生产总值仅在 1000 美元左右。可见，经济实力的欠缺是导致我国目前社会养老保障机制不健全、覆盖面小、保障水平低等多方面问题的重要原因。

由此，在社会养老的发展举步维艰、家庭养老在新的时代背景下又力不从心的尴尬处境下，寻求和发展一种新型养老模式来弥补社会养老不足和家庭养老不力是迫在眉睫的任务。

实践表明，居家养老服务具有成本低、受益高、覆盖广、服务方式灵活等多重优点。统计显示，设置一个养老床位的费用相当于起码 150 位老人在社区内接受居家养老服务一年的照料费用。居家养老模式将一部分的养老功能向社会转移，既减轻了家庭的经济负担，又节省了政府对养老福利的资金投入，分散了社会压力。因此，从宏观上来说，居家养老模式是适应我国“未富先老”国情的一种养老模式。

从微观上来说，居家养老模式又符合农村经济水平相对落后的现实条件。首先，居家养老与养老院模式相比，大大减少了老年人的住宿成本，降低了整体的养老费用。其次，老年人居住在家中，家人承担了主要的照料责任，从而也减少了相当一部分养老费用支出。可以说，居家养老模式把有限的养老资源集中使用于老年人急需和必要的项目上，在大大提高养老资源利用率的同时提升了老年人的生活质量。再次，农村居家养老模式基础建设投资少，农村只需将几间房稍加改造就可以成为一个养老服务中心，这样就可省去大量建设费用而将其更多地投入提高养老服务中去。最后，农村居家养老模式一般采取低偿或无偿的方式为老年人提供服务，且服务方式灵活，在满足老年人需求的同时还能发挥居家养老模式的最大效能。

（三）农村居家养老模式的文化支撑

一种制度的稳固建立和持久发展，不仅需要政策和经济的支持，也需要适合制度成长的文化背景作为支撑。居家养老模式作为舶来品，在融入我国养老体系的过程中必定需要分析我国特殊的文化环境。

居家养老模式符合我国的“孝文化”。自古以来，以“孝敬长辈”为核心内容的孝文化在中国有着悠久的历史和深厚的影响，孝道是衡量一个人道德修养的首要指标，“养儿防老”亦是人们的传统观念，其在农村的影响力尤为深远，至今仍在我国农民意识中占据着主流地位，我国宪法也规定赡养老年人是成年子女的义务。居家养老模式恰好可使老年人居住在家中而得到家庭和社会的双重照料，使年轻人能够尽到尊老敬老的义务，也满足了老年人享受亲情抚慰的心理需求，因此居家养老模式能够成为农民喜闻乐见的一种养老模式。

（四）农村居家养老模式可充分利用农村丰富的人力资源

发达国家以完善的社会保障体制和丰富的物质资源来应对人口老龄化，而目前我国养老保障体制尚不健全、财政状况紧张，农村尤其如此，因此须深度挖掘家庭和社区的潜在资源、合理配置和有效利用现有资源来建设农村居家养老服务体系。

随着我国农村劳动力出路的多元化，非农业转移增加，广大农村地区出现了大量富余劳动力，其中有很大一部分是“40、50 人群”，如此丰富的人力资源完全可被吸纳进农村居家养老服务体系中，为农村居家养老服务体系建立起一支贴合农村实际情况的养老服务队伍。

一方面，这有利于农村剩余劳动力实现其社会价值。这部分人已经从繁重的农活中解放出来，但又无法找到合适的收入来源，这就造成人力资源的闲置。如果以雇佣的方式将其纳入农村居家养老服务体系，使其参加社区服务工作，成为服务人员，就可以帮助他们在一定程度上实现经济自养，同时还能够扩充居家养老服务队伍。这也恰好适应了农村剩余劳动力文化水平低、技能单一的特点。

另一方面，这有利于农村居家养老服务的顺利进行。我国向来推崇“尊老敬老”的优良传统，而农村“邻里互助”的美德更是成为一种习惯，农村居民普遍乐意为有困难的村民提供帮助，这为农村居家养老服务体系吸收农村剩余劳动力作为服务人员提供了得天独厚的情感优势。而且老年人对自己平时熟悉的人更易产生亲近感和依赖感，这便于为老年人提供更好的精神慰藉。此外，服务人员之间相互熟识，容易沟通，这有利于提高服务的有效性，保证服务的优质和可持续性。

（五）农村居家养老服务体系的建设可得益于新农村建设

社会主义新农村的建设为农村居家养老服务体系的建设和发展提供了强有力的支持。经济上，新农村建设使农村生产力发展，农民增收，农村社区基础设施的投入资金自然随之增加，有利于各种日间照料所和文化娱乐设施的建设和添置，这为农村居家养老服务体系的建设创造了物质条件。政治上，新农村建设更新了农村民主化管理理念，有助于农村居家养老服务体系的科学化管理，同时也催生了非营利组织的产生，为农村居家养老服务体系注入丰富的社会资源，提供卓越的专业服务。文化上，新农村建设注重精神文明建设，通过提高农民文化素养，开展各种文娱活动，可以丰富老年人的精神文化生活；通过文明乡风建设，促进村民和谐共处，从而提高老年人生活质量，这为农村居家养老服务体系的建设营造了良好的社会氛围。社会建设上，新型农村医疗合作和新型农村养老保险制度覆盖面的扩大和农村“五保”、“低保”制度的不断完善均为农村居家养老服务体系的建设提供了制度保障。

第二章

居家养老服务与居家养老服务体系

居家养老服务是养老服务的重要内容，居家养老服务体系建设是居家养老服务发展的必然要求，居家养老服务体系是我国社会养老服务体系的重要组成部分。本章主要介绍居家养老服务的内涵、理论与居家养老服务体系的相关内容。

第一节　居家养老服务

一　居家养老的概念

（一）*居家养老的概念*

居家养老最初由西方社区照顾演化而来，社区照顾是利用社区内的正式资源和非正式的社会支持网络来帮助有需要的老人，使老人既能留在自己熟悉的社区又能得到个性化、多样化的养老服务从而高效满足老年人的养老需求，其内容包括医疗卫生、住房服务、家庭照顾、日间看护、娱乐和教育等。我国香港首先提出居家养老的概念。中国香港地区率先在安老服务方面引入社区照顾概念，提出以“居家照顾”的方式避免低龄老人过早入住安老院，倡导老年人留在社区内养老，并鼓励社区居民互助合作，将安老服务“迁入”社区内进行，对有需求的老人进行入户服务。

近年来，随着我国人口老龄化的加剧，我国也在逐步探索居家养老服务的发展。国内学者普遍认为，居家养老是以家庭为基础、社区为依托、国家法律法规为保障，综合运用社会网络与现代化信息技术，家庭、个人、社区、国家、非营利性组织及市场共同参与的多元养老体系。尽管“居家养老”在全国已广泛实践，但是其概念仍然众说纷纭，莫衷一是，大家很难达成共识。从国内既有的研究文献来看，以下几位学者的观点较具有代表性：

张文范认为，居家养老就是以家庭养老为主、社会养老为辅的养老模式的总称，就是要积极调动社会各方面的力量组合成一个最符合老年人意愿、最切实可行且有效率、最有助于社会发展的养老模式。①

杨宗传认为，居家养老是指老年人分散居住在自己的家庭养老，而不是集中居住在养老机构养老，但仍接受来自社会提供养老服务的一种养老模式。②

刘笠萍认为，居家养老是指老人依然可以生活在自己所熟悉的住所和环境中，政府可以不必花过多的钱建集中的养老机构，而是充分动员各种社会力量为老年人提供养老服务。③

陈军认为，居家养老是指老年人在家中居住，但养老服务却是由社会来提供的一种社会化养老模式，既区别于机构养老，也有别于传统的家庭自然养老，是两种养老模式的有机结合。其基本内容是：劳务养老主要由社会承担，精神生活养老主要由家庭承担，物质方面的养老由国家、集体和个人共同承担。④

总之，以上四种观点分别从不同角度强调了居家养老的内涵，这对丰富和深化这一概念具有至关重要的作用。综上所述，居家养老是一种区别于传统意义上居住在家、由家庭成员提供生活服务的家庭养老，它是由个人、家庭、社区、国家共同支持，以社区养老服务和社会养老网络为载体，将家庭养老和社会养老相结合的养老方式。

准确把握居家养老的特点，才能更加深刻地认识我国居家养老的内涵，也才能更好地推动居家养老服务的健康、可持续发展。对“居家养老”这一概念的界定要强调以下几层含义：第一，老年人的居住场所仍然是自己的家中，家庭是居家养老的主要载体，当然，这种家庭和传统意义上的家庭有着不同内涵，是具有物质养老和精神养老的社会环境。第二，居家养老是社会保障体系非常完善背景下发展起来的养老服务方式，

---

① 张文范：《坚持和完善家庭养老，积极创造居家养老的新环境》，全国家庭养老和社会化养老服务研讨会，1998年。

② 杨宗传：《居家养老与中国养老模式》，《经济评论》2000年第3期，第59页。

③ 刘笠萍：《城镇养老的现状及对策》，《河南教育学院学报（哲学社会科学版）》2000年第2期，第57—58页。

④ 陈军：《居家养老：城市养老模式的选择》，《社会》2001年第9期，第23页。

这种方式需要较发达的经济作为保障。第三，养老不仅是家庭的责任，也是政府和社会的责任，提供养老服务的主体包括政府、社会组织、社区、志愿者、家庭等，社区是居家养老服务的主要阵地。第四，养老服务的内容不仅涉及老年人的日常生活照料，还包括老人的医疗康复、精神慰藉、法律援助以及其他特殊服务等。第五，以老年人为中心，尊重老年人个性化的养老需求，提供上门服务，使老人在政府和社会的帮助下，在家中更有尊严地度过晚年。这与联合国老龄组织所倡导的支持老年人自立的宗旨也是一致的。坚持以老年人为中心，就需要在居家养老服务的制度建构和服务提供中，不断向受益的老年群体赋权，以调动老年人参与居家养老服务制度建设的积极性。

（二）居家养老与家庭养老、机构养老、社区养老的区别

1. 居家养老与家庭养老

所谓家庭养老，就是通过子女或其他家庭成员照料家中的老人，为老人提供经济供养、生活照顾和亲情抚慰等活动。因此，居家养老和家庭养老只是为老人提供养老的主体和方式不同而已，居家养老的一个重要特点就是一般情况下老年人不离开住所，不脱离原来的人际圈。就这个方面来看，它与家庭养老十分相似。由于居家养老没有改变老年人多年生活的环境和生活习惯等，因此老年人在精神上就不会感到孤独和寂寞。此外，居家养老也符合中国传统文化中尊老孝亲的思想和尊老为本、敬老为先的观念，老年人在家庭中颐养天年，能够满足老人情感上的需求。在当前家庭结构、生活方式变迁的情况下，传统的家庭养老方式已经遇到了前所未有的挑战。传统家庭养老向社会养老的过渡将是我国养老方式的必然趋势。尽管传统的家庭养老在弱化，但是从养老服务提供者的角度来看，无论哪一个国家，家庭照料都是不可替代的，发达国家的家庭照料都占到了服务的绝大多数。家庭养老向社会养老的发展不是两者之间的简单取代，而是家庭与社会在承担养老义务中主次角色的换位。从家庭养老向社会养老实现养老功能的转移、替代与扩展是必然的趋势，但家庭养老将在中国长期存在，家庭养老的主导地位在相当长时期内是不容怀疑和动摇的。

家庭养老是我国最为传统的养老方式，主要是以家庭为单位，通过家庭成员的照料、关心、支持和帮助，来满足老年人基本需求的一种养老方式。家庭是个人和社会的纽带，通过家庭养老，可以满足老年人的多样需求，尤其是对感情慰藉方面的需求；可以借助帮助与被帮助，促进代际关

系和谐，体现均衡互惠和代际传递原则；可以减轻政府压力，解决部分政府未能照顾到的家庭，促进社会和谐。不过由于家庭规模小型化、核心化，“四二一”家庭结构模式逐渐增多，家庭养老的功能逐渐弱化。同时随着观念的转变和经济的发展，越来越多的年轻人离开家庭，出去打拼，老年人也由于各种原因，离开孩子，独自生活，空巢家庭的出现对传统的家庭养老模式提出了挑战。

2. 居家养老与机构养老

机构养老，又称社会养老，是指到社会专门机构养老，由机构提供专业化服务的养老方式。机构养老在我国有几十年的发展历史，也是目前主要的养老方式之一。目前我国主要的社会养老机构有养老院、敬老院、福利院、老年公寓、托老所和老年康复医院。机构养老主要由老年人个人负担部分入住费用，养老机构有多样的经营方式，提供多层次的服务。通过机构养老，可以将需要照料的老年人集聚在一起，实现规模经济，用较少的资金满足大多数老年人的需求；可以设置符合老年人需求的服务设施，尤其是医疗器械，提供专业化服务；可以给老年人提供交流的场所，也能减轻子女照料老人的压力。不过由于多数养老机构实行社会化运作模式，需要老年人个人负担部分费用，导致许多有需求的老年人支付不起入住费用；机构养老虽然提供的床位数量在不断增加，但仍然不能满足老年人的入住需求；机构养老也使老年人远离家人，感觉不到家庭的温暖，进而产生缺乏归属的悲凉感；此外机构养老还存在缺乏规范、无序竞争、城乡不均、从业人员素质良莠不齐等问题。这些硬件设施、软件管理和服务等方面存在的问题使机构养老无法满足日益增长的养老服务需求。①

穆光宗和姚远则把居家养老总结为“居家养老是一种与机构养老相对的养老方式。这种方式，家庭养老可以采用，社会养老可以采用，家庭养老为主社会养老为辅也可以采用。”② 居家养老模式正是为适应这种需要而提出的，居家养老是家庭养老和社会养老的有机结合。③ 居家养老，是指老年人不离开自己的住所，在家中享受社会所提供的养老服务的一种

① 杨宜勇、杨亚哲：《论我国居家养老服务体系的发展》，《中共中央党校学报》2011 年第 5 期，第 95 页。

② 穆光宗、姚远：《探索中国特色的综合解决老龄问题的未来之路——“全国家庭养老与社会化养老服务研讨会”纪要》，《人口与经济》1999 年第 2 期，第 59 页。

③ 陈军：《居家养老：城市养老模式的选择》，《社会》2001 年第 9 期，第 23 页。

社会化养老模式。它是一种不脱离家庭亲情，以家庭为核心，以社区为依托，既有别于传统家庭养老，又不同于机构养老的新型社会养老模式。

3. 居家养老与社区养老

社区养老与家庭养老、机构养老的主要区别在于，养老的主体是“社区”，而不是“家庭”和“机构”。从养老的内容来看，社区养老不仅包括物质养老，还包括服务养老。谭克俭认为社区养老是在社会养老和家庭养老发展变化的过程中出现的一种养老方式，应该包括以下几个方面的内容：一是对老年人提供经济上的支持；二是组织老年人探寻合适的养老方式；三是建立老年服务体系；四是监督家庭养老等。[①] 对于社区养老的定义还有很多，虽然内容各有差异，但是可以发现它们存在一个一致的观点，即社区养老不是家庭养老、不是社会养老，而是将社会机构养老中的服务引入社区，实行社区的在家养老。居家养老必须依托社区进行，从这个意义上讲，居家养老是一种“社区居家养老”。

虽然居家养老与家庭养老、机构养老、社区养老有着明显的区别，但三者有着内在的联系。不管“家庭养老”、“机构养老”、“社区养老”，还是“居家养老”，其养老方式、模式不同，但追求的目标是相同的，即养老的效果（质量）。

二 居家养老服务的概念

（一）居家养老服务

对于居家养老服务概念的界定，当前学术界主要有三种观点：第一种观点认为，居家养老服务就是指为满足老年人基本物质需求，解决老年人在日常生活中的一些困难而提供的服务。第二种观点认为，居家养老服务是指为满足老年人的基本物质需求和精神需求而提供的服务。第三种观点认为，居家养老服务是指为满足老年人各种需求而提供的服务。可以看到，这三种观点都是从服务所需满足的老年人的需求入手而进行的定义，其区别在于所满足的需求范围不同，可以说是大、中、小三种概念。

笔者认为，界定居家养老服务，首先要明确服务的对象，居家养老服务的对象就是选择居家养老模式的老年群体；其次要明确服务的目的，居家养老服务的目的应该是满足服务对象的各种养老需求。所以，综合来

① 谭克俭：《农村养老保障机制研究》，《人口与经济》2002 年第 2 期，第 73 页。

看，居家养老服务就是为满足居家养老群体的各种养老需求而提供的服务。也就是说，居家养老服务的范围应该由“居家养老”群体的现实需求来决定。

理解这个概念，需要注意居家养老服务这种服务产品的属性。从商品属性上看，居家养老服务应属于混合产品。一方面，满足老人基本生活需要的服务显然是政府义不容辞的责任，这部分属于政府需要提供的“公共产品”；另一方面，满足老人的个性化需求，甚至更高层次的享受性需求的服务，需要老人通过市场按照市场价格来获得，这部分服务则是属于“私人品”；除此之外，还有一部分满足需求的服务，老人可以低于市场的价格从某些特定的组织或团队中获得，这部分服务则表现为“准公共品”的性质。由此可见，居家养老服务属于混合产品。当然，尽管老人需要的基本居家养老服务理应由政府提供，但由政府提供并不意味着一切由政府包办，政府在居家养老服务中承担的责任和发挥的作用应视具体服务项目而定。

（二）居家养老服务与其他养老服务的区别

1. 居家养老服务与社区养老服务

社区养老服务是我国社区服务背景下提出的一个概念，从服务的内容看，二者基本相同，都是向居家老人提供以生活照料、医疗保健、精神慰藉、文化娱乐等为主要内容的服务。从二者的关系看，社区养老服务则是居家养老服务的依托，是为了更好地实现居家养老服务的目的。居家养老服务离不开社区养老服务，社区养老服务的本质目的是服务于居家养老服务，是实现居家养老服务的必要条件，社区养老服务不仅为居家养老提供服务支持，而且对居家养老服务提供短期的设施支持。因此，发展居家养老服务需要完善社区养老服务设施，发展社区养老照顾，应该“本着就近、就便和实用的原则，开展全托、日托、临托等多种形式的老年社区照料服务”。社区养老服务需要建立和完善相关养老服务设施，但这些社区养老服务设施并非具有法人地位与资格的养老服务机构，而是具有多种服务功能和共享性的综合性服务设施。

2. 居家养老服务与机构养老服务

由于机构养老服务是一种专业化的养老服务，因此机构养老服务是实现居家养老服务的支撑，当居家养老服务与社区养老服务无法实现养老服务基本需求时，便由养老服务机构承担养老服务。因此，发展居家养老服务，“必须统筹发展机构养老服务。应该按照统筹规划、合理布局的原则……推进供养型、养护型、医护型养老机构建设”①。机构养老服务是支撑并不是说机构养老服务是主导，统筹发展养老服务机构并不是说养老服务要以机构化为导向，机构养老与居家养老和社区养老服务一起构成我国养老服务体系的重要内容，各种养老服务方式相互补充、相互支持，共同发展，以更好满足老年人多样化的养老服务需求。

3. 居家养老服务与社区照顾

居家养老服务，在国外一般称为老年人社区照顾（community care for the elderly）。所谓社区照顾主要有两层含义：一是社区内照顾，也就是不让被照顾者离开他（她）所熟悉的社区，而是在本社区内对其提供生活服务；二是由社区来照顾，也就是动员本社区的人力资源，运用社区支持体系开展对老年人的照顾服务。社区照顾能够使被照顾者像正常人那样在自己熟悉的社区环境里生活，而不再产生被抛弃感。从国外发展实践来看，社区照顾与居家养老服务相比，有以下几个明显的不同之处：一是西方社区照顾是在机构养老非常发达、社会化养老水平较高条件下，将机构养老中的专业服务引入社区，实行在家和像家似的社区中养老；而目前我国发展居家养老服务是在机构养老严重不足、社会化养老水平较低条件下提出和推行的。二是西方社区照顾主要是面向生活不能自理的老人和高龄老年人，而目前我国的居家养老服务主要是面向生活基本能够自理的老年人。三是西方社区照料的重点是健康照料和生活照料，而目前我国的居家养老服务内容相对较为全面，针对性不强，重点不突出，从目前开展的内容看，主要提供家政保洁类服务。

第二节　居家养老服务体系

居家养老服务体系就是老年人生活在家或社区，享受社会养老服务的支持系统，它既包括家庭提供的各种服务和条件，也包括政府、社会提供的有关服务的形式、制度、政策、机构等各种条件。居家养老服务体系发展离不开社会养老服务体系的支持。

---

① 全国老龄工作委员会:《中国老龄事业发展“十二五”规划》。

一　社会养老服务体系内涵

有关养老服务体系的含义，以往学界很少涉及，直到近几年才有探讨。目前使用的表述主要是由政府有关文件提出的。2000 年 2 月，国务院办公厅在文件中明确了“在供养方式上坚持以居家为基础、以社区为依托、以社会福利机构养老为补充的发展方向”。由于养老服务在社会福利中占有重要地位，这一概括逐步演变为专指养老服务体系，并于 2006 年前后最终确定为“以居家养老为基础、社区服务为依托、机构养老为补充的服务体系”。

2010 年前后，有关体系的研究和表述开始增多。在政府方面，国家发改委、民政部于 2009 年开始在全国实施“基本养老服务体系试点”，确定了一批试点省份。对“基本”两字，国家发改委认为，政府提供的服务是基本的：“在大力增强政府提供基本养老服务能力的基础上，引导各种所有制投资主体进入养老服务市场，鼓励发展各种性质、各种业态的养老服务机构，形成多元开放、层次多样、竞争有序、监管有力、覆盖城乡、体系完善的社会化养老服务格局。”2010 年，温家宝总理在《政府工作报告》中明确，要“加快建立健全养老社会服务体系”。党的十七届五中全会强调要“优先发展社会养老服务”。据此，在 2010 年 11 月召开的全国社会养老服务体系推进会上，民政部长李立国说，要“立足基本国情，着力构建与经济社会发展水平相符合、与人口老龄化进程相适应，以居家养老为基础、社区服务为依托、机构养老为补充，资金保障与服务提供相匹配，无偿、低偿、有偿服务相结合，政府主导、部门协同、社会参与、公众互助相结合的社会养老服务体系”。2011 年，民政部对此又进一步修正为：“以居家养老为基础、社区服务为依托、机构养老为支撑，资金保障与服务保障相匹配，基本服务与选择性服务相结合，形成‘政府主导、社会参与、全民关怀’的服务体系。”

梳理政府的表述，这几年有五个明显变化[①]：一是增加了“社会”两字，表明需要以全社会之力做好这项工作，即充分发挥政府、家庭、机构和社区等的作用。二是第一次从体系高度提出了养老服务问题。新中国的养老服务，发端于福利院、敬老院，靠这些机构承担农村五保和城镇

① 董红亚：《我国社会养老服务体系的解析和重构》，《社会科学》2012 年第 3 期，第 68—70 页。

“三无”对象供养和服务问题。改革开放后，政府推进社会福利社会化，吸引社会资本建设养老机构，共同承担社会养老服务。在进入老龄化社会后，社会养老服务需求愈加迫切，仅靠养老机构难以满足，因此，才在20世纪90年代后期发展起了居家养老服务。养老服务体系的提出，把机构养老、居家养老服务连在一起，有了整体推进的基础。三是第一次从居住角度对养老服务进行了划分。老年人居住在家庭（里），接受居家（社区）养老服务；居住在机构，接受机构养老服务。大部分老人是住在家里的，因而居家养老服务是基础；入住在机构的老年人人数相对较少，因而是补充性的。四是第一次引入社区服务改造传统家庭养老服务。始于1987年的城市社区服务发展起来后，为居住在社区内的老年人提供服务逐渐成为重要内容。这些服务简便、成本较低，在一定程度上替代了原先由家庭成员提供的服务，受到了老年人欢迎。五是第一次提出了服务性质的划分。把服务分为基本服务和选择性服务，比一开始提出的“无偿、低偿、有偿服务相结合”要更清楚。这是对政府提供的服务和市场提供的服务的区分，明确政府提供的服务是基本性的，是老年人必需的服务。

综上所述，社会养老服务体系是指为适应人口老龄化，提高老年人的生活质量和生命质量，促进社会和谐，更好满足老年人的服务需求，政府主导、社会参与、全民关怀，以居家为基础，机构为支撑，社区为平台，社会服务为依托，制度、设施、标准、补贴、队伍等各要素相互支持互为补充，它是实现养老服务由服务主体到老年人传递的组织机构、运行机制、服务方式等要素组成的整体。

对社会养老服务体系内涵的理解包括如下几个方面。第一，社会养老服务体系作为一种系统性的存在，它的功能是满足老年人的服务需要，保障他们的生活质量和生命质量。第二，必须明确社会养老服务体系构建是政府的责任，政府提供的是基本养老服务，重点保障失能、半失能老年人和低收入等困难老年人的基本服务需求。厘清服务的性质和价格问题，明确服务保障要和资金保障相配套。随着经济社会的发展，基本养老服务保障的对象和服务内容是不断变化的，在今天，仅仅保障特殊群体的基本生存已经不能适应当前的要求，我们要把基本养老服务作为普遍的公共服务来看待，以满足老年人不同层次和多方面内容的需求。第三，必须明确养老服务体系的构成。养老服务体系包括服务主体、服务对象、服务内容、服务方式以及保障措施等要素，养老服务体系不仅包括实体的组织，而且还包括非实体的各种运行机制等。通过这些要素，实现养老服务由服务主体到老年人的便捷、有效的传递。

二　居家养老服务体系的内涵

根据现代汉语词典的定义，“体系”是指若干事物或某些意识互相关联而构成的整体。由此可知，体系不仅可以由实体组成，而且还可以由非实体，或者实体和非实体共同组成。目前，国内对居家养老服务体系概念还没有一个较好的界定。笔者认为，居家养老服务体系，是指为居家养老的老年群体提供服务的各种服务资源有效结合在一起，而形成的一个有目的性的功能整合有机体，体现了服务主体、服务内容、服务方式和服务对象的组合。这个服务体系是依托社区，为主要在家里生活的老年人提供全方位服务支持的系统，既包括家庭提供的各种服务和条件，也包括政府、社会提供的有关服务的形式、制度、政策、机构等各种条件。这个服务体系的形成，应该既有利于政府的监管，又有利于服务提供者对服务的管理和对服务内容的挖掘，更有利于促使整个社会的居家养老服务品质得到提升，服务的总体输送效率和效果得到提高，从而能够有效地满足居家养老的老年群体的各种养老需求。

中国的养老服务体系体现了社会的二元结构特征，可分为城市养老服务体系和农村养老服务体系。居家养老服务体系也可分为城市居家养老服务体系和农村居家养老服务体系。国内学者对养老服务体系的研究还处于初级阶段，相关研究不多，对居家养老服务体系的研究甚少，有些学者从不同的角度对居家养老服务体系的构建提出了建议。

吴冰从政策主体的角度构建以政府主导、以社区核心、以非营利组织为中介、以企业为补充的服务模式，同时以互助服务、社区医疗服务、市场机制为配套措施。[①] 孙斌通过居家养老服务的内容、体系的组织（分为养老工作委员会、非政府组织、社区、老人、家庭）、体系的运行（分为保障、技术、监督和管理）三大块来构建城镇空巢老人居家养老服务体系[②]，

---

① 吴冰：《政策主体视角下我国城镇居家养老服务模式选择研究》，吉林大学硕士学位论文，2010 年。

② 孙斌：《我国城镇空巢老人居家养老服务体系构建研究》，长春理工大学硕士学位论文，2010 年。

思路很清晰，体系较为完整详细，为后续研究提供了重要参考。张瑞凤建议从主管部门、协调部门、服务部门、服务对象、监督评估体系五方面构建服务模式。[①] 侯晓丽从正式支持、非正式支持两方面分析了建立居家养老服务的多维社会支持系统。[②] 敬义嘉、陈若静提出从协作角度发展我国居家养老服务体系。服务体系要解决在服务整合、系统整合和系统发展上的协作需要，兼顾效率与系统的稳定性和适应性。“服务整合”是顾客层面的协作，在服务的递送点上，设计顾客和专业人员的互动，使得具有多样化需求的顾客得到综合性对待。“系统整合”是在组织层面进行的协作，保持组织之间工作的连续性，使顾客能够得到持续的、稳定的服务流。“系统发展”则是在机构和社区系统、公共与非营利系统、保健与社会服务系统、急性与长期护理系统等不同性质的服务系统之间，形成理性化的关系与互动。[③] 刘新萍建议居家养老服务所涉及的各组织形成合作关系，以构建多元化服务支持网络。包括明确政府角色定位；加强政府相关各部门间的合作；加快社区建设，在社区层面上建立支持家庭养老的社会化服务体系；引导社会力量参与服务，加强政府与民间组织的联系；通过制定支持政策，引导专业化企业组织加入居家养老服务体系当中。[④]

国外发达国家居家养老服务开展和研究时间较早，大家都认同居家养老服务是更符合老年人习惯、更人性化、更经济的养老模式，提倡养老服务回归社区。其服务内容多样化、多层次化，涉及日常照顾、护理、日托文娱、社会参与各个方面；服务责任大多通过法律加以确认，对于政府在政策制定、政府资源，以及开展居家养老服务的必要制度设计、财政支持、监督管理的职责上普遍达成了共识。国内许多研究主要针对城市居家养老服务，探讨老年人需求和供给的供需矛盾，提出资金不足、服务队伍资源不足、制度不合理、城乡分布不均衡等问题，并提出一些解决问题、改善服务的具体对策；然而对服务体系的合理构建和统筹规划研究不足，

---

① 张瑞凤：《潍坊市城市居家养老模式构建研究》，青岛大学硕士学位论文，2009 年。

② 侯晓丽：《城市居家养老的社会支持系统研究》，华中师范大学硕士学位论文，2009 年。

③ 敬义嘉、陈若静：《从协作角度看我国居家养老服务体系的发展与管理创新》，《复旦学报》2009 年第 5 期，第 135—136 页。

④ 刘新萍：《论城市居家养老服务多元合作体系的建设及发展》，《甘肃行政学院学报》2009 年第 4 期，第 121—123 页。

对农村居家养老服务的相关研究就更少。我国居家养老服务体系建设，无论是理论研究还是实际建设，都处在初级阶段，远远不能满足我们老龄社会发展的需要。

第三节　相关理论

居家养老服务的兴起与发展具有一定的理论支持，居家养老服务的相关理论与实践的相互促进作用在一定程度上推动了居家养老体系的发展。

一　需求层次理论

美国著名心理学家马斯洛把人的需求划分为五个层次，全面阐释了人在不同层面上的需求。

第一，生理需求。这是人最基本的需要，包括对衣食住行等基本生存条件的需要。老年人对饮食、服装和对性的需求与中青年差异很大，在饮食上老年人注重营养搭配和禁忌，喜欢清淡易消化的食物；在服饰上老年人喜爱符合自己年龄的款式和色泽，追求服装轻便、保暖、透气和耐用；在性方面，老年人仍有一种本能的需求。

第二，安全需求。人的安全需要是在生理需求满足的基础上产生的，对现在和未来生活安全感的强烈需求。老年人的安全需求主要体现为医、住和行等。老年人身体素质下降，容易生病，一旦生病，除了肉体上的痛苦之外，既怕治不起病，更害怕没人照顾，所以，医疗护理保障成为老年人的基本需求，主要包括能看得起病，病中有人护理。老年人的居住条件应宽敞一些，以便于他们室内活动，室内还应当干燥、通风、透光，以防因细菌滋生而生病。室内装修要人性化，充分考虑到老年人行动不便等因素，地面应有防滑涂料，以防老年人摔倒。从行方面来看，老年人外出最好有家人或亲朋陪伴，以防突发事件发生，公共场所也需要为老年人的出行、娱乐提供便利条件。

第三，归属与爱的需求。这是人的社会性的重要表现，希望自己成为某一群体的一员，与其他成员相互关爱。老年人对归属与爱的需要，首先是能希望享受天伦之乐、家庭美满幸福；其次是广泛地参与社会活动，与别人多交流，相互倾吐心声，彼此关心和照顾，来消除生活中的寂寞；一些寡居的老人希望能找到一个与自己相濡以沫的伴侣。

第四，自尊的需求。主要是指尊重和被尊重的需要，希望赢得较高的社会地位，获得他人的高度赞赏和肯定。老年人积累了丰富的社会阅历，特别希望得到别人的尊重。老年人的自尊往往表现为不断地学习、丰富自己的知识、提高自己的修养等。

第五，自我实现的需求。主要是指实现个人的理想、抱负，最大限度地实现其自身价值，这是最高层次的需要。一些老年人退休后身体仍然很健康，想身体力行地做些工作，以证明自己的社会价值；还有一些老年人退休后时间很空闲，为完善自己，想实现一些未了的爱好或心愿。

综上，老年人的需要种类繁多，既包括生理性又包括社会性；既包括物质方面又包括精神方面。随着社会的进步和人民生活水平的不断提高，这些需要将会变得更加细致。我国在养老事业的发展过程中，形成了“五个老有”理论，不仅对老年人的需求进行了高度的概括，而且系统划分了需求的层次性。其中“老有所养”是基础，“老有所医”是保障，“老有所为”是老年人社会价值的体现，“老有所学”是老年人文化素质提高的表现，“老有所乐”是老年人身心健康的需要。可以说“五个老有”理论是马斯洛需求理论的具体应用。

二　福利多元化理论

“福利多元主义”一词最早见于 1978 年英国《志愿组织的未来：沃尔芬登委员会的报告》，该报告主张把志愿组织也纳入社会福利提供者行列，将福利多元主义运用于英国社会政策的实践。福利多元主义理论是 20 世纪 70 年代开始西方国家治理国家福利病兴起的一股思潮，并在社会福利领域占据了主要地位。在西方社会福利领域中，福利多元主义主要是指福利的责任由不同的部门分担，以减少政府干预，强化市场、家庭和第三部门的作用。即通过福利多元供给结构的安排，实现由福利国家向福利社会的转型。福利多元主义要求减少政府在社会福利直接供给中的角色，即政府不再是唯一的福利提供者。福利多元主义一方面强调福利服务可由公共部门、营利组织、非营利组织、家庭和社区四个部门共同来负担，政府角色逐渐转变为福利服务的规范者、福利服务的购买者、物品管理与仲裁者，以及促使其他部门从事服务供给的角色；另一方面强调非营利组织的参与，以弥补政府从福利领域后撤遗留下的真空，抵挡市场势力的过度膨胀，同时，通过非营利组织来发挥，整合福利服务、促进福利的供给效率、迅速满足福利需求的变化，以及强化民主参与等功能。[①] 福利多元主义的两个主要理念是分权（Decentralization）和参与（Participation）。所谓分权不仅是政府将福利服务的行政权由中央政府转移给地方政府，同时也要从地方政府转移至社区，由公共部门转给私人部门；参与的实质是非政府组织可以参与福利服务的提供或规划，福利消费者也可以和福利提供者共同参与决策。[②]

福利多元主义打破了长期以来在福利国家中存在的国家与市场对立的二元思想。把福利多元主义与社会团结结合起来考虑，可将社会团结划分为水平团结和垂直团结。垂直团结暗含着国家在资源转移过程中的积极卷入，将资源从一个社会群体转移到其他社会群体，中央政府通过做税收的收集人和社会项目的筹资者，加强了垂直团结；而水平团结暗含着更多的个人卷入，在福利服务的生产中有更积极的公民参与，政府介入得较少。水平团结可进一步细分为三种类型：①不同个体消费者（服务接受者）之间的团结，即参与式团结（Participatory）；②特定社会福利项目中，雇员之间的团结，即互助式团结（Mutual Benefit）；③富裕群体与贫困群体之间的团结，即慈善式团结（Benevolent）。福利多元主义正是通过福利提供的多元化途径实现社会团结和社会整合。[③] 福利多元主义发展方向与增权（Empowerment）、更大的选择自由权、积极的公民权（Active Citizenship）、团结、参与概念的联系，说明福利多元主义不仅可以解决福利国家危机问题，而且可以促进社会的良性循环和可持续发展。

福利多元主义是社会政策的一个宏观分析范式，它关注福利的多元来源、供给、传输的结构。在福利国家陷入困境之时，福利多元主义给社会政策吹来了一股新鲜的风，它纠正了过分强调国家提供福利的错误认识；提出了国家、家庭、市场、志愿组织等多元福利提供者的职责并重，建立多元福利提供者的结构，从福利的国家提供转型到福利的多元提供模式等

---

① Gilbert, N., "Welfare pluralism and social policy", In Midgley, J., Tracy, M. B. & Livermore, M. (Eds.), Handbook of Social Policy, Thousand Oaks, CA: Sage Publications, 2000.

② 林闽钢、王章佩：《福利多元化视野中的非营利组织研究》，《社会科学研究》2001 年第 6 期，第 103—104 页。

③ Pestoff, V., "Citizens as Co-producers of Social Services in Europe. Stockholm: School of Business", Research Report, 1, 1995. Abrahamson, P., Neo-liberalism, Welf are Plur alism and Configuration of Social Policies, http: //www. public-policy. unimelb. edu. au/conference, 2005.

重要的观点。福利多元主义对我国的社会福利制度改革无疑也是具有借鉴意义的。我国社会福利制度经历了由家庭保障的传统保障制度到计划经济时代的国家—单位统包的保障体制，后来在由计划经济体制向市场经济体制转型的过程中，新型的社会保障制度随之出现。市场经济的发展必然强调市场与社会保障制度的关系，但传统的家庭、社区在社会福利制度中应扮演怎样的角色，新兴的志愿组织、民间团体在社会保障中又应该怎样发挥作用呢？中国具有强调家庭作用的传统文化和价值，有组织结构严密的社区，有密切互动的邻里关系，它们在福利提供中有不可替代的作用。我国尚未具备西方福利国家那样丰厚的经济基础，国家提供福利的模式不能照搬西方的经验。现在，福利多元主义给我们提供了一个可以借鉴的理论模式：平衡不同的福利提供者的作用，避免国家在福利提供中过分地保障，避免福利依赖问题的出现。我们必须注意到中国文化与社会的结构，注意到西方福利国家的危机以及福利多元主义对福利国家发展的意义，将福利多元主义嵌入我国社会福利结构，在福利多元主义观点的指导下发展适合我国国情的社会政策，构建一个有稳定的福利保障、和谐发展的社会。①

因此，福利多元主义非常明显的一个特征就是强调政府的分权，这也在理论上为社区参与福利服务提供了重要依据。具体到居家养老服务工作方面，就是要改变以往政府包揽老年人社区服务一切事务的现象，政府的角色逐渐转变为老年社区服务的政策制定者、服务购买者和服务监督者。同时，由社区、家庭和非营利组织共同来为老人提供社区服务，社区的各类养老组织或机构应该根据老人的不同需求制订调整服务计划，并直接参与设施运作及服务活动。此外，在推行政策制定者制定的政策过程中，通过建立一定的指标评估体系，对政策存在的问题和成效进行评估，并向政策制定者提出改善的建议。尤其是要充分发挥非营利组织或民间组织的力量，通过相关的优惠政策支持、鼓励它们发展，将部分服务交由这些机构或组织办理。

① 彭华民、黄叶青：《福利多元主义：福利提供从国家到多元部门的转型》，《南开学报（哲学社会科学版）》2006 年第 6 期，第 47 页。

三 新公共管理理论

新公共管理理论作为当代政治管理中公共部门管理研究的新潮，反映了20世纪80年代以后西方在这一领域的新成就，以及当代西方公共服务实践发展的新趋势，成为当代西方政府改革的一种指导性理论。新公共管理理论不仅是一种新的政府管理理论，而且也是一种新的公共服务模式。它主张在研究方法革新的基础上，以公共利益的实现为核心，对公共机构与公共部门经济效益之间的关系问题进行研究。

推崇市场机制，主张利用市场的竞争机制和效率机制以改善公共部门管理成为新公共管理的基本趋向。新公共管理认为，市场能够纠正政府的种种弊端，而且市场还能带来更多的自由，为公众提供更多的选择。新公共管理提倡在合理划分政府与市场各自职能的同时，把公共机制和市场机制有机融合，公共服务市场化就是这种融合的一种表现。

该理论在处理公共管理实践，尤其是处理政府与市场、政府与企业、政府与社会的关系时，提供了一整套不同于传统行政学的新思路，可以概括为：在选择公共服务上宁要小规模机构，不要大规模机构；宁要劳务承包，不要通过没有终结的职业承包而直接劳动；宁要公共服务供给的多元结构，不要单一的无所不包的供给方式一元化结构；宁可向使用者收费，不以普通税金资助不具有公共利益的公共基础设施；宁要私人企业或独立企业，而不是官僚体制作为供给服务工具。也就是说，提供公共利益和服务时，除了完善官僚机构之外，其他机构也可以提供所有这些职能，究竟选择哪种方式，取决于哪一个途径能够以最经济的方式实现公众对公共物品的需求。

针对公共服务市场化改革的主导理论“新公共管理”，学者归纳了几个中心学说：以管理而非政策为焦点；以业绩评估和效率为焦点；将公共官僚机构分解成各种建立在使用者付费基础上的处理事务的机构；准市场的使用和合同外包以培育竞争；一种强调产出目标、限制性项目合同、金钱诱因和自由裁员的新管理风格。①

总的来看，新公共管理理论对于公共服务供给机制的理论贡献在于，

---

① 孙春霞：《现代美国城市公共服务供给机制研究——兼论其对我国城市公共服务供给机制改革的启示》，华中师范大学博士学位论文，2007年，第29页。

主张将市场的激励机制、竞争机制和私人部门的管理方法与手段引入政府的公共服务中，建立一个竞争性的政府；打破政府部门的垄断，通过“租赁”、“合同外包”等方式将公共服务承包出去。竞争机制、多元服务以及讲究服务的结果与效率等都奠定了现代公共服务供给机制发展的理论基础。

四　活动理论（Activity Theory）

活动理论是20世纪50年代在西方最为流行的和老年及老化现象有关的理论，这个理论由凯文（Cavan）提出。活动理论针对社会撤离理论提出的老年人因活动能力下降和生活中角色的丧失而愿意自动脱离社会的观点，认为：①老年是中年期的延长，老年人仍与中年时代一样可以从事社会上的工作，参与社会活动；②活动水平高的老年人比活动水平低的老年人更容易感到生活满意并更能够适应社会；③老年人应该尽可能长久地保持中年人的生活方式以否定老年的存在，用新的角色来取代因丧偶或退休而失去的角色，从而把自身与社会的距离缩小到最低限度。[①]

美国著名的活动理论的代表人物罗伯特·哈维格斯特与艾玉白合撰的巨著《老年人》中认为老年人应积极参与社会活动，只有参与，才能使老年人重新认识自我，保持生命的活力。活动理论与相互作用理论有共同之处，均强调老年人的社会参与作用，认为积极参与社会生活能够促进自我认知的发展，保持鲜活的生命力。应用到居家养老发展中则是居家养老为老年人的社会参与提供了机会，老年人的自我价值在社区提供的参与机会中得以实现。

活动理论观点基于四个假设之上：①老年人的角色丧失越多，参与的活动越少；②老年人的自我认识需要在社会活动中形成和证明；③自我认识的稳定性源于角色的稳定性；④自我认识越清楚，生活满意度越高。

这四个假设阐明了一种逻辑关系，即生活满意度源于清晰的自我认识，自我认识源于新的角色，新的角色源于参与社会的程度。活动理论主张通过新的参与、新的角色以改善老年人因社会角色中断所引发的情绪和心理上的低落，从而重新认识自我。[②]

---

① 范明林、张钟汝：《老年社会工作》，上海大学出版社2005年版，第27页。

② 郑功成：《社会保障学》，商务印书馆2001年版，第379页。

活动理论对社区服务的意义在于，无论从医学和生物学的角度，还是从日常生活的观察中，“用进废退”都是生物界的一个规律。社区作为居家养老服务的一个基本平台，对老年人多样化、具体性的服务需求有着更清晰的了解。因此，社区不仅要在态度和价值取向上鼓励老年人积极参与他们力所能及的一切社会活动，而且更需要为老年人的社会参与提供更多的机会和条件，协助老年人开创其他补偿性角色来代替失落的角色，让他们更好地参与，保持生命的活力，提高晚年生活质量和满意度。应用到居家养老发展中则是居家养老为老年人的社会参与提供了机会，老年人的自我价值在社区提供的参与机会中得以实现。

五　社会嵌入理论（Embeddedness Theory）

社会嵌入理论也是开展社区居家养老的重要的支持性理论之一。“嵌入性”概念最先由波兰尼提出，1985 年，新经济社会学的主要代表人物格兰诺维特在《美国社会学评论》上发表了他的著名论文《经济行为与社会结构：嵌入性问题》，进一步发展了嵌入性理论。格兰诺维特认为，人不是脱离社会结构、社会关系像原子式地进行决策和行动，而是嵌入于具体的、当下特定的社会结构、社会关系及其关系网络之中，做出符合自己主观目的的行为选择，并从中获得各种社会支持和社会资源。依托社区养老，可以整合政府、家庭、社区和社会资源，为社区内的老年人提供全方位的支持照顾体系：初级群体的网络支持（家庭成员、亲友）、正式网络支持（主要指政府提供的基本公共服务）和辅助的网络支持体系（第三部门、志愿者等）。按照迪尔凯姆的理论，在现代社会已经不再是“熟人社会”，而是“陌生人社会”，以熟人之间的情感为基础的机械团结关系已经难以维系，建立在社会分工和相互依赖基础上的有机团结，是实现社会整合的主要形式。而居家养老服务体系的构建实质上就是构建一个系统的居家养老服务供给的社会支持网络。

社会嵌入理论的集大成者格兰诺维特在吸纳前人有益观点的基础上，又进一步提出了社会嵌入理论寻求“社会化”平衡的观点，社会化不足和社会化过度两种做法都不可取，只有实现个体和社会结构之间的有效融合、互补，才能在具体动态的社会关系中达成既定目标。因此在社会嵌入理论指导下，当老年人在进入老年期后，脱离原有的社会角色，需要进入新的社会角色，继续参与社会化，实现老年人的适度社会化。这有别于传统社会撤离理论认为的“老年人进入老年期就会得到解脱，而不需要进入社会角色”。

在学界，很多理论认为，老年人进入晚年后就将颐养天年，无须与周围的社会结构及关系网络进行互动以得到社会支持和社会资源。他们还天然地具有教化权位，可以对其他人进行教化，而不再需要社会化了。但社会嵌入理论的提出和现实的情况表明老年人还需要继续实现社会化，这主要是源于老年群体正面临着自身角色的转换和调适：首先，老人退休后，从劳动者转变为被供养者，这容易造成老年人的经济危机感；其次，老年人从决策角色转变为平民角色，家庭中的家长角色转变为接受照顾角色，这容易使老年人产生孤独寂寞感和被抛弃感；再次，工具角色转换为感情角色，即退休前老年人会担任一定的社会职务，拥有相应的职业角色，有时在某些领域还占有主体地位，退休后，老人的角色转变为家庭中的父母等一些情感方面的角色，这一转变有时会造成老年性别角色模糊以及夫妻之间的冲突；最后，父母角色转变为祖父母角色，这都是老年人必须经历的转变。此外，老年人还面临着空巢、丧偶、疾病等问题，这些都需要通过社会嵌入实现社会化获取帮助，来达到自身的调节。社会嵌入理论追求适度社会化，认为个人不能脱离社会而存在，个人行动及发展应嵌入特定的社会结构以及关系网络之中，通过社会关系网络获取社会支持。老年人在退休以后，脱离了社会工作岗位，进入家庭角色。在家庭中，不论情感上还是经济上，老年人都是由原先的家庭经济支持者转化为被支持者。脱离原来的工作岗位以后，经济收入由原先的工资收入转化为养老金收入或儿女养老费的收入，一般来说经济水平会比原来下降。同时，在进入老年期后，老年人的闲暇时间也比原来大大增加，自由支配时间增多，如果不进入另一个社会角色而闲置在家，很容易在大量的闲暇时间中感到精神上的孤独和失落。

同样，梅奥、马斯洛等人的“社会人假设”理论也认为任何人都不可能是孤立存在的，而是作为某一关系网络或群体之中的一员而存在的，因此老年人即便离开工作回归家庭，同样有社会化需求，需要社会化来解决和处理其面临的一系列新问题。社区为老人参与社会、继续社会化提供了平台和机遇，为老年人提供各种不同的居家养老社区服务，可以帮助老人在面临角色转换和突发事件时从容应对，从而提高自身的生活质量。

第四节　我国居家养老服务的特色理论

一　服务型政府理论

张康之率先提出了“服务型政府”的概念。[①] 张康之在《限制政府规模的理念》一文中明确提出：“限制政府规模的问题必须在政府类型的根本变革中才能得到解决，那就是用服务理念取代传统的统治理念和近代以来的管理理念，建立起服务型的政府模式。”“服务型的政府也就是为人民服务的政府，用政治学的语言表述是为社会服务，用专业的行政学语言表述就是为公众服务，服务是一种基本理念和价值追求，政府定位于服务者的角色上，把为社会、为公众服务作为政府存在、运行和发展的基本宗旨。”刘熙瑞认为：“服务型政府是在公民本位、社会本位理念指导下，在整个社会民主秩序的框架下，通过法定程序，按照公民意志组建起来的以为公民服务为宗旨并承担服务责任的政府。它把为社会、为公众服务作为政府存在、运行和发展的基本宗旨。”[②] 服务型政府的主要内容是公共服务，在这一点上大家取得了共识。但是服务型政府应当提供哪些公共服务则存在争议。概括起来看，服务型政府的职责主要包括以下几个方面：第一，制度供给服务。第二，提供良好的公共政策服务。政府在基本制度已经确立以后，其主要的服务就是提供良好的公共政策服务。公共政策服务的水平直接体现政府的能力和水平。第三，提供公共产品。为公众谋福利的政府必须为此担当重任，以社会管理者的身份组织和实现公共产品的供给，并监管其使用过程中的公平性与合理性。但是，政府干预并不意味着全部由政府直接提供，对一些公共产品或准公共产品，可以根据实际需要，尽可能在政府支持的情况下，让社会组织来提供，但是政府要做好组织工作。第四，提供公共服务。服务型政府要求政府机关及其工作人员在服务行政理念的指导下，在服务程序、服务态度、服务效率等方面为当事人提供热情、快捷、简便和周到的服务，而不是冷漠的官僚主义者。第五，保护共有资源和自然资源。第六，维护宏观经济稳定。第七，保护并

① 张康之：《限制政府规模的理念》，《行政论坛》2000 年第 4 期，第 12—13 页。

② 刘熙瑞：《服务型政府：经济全球化背景下中国政府改革的目标选择》，《中国行政管理》2002 年第 7 期，第 5—7 页。

维护市场竞争。第八，维护社会公平。政府必须通过制定分配政策和建立社会保障制度来调节收入分配、防止贫富过度分化。

对于服务型政府理论，刘熙瑞认为其核心观点包括以下几点：首先，政府提供服务的依据是社会民众的需要；其次，政府不能强制公民接受某项服务，应尊重公民的自主权；最后，要做到使公民对所接受的政府服务满意度较高。以这一理论为指导，老人可以体面地享受养老服务，惬意地享受老年生活。

随着我国经济的快速发展，政府职能的角色定位也在发生深刻变化——从全能型政府逐步向服务型政府的转变。党的十八大报告明确指出，要“建设职能科学、结构优化、廉洁高效、人民满意的服务型政府”，并首次将服务型政府的内涵概括为，“职能科学、结构优化、廉洁高效、人民满意”。[①] 在此背景下，深化行政体制改革，建立一个廉洁政府、高效政府、法治政府和责任政府显得尤为重要。

二 血亲价值论（Consanguinity Value Theory）

在我国强调的居家养老与西方的居家养老有所不同，我国的居家养老是指以家庭为基础，以社区为依托。之所以强调家庭的基础作用，与中国传统的东方伦理价值观密不可分。其中血亲价值理论是解释中国家庭养老机制延续千载的重要理论之一。血亲价值论对于我国家庭养老来说是一种理论方面的飞跃，传统的家庭养老只是强调家庭养老的实用功能，而不重视其文化功能；而血亲价值理论认为家庭养老的生命之源不是一种利益机制，而是一种文化机制，即以血亲关系为价值标准而决定的家庭养老机制。

血亲价值观是指一种以血亲利益为人生价值的观念，在此价值观念的指导下，子代将赡养亲代视为人生职责。姚远在总结有关家庭养老的相关理论后提出了血亲价值理论并用该理论来解释中国的家庭养老运行机制。血亲价值论包括血亲关系、人生价值和心理定式三个部分，这三个部分分别反映了血亲价值论的基础、性质和形式。其中血亲价值论的基础血亲关系的最大特征就是天然性、终生性和自我性。天然性是指血亲关系不可回避，终生性是说这种关系与生命共存，自我性即有血缘关系的双方或多方

① 《中国共产党第十八次全国代表大会文件汇编》，人民出版社 2012 年版。

具自我认同感。在不同文化背景的社会中，自我认同感的强弱有所不同。由于家庭在中国社会中的特殊地位，中国社会的血缘认同感就非常强，无论社会形态如何演变，其对血亲关系的认同感都没有明显变化。价值按照不同的分类角度来说有很多种，血亲价值的本质就是人生价值，血亲价值论将维护血亲关系、履行血亲责任和实现血亲利益作为人生目标，相对弱化了代际关系中的经济原则和经济价值，同时也弱化了个人利益和自我发展的动力。血亲价值实际上就是围绕着血亲关系所形成的一种价值观念系列，这种价值观构建了一定的心理定式、精神约束和行为方式。

概括起来“血亲价值论”包括四大特征：血亲核心性、非均衡性、超经济性、亲代主导性。中国家庭养老之所以绵延千载，其根源并非一种利益机制，而更属于一种文化机制。国家文化和民族文化的持久性决定了我国家庭养老的持久性。

血亲价值论对我国居家养老的发展的意义在于必须要以家庭为基础。中国延续几千年的家庭养老之所以有强大的生命力，事实上与中国人祖先崇拜的价值观念和家庭延续的人生追求是密不可分的，我们必须要强化家庭在养老保障中的基础性作用。

三 社会福利社会化

新中国成立之初，受计划经济体制的影响，我国实行的是“单位制”包办式的一体化的社会福利体制，但随着经济体制改革、社会变迁以及政府行政体制改革等多重因素的影响，传统的单位制福利体制必须要进行相应的改革。在国际“福利多元主义”思潮的影响下，我国的社会福利体系也开始了福利社会化改革的进程。2000 年 4 月中旬民政部在广东省召开的社会福利社会化工作会议中，正式提出了“社会福利社会化”目标，在关于《加快实现社会福利社会化的意见》中提出了总体要求，包括投资主体多元化、服务对象公众化、服务方式多样化、运行机制市场化及服务人才队伍的专业化等。社会福利主要涉及老年人、残疾人、遗孤儿童等弱势群体，但是由于老年人人口众多，其社会化服务需求的量会更大。因此在一定程度上可以说是推进养老服务的福利社会化。老年人社会福利明确提出要将建设以居家供养方式为基础、以社区为依托、以社会福利机构为补充的，由国家倡导资助、社会各方面力量积极兴办的新型社会福利体系，实现从“单一化”向“多元化”的福利体制转变。可以说，社会福利社会化的理论是在结合我国改革的进程，在西方福利多元主义理论基础上提出的具有中国特色的理论。我国社会化居家养老服务体系的构建要求政府部门、非营利部门、商业部门和非正式部门的协同参与，实现养老服务的有效供给，这也正契合了社会福利社会化的理念，同时也是实现政府职能转变，推动社会管理创新，建设“小政府，大社会”改革目标的要求。

综上所述，依托社区的居家养老模式因为自己的优势而得到不断发展和推广。为更好应对人口老龄化带来的压力和挑战，居家养老已经成为许多国家养老模式的首选，而且有调查研究也把这种养老模式评为最人道的养老方式。本章主要围绕“居家养老服务的理论依据”展开，通过分析社区的定义功能，以及开展居家养老服务的社会学、心理学、经济学、政治学等相关理论，将中西理论有机结合，从一个更宏观、更理论的角度进一步了解开展居家养老服务的可行性和必要性。我们要在自己国情的基础上，通过各个学科的理论指导和启发，借鉴国际上社区居家养老的先进经验，更好地建设居家养老服务体系，增进老年人福利。这也是建设服务型政府、实现政府职能转变和社会管理创新在养老保障领域的一次重要实践和有益尝试。

第三章

农村老年人居家养老服务需求与供给的理论分析

第一节　农村老年人居家养老服务需求

一　居家养老服务需求的界定

服务是指不以实物形式而以提供活劳动的形式满足他人某种特殊需要并使他人从中受益的一种有偿或无偿的活动。居家养老服务是指为满足老年人居家养老生活需求而提供的生活照料、精神慰藉、社会参与等具体活动。居家养老服务既包括政府对特殊老人支付费用或提供服务补贴的福利服务，又包括由服务接受方自己付费在市场上购买的商业服务，这里不讨论商业服务，而专指针对老年人的养老福利服务。居家养老服务不同于一般的顾客服务。它既具有“服务”概念的普遍特征，如无形性、不可分性、易变性、时间性，又具有强烈的公共物品属性，其所产生的巨大社会效益使其具有明显的正外部性。居家养老服务有利于提高老年人生活的品质，改善生命的质量，对于老人的家庭和睦、对于整个社会的稳定发展都能起到积极的推动作用，可以提高整个社会的总体福利发展水平，具有正外部性。

居家养老服务需求是随着现代社会发展而日益受到关注的一种服务需求，它是步入老年期的个人在满足自身不同层次需求时对家庭、政府、社会提出的服务需求，相关需求内容会因老年个体的不同人口特征而有所不同，并且会随着社会的变迁而引起需求侧重的变化或产生新的需求内容，它不仅涉及与平衡养老服务供需有着直接关系的各方主体，还会受到非老年群体行为的影响。居家养老服务需求虽然表现为个人的某些需求，但更重要的是一种社会需求，蒂特马斯称之为“公众认可的需求”。也就是说，老年人居家养老的某些需求，只要被公众认可，可以以社会服务的方式来满足，它们就是社会需求。居家养老服务社会需求是一个动态的发展过程。社会进步带来的健康水平和医疗科技的提高，使得人类寿命得以延长，然而“低生育率—高劳动生产率—低生育率”的现代社会循环模式，却又导致了家庭小型化的发展趋势。被抚养人口的增多、抚养人口的减少，使得老年人的供养问题从家庭内部范围被提到了社会外部层面。“居家养老服务”所涉及的不再仅仅是老人与家庭成员之间的内部服务关系，依靠社会化服务来满足老年人口的居家养老需求成为必然趋势。“‘需求’被看做是‘社会的’或‘个人的’。这两个部分是不能分割开来的，随着时间的推移，整个社会生活的变化，一部分会变成另一部分。而且需求本身和什么被作为需求来看待，都是变化着的。”①

由此可见，如何满足现代社会的居家养老服务需求，进而增加老年人的个人利益，提高老年群体的社会效益，须从划分老年人不同需求层次这一细化角度入手，并最终站在整个社会的系统角度来制定相应的政策。对于这些内容的具体探讨和分析，正是本文接下来要探讨的问题。

二　居家养老服务需求的分类及其差异性分析

人的需求具有复杂性和多样性，马斯洛需求层次理论把人的各种需求简单归纳为五个方面，即生理上的需求、安全上的需求、情感和归属的需求、尊重的需求、自我实现的需求，并认为一般情况下这五种需求像阶梯一样从低到高，按层次逐级递升；当然也不要机械地拘泥于这个固定的顺序。与人的需求一样，养老需求也可以归类分层，现有的研究最常见的是“三分法”，如把养老需求分为生存性需求、发展性需求和价值型需求；还有分为生存需求、普遍需求和奢侈性需求；以及生存需求、普遍需求和高端需求三个层次。这三种分类大同小异，因此，养老服务需求大致也可以分为“高、中、低”三个层次。按照从低到高的顺序，第一层次是基本性服务需求，第二层次是发展性服务需求，第三层次是价值型服务需求。居家养老服务需求不同于养老需求，因为服务需求从内容上看不包括

① See Richard M. Titmuss, Essays on “The Welfare State”, George Allen and Unwin, London, 1958: 39.

以实物形式满足的需求，它是以劳务、信息、精神等载体形式满足的需求。另外，居家养老服务需求是与人的身体健康状况密切相关的，对老年人来说，居家养老基本服务主要是身体护理方面的需求、生活照顾方面的需求；其次是社会活动、社会参与、心理和精神方面的需求；最高层次是价值型服务需求，即服务于老年人自我价值的实现。与马斯洛需求层次理论一样，居家养老服务需求一般情况从低到高排列，但有时这些需求又是并列的，某个时期某种需求可能成为重点。

从主要是为了整个社会保障体系的顺利实施这个角度概括，居家养老社会化养老服务体系的内涵应分为基本养老服务和非基本养老服务。居家养老基本服务是为居家需求的老年人提供日常生活照料、疾病和高龄护理、家政服务等衣食住行的社会化服务；非基本居家养老服务则是为老年人提供除基本居家养老服务以外或水平以上的有偿服务，如保健、教育、娱乐、体育、人际交往等更高层次的社会化服务。

从居家养老服务需求的内容来看，参考养老服务业的市场细分方法，这里将居家养老服务需求整体依据不同服务产品所带来的不同用途，细分为健康护理、生活照料、社会参与、权益保护、特色服务等多个子需求。（1）健康护理需求的内容包括定期体检、家庭病床、紧急救护和康复医疗等。（2）生活照料需求包括日常生活照料服务和有偿家务劳动服务。日常生活照料服务的目标群体是所有困难的老年人，包括家庭饭桌、做家务、代购物品、帮助出行、协助联系老年人的亲属等。有偿家务劳动服务是由老年人或老年人的家庭成员为老年人购买所需的服务，如钟点工、家庭保姆等。（3）社会交往和社会参与方面的服务需求。第一，文化娱乐：目标群体是所有老年人，提供活动场所和必要的活动经费，如老年活动中心等。第二，老年大学：老年大学的课程基本上围绕丰富老年人晚年生活而设置，包括健身舞、书法、绘画、计算机、烹调、吹拉弹唱等内容。第三，老年再就业服务中心：目标群体是低龄老年人，为他们发挥自己的经验和知识提供就业咨询。（4）维护老年人合法权益的服务。老年人群体理应受到社会更多的关心，但是，社会上老年人合法权益受到侵害的现象时有发生，因此，维护老年人合法权益的服务必将成为居家养老服务产业的重要内容之一。（5）其他特色服务。最具代表性的是“临终关怀”服务。为生命垂危的老年人提供病危前后的护理服务，让老年人能够在生命的最后阶段体验人间的关爱。①

由于社会经济条件的限制，作为社会养老的服务部门不可能满足居家养老服务的全部需求，只能择其主要的、紧迫的基本需求首先满足。我国居家养老服务体系建设，应该在了解老人需求的基础上，把满足基本需求作为最重要的客观依据。调查结果表明，老年人的需求随着环境条件的变化而改变，但其中最基本的生活需求一般不会发生大的变化。同中青年相比，老年人的需求有一定的特殊性。老年人以满足健康和生存需要为主，而青年人则以改善生活环境和发展条件为主。在居家养老服务体系建立和发展过程中，充分考虑老年人需求的特殊性，采取有效措施有针对性地满足这种需求，不仅是建立居家养老社会化服务体系的宗旨所要求的，也是在养老资源有限的情况下，最大限度地保证老年群体基本生活的重要手段。了解老年生活的基本需求，做好社会养老需求预期，应该成为更好地把握和实施居家养老社会化服务体系建设的重要依据。

我国对老年人养老需求的界定较为全面，包括生活照料、健康护理和精神慰藉三项内容，基本涵盖了老有所养的诸方面。这与境外或国外的情况有不同。至少在中国香港和英国，老年人养老需求的定义相对较窄，或者说更为实际，养老服务内容主要是提供社会照顾和健康照顾，因此，西方的居家养老服务主要是一种照顾服务。养老需求概念的差异反映的是政策理念的不同。在境外或国外，认定养老服务对象时除注重年龄因素（如65岁及以上者）外，更多地考虑的是老年人的身体和健康状况，他们往往把服务对象定位在那些生活不能自理或半自理的老年人身上，由此提供的服务也主要是社会照顾和健康照顾。而在我国，现行政策覆盖面广、服务项目全虽是一大优势，但在具体操作中难度很大。

目前国内研究对日常生活照顾服务没有明确的界定，甚至名称上也并不统一，也有称为日常生活照料、生活照料、非专业护理、非医疗照料、老年照料。尽管没有研究对“日常生活照顾服务”提出明确、规范的界定，但可以通过该定义与其他相似概念的定义和区分来概括其内涵。

---

① 刘燕、刘静林、李乐：《养老服务业的市场需求分析》，《长沙民政职业技术学院学报》2006年第4期，第12—13页。

刘鹏飞（2009）① 认为日常生活照顾在提供内容方面有广义和狭义之分：广义的老年照料指为全部或部分丧失独立生活能力的老人提供日常生活、医疗康复、经济支持、精神慰藉等方面的支持或服务；狭义的老年照料指为身心功能存在障碍的老人提供日常护理和生活照料的支持或服务。

孙菲指出家庭护理有专业和非专业之分，国内将专业护理理解为专业的家庭卫生保健服务，对于非专业的护理多理解为家政服务或家庭服务，如洗衣、做饭等家务劳动。非专业家庭护理从护理学的角度，界定了日常生活照顾的具体服务内容，将日常生活照顾与专业卫生保健护理做了区分。②

另外，日常生活照顾与一般家政服务对象有所不同。对日常生活照顾的研究多基于老年人在生活不能完全自理、需要依赖他人帮助时所提供的服务，是养老照顾服务的一部分，其服务提供对象和内容有别于对婴儿、儿童、残疾人提供的看护和照顾或者健康成年人无料理家务时间情况下提供的一般家政服务。

三　农村老年人居家养老服务需求的特点

居家养老服务需求主要受年龄、婚姻状况、居住状况、经济状况以及生活自理情况等多方影响。老年人群体作为一个亚人口群体，具有与一般人口群体相似的需求层次，但由于生理、心理、社会角色的独特变化而不可避免地在服务需求方面呈现出独特性。

（一）农村居家养老服务资源的需求规模非常巨大

第六次全国人口普查数据显示，中国农村的老龄化水平高于城镇 1.24 个百分点，这种城乡倒置的状况将一直持续到 2040 年。这是中国人口老龄化不同于发达国家的重要特征之一。农村人口老龄化程度要大大高于城镇，大部分老年人仍然居住在农村，农村对养老服务资源的需求要甚于城镇。

---

① 刘鹏飞：《老年照料需求与成本文献回顾与评述》，《中国医药指南》2009 年第 7 卷，第 7 期第 33 页。

② 孙菲：《老年人社区非医疗照料需求调查》，《中国老年学杂志》2005 年第 2 期，第 151—152 页。

研究表明[①]，我国未来年份需要照顾的老年人数量将会由2000年的819万增加到2050年的4436万，50年之内人数将增加4倍，之后需要照顾人口随着老龄人口的减少开始出现下降趋势。城市居家养老服务需求在高需求水平的预测情况下，在2045年的各项服务需求总合高点将突破6000万；在中需求水平下这一数字将突破3600万；在低需求水平下这一数字在1300万以上。农村居家养老需求在考虑到建设速度以后，在50年的预测期内一直保持需求直线上升的态势，按高需求水平预测，2050年各项服务需求总和将达到36000万；按中需求水平预测，将突破16000万；按低需求水平也将达到13000万以上。在具体的需求数量上，与城市在2043年左右到达高峰后开始出现下降趋势的情况不同，农村居家养老服务需求在预测期间一直呈现上升趋势，而且服务需求数量远高于城市的需求水平。

（二）养老服务资源需求增长迅速

社会流动的加剧带来了老年人与子女生活上的分离以及多代同堂的扩展家庭数量的减少，在这种情况下农村老年人的生活照料将面临困境。农村流出人口大部分是文化层次较高的年轻人和青壮年劳动力，其父母留守家中是广泛存在的现象。这在很大程度上造成了农村“空巢家庭”日益增多，直接减少了农村的养老服务资源。2010年城镇“空巢”老年人占54.0%，农村“空巢”老年人占45.6%。[②] 10年来，城镇空巢老人比例由42%上升到54%，农村由37.9%上升到45.6%，增幅非常明显。由于没有发达的商业和健全的服务业等条件进行自我帮助和照料，农村“空巢家庭”老年人的生活照顾和精神慰藉也就无所依靠了，在老龄化的冲击下农村对养老服务资源的需求迅速增长。

（三）农村老年人对居家养老服务内容的需求表现总体较为平衡，但差异性特点明显

总体而言，农村老年人对居家养老服务的需求相对较为平和。由于受经济收入水平低的影响，农村老年人居家养老服务需求内容和范围一般比

---

① 赵婧：《我国居家养老服务需求预测及其发展思考》，浙江大学硕士学位论文，2010年，第45—49页。居家养老服务需求分为上门做家务、上门护理、上门看病和精神慰藉四个服务项目，根据2000年全国城乡老年人口状况调查数据，结合我国人口预测数据，赵婧测算了未来50年城乡需要照顾的老年人的数量及变动情况，匡算了我国未来应对人口老龄化养老问题的主要目标群体规模。

② 全国老龄科学研究中心：《2010年中国城乡老年人口状况追踪调查》，http：//wenku.baidu.com。

较狭窄而固定，随着经济状况的逐步改善和平均寿命的不断延长，老龄人口趋向高龄化，其需求平稳化特征将更趋明显。

从另一方面看，农村老年人的需求特征较其他年龄结构人口更加趋于多样性，其需求个性化比较强，特殊要求比较多。即使同一年龄群体的老年人也会因为身体、经济、家庭、职业等情况的不同，而对服务有着不同的要求，其需求出现明显分层。[①] 这主要表现在以下几个方面。

1. 基于身体状况的差异化需求

健康需求与身体状况密切相关。一般情况下，身体状况与年龄基本成负相关。低龄、身体健康的老年人更乐意接受健康讲座等康复指导；高龄、身体状况较差的老年人则倾向于更专业的医疗护理。在精神慰藉及归属需求方面，身体健康的老人，行动方便，与社区邻里的交往较多，所以对精神慰藉的需求不强烈；而高龄、无自理能力的老人，因疾病较多，与子女的沟通也较少，常常会产生孤独感，一般会有较为强烈的精神慰藉与归属需求。

2. 基于家庭关系的差异化需求

精神慰藉与归属需求与家庭关系关联性较大。日常生活中，有儿女的照顾与陪伴的老人，其精神与归属感得到极大的满足，对外界提供的服务的需求并不强烈。而与配偶居住的老年人，虽然老伴之间可以互相安慰与照顾，但是其社交贫乏，需要有人给予更多的精神安慰与关爱，以增强他们的社区归属感。独居老人因没有子女的照顾和配偶的陪伴，生活的孤单与寂寞使他们更加难以面对自己的衰老，生活处于无助状态，深深的焦虑亟须精神上的慰藉来缓解。

3. 基于经济水平的差异化需求

一般而言，经济水平与生活数量有关联。无论是用自己的退休金养老还是由子女供养或亲友资助，经济水平高的老年人对生活质量的要求也比较高，经济困难的老年人（占很大比例）对养老服务在物质方面的需求相对比较低。但经济水平高低与生活质量要求的高低无明显相关性。

4. 居住环境和所在社区居家养老服务的优劣也会对老年人的居家养老产生较大的影响

一方面，居住环境的好坏会直接影响老年人的居家养老意愿，另一方

---

① 王文敬：《提供差异化服务的居家养老模式》，《经济与管理》2011 年第 7 期，第 18—19 页。

面，老年人住所内部设施及住所周边环境和服务的条件，也会在一定程度上影响老年人居家养老的质量和时间。

（四）患病率高、生活照料需求多，导致专业医疗护理的需求提高

随着人口老龄化的发展，与年龄相关的慢性非传染性疾病的增加日益突出，Jennifer M. Kinney 1996[①] 年的研究发现，65 岁或以上老人中，将近 85% 的老人至少有一种慢性病，并且慢性病的发生随年龄增长。在 75 岁或以上的老人中，一半以上的人患有关节炎。全国近年来进行的几次老年流行病学调查均显示，城乡老年人常见病主要为高血压、心脏病、呼吸系统疾病、恶性肿瘤、关节炎及肠、胃、肝、胆等慢性病。这些疾病在早些年发病率很低，即使发病了，患病时间短，死亡率较高，老年人的伤残期也短。而随着医疗技术发展的日新月异，患有这些慢性疾病的老年人通过医疗和护理，能够延长寿命或者康复。老年人伤残期的延长意味着其生活照料期也相应延长。而且慢性病对老年人生活自理能力也产生了相应的影响，中国老龄科学研究中心 1992 年对 12 个省市城乡 60 周岁以上老年人生活自理能力受损情况进行调查，老年人中有 50.41% 丧失了穿衣能力，有 25.62% 丧失了进食能力，有 89.67% 丧失了洗澡能力。老年人由于生活能力的降低，需要衣食住行等各方面生活服务，包括医疗保健和经常性的护理，体力、脑力以及决策的帮助，而且他们对服务具有短暂性、及时性、专业性等要求。[②]

（五）基本生活能够得到保障的情况下老年人的精神慰藉需求日显强烈

当人步入老年后，社会角色发生重要改变，似乎已退出舞台中央。退休后的失落、和子女的代沟、与社会的脱节等凸显了他们的矛盾心理，促使其心理状态和生理状态发生明显变化。与其他年龄段比较，一般的，老年人身处负性事件多发阶段，容易产生孤独、失落等消极情绪，并带来抑郁、消沉等不良反应。调查表明，城乡老年人感到自己越来越跟不上社会发展的比例到 2006 年时仍高达 73.6%，只比 2000 年下降了 1.2 个百分

① Kinney, Jennifer M. (1996). Home care and caregiving. In James E. Birren (editor - in - chier). Encyclopedia of Gerontology, Voll (667 - 678). San Diego: Academic Press.

② 斯雯：《老年人对社会照顾方式的偏好与养老服务体系的建构》，浙江大学硕士论文，2006 年。

点，并且单就农村来讲，这个比例反有上升。目前，常感孤独的老年人，在城市为18%，农村为30.9%；特别是不喜欢结交朋友的老年人比例5年来有所上升，城市从2000年的20.4%上升到2006年的23.0%，农村同期从26.8%上升至29.8%；有过自杀念头的老年人，在城市占2.6%，农村为4.9%。当前“未富先老”的情境使得物质性的养老资源显得稀缺因而容易引起人们的关注和重视，而社会对老年人的精神心理需求则关注不够，特别是随着家庭养老功能的不断弱化，老年人来自家庭成员的心理支持与精神关爱已今不如昔。在老龄化加速发展的当前形势下，对老年人心理发展面临的上述矛盾及其变化特点，我们必须进行理性的审视与回应，应积极采取措施，进一步关注老年人的心理状况与精神需求，加大对老年人的心理调适与精神关怀，建立健全老年人精神保障体系，引导老年人树立积极健康的老年观，不断提高广大老年人的心理健康与精神文化生活水平，让他们身心愉悦地安度晚年，共享经济和社会发展成果。

第二节　农村老年人居家养老服务供给

从供给主体的角度看，农村老年人居家养老服务供给主要有自我供给、家庭供给、政府供给、社区（村集体）供给、社会供给、市场供给等类型。

一　自我供给

自我供给，在理论上讲，就是既不依靠子女和亲属照料，又不依靠社会养老服务保障的养老服务方式。这种模式下的养老服务资源的特点是老年人生活上的自我照料，老年人养老服务的自我供给能力主要取决于老年人自身的身体条件和健康程度。一般而言，老年人身体健康程度越高，老年人养老服务的自我供给能力越强。我国农村老年人只要具备劳动能力和生活自理能力，一般不需要子女的供养和照顾，具有很强的自立意识，反而会想方设法帮助子女做一些力所能及的家务，有些经济状况好的老年人甚至能够在经济上帮助子女。自我供给是一种不同于家庭供给的独立的养老方式，它凸显了老年人自身在养老服务中的地位和作用。

在现代社会崇尚独立的背景下，来自老年人自身的养老支持能够帮助老年人过一种更加独立和有尊严的生活。它是一种独立而又特殊的养老服务方式，在这种模式中养老服务的主体和客体实现了统一。当然这里需要特别说明的是，这里强调“自我供给”与“家庭供给”的区别，并不是说家庭养老服务供给与自我养老服务供给是完全对立的。因为任何一种养老服务模式都是相对的、有条件的，实际上，自我供给虽不同于家庭供给，但与家庭供给关系密切，在现实中，自我供给与家庭供给常常是有机结合起来的、相辅相成的。当养老服务资源完全由老年人自己提供时，就是纯粹意义的自我供给；当养老服务资源完全由家庭成员提供时，就是纯粹意义的家庭供给。但这种纯粹意义上的养老服务资源供给的划分，更加类似于马克斯·韦伯所说的“理想类型”，实际生活中我们所见的更多是混合型的存在，只不过是哪种养老服务支持力更占优势的问题。自我供给并不是农村居家养老服务的理想模式，在某种程度上说，这是生活无奈和其他模式存在缺陷的一种适应性选择。

二 家庭供给

家庭是老年人生活的重要场所，家庭不仅为老年人生活提供了物质和经济保障，而且也是老年人生活照料、精神慰藉等养老服务资源的重要来源。目前，无论城乡，中国老年人的养老服务都还是以传统的家庭照护模式为主。绝大部分需要照护的老年人居住在自己家中，子女扮演老年人照护的主力军角色，社会服务所占比例很小。据调查，对于需要照护的老年人，主要由配偶、子女或孙子女照护的比例在城市为 90.8%，农村的这一比例达到 97.3%。在城市，主要由保姆照护的老年人只占 6%，主要由居委会或养老机构照护的仅占 0.3%①。目前，由于经济条件的限制，农村老年人家庭雇保姆的非常少，几乎为零。

家庭对老年人提供的养老服务支持，是建立在姻缘、血缘关系基础上的，基于伦理道德的自发提供。家庭照顾的优势是低成本、高稳定性和具有亲情关系的基础，在解决老年人的生活照料和精神慰藉上具有不可替代的作用，因而家庭照顾不管是过去、现在，还是将来，都是我国养老服务体系中最为关键、最为重要的一环。但这种家庭内部的自发的、无偿照顾模式不属于真正意义上的社会化的养老服务方式，只有这种家庭内部的照顾被社会化的服务所代替，这才是真正意义上的养老服务社会化。随着社

① 中国老龄科学研究中心：《中国城乡老年人口状况一次性抽样调查数据分析》，中国标准出版社 2003 年版。

会经济的发展和老龄少子社会的到来，虽然我国老年人绝大多数仍选择家庭养老，但这种传统的家庭养老方式已经面临越来越多的挑战。无论是国内还是国外，家庭规模逐渐趋向小型化、核心化，同时社会的发展带给家庭中年轻一代更大的竞争压力和生活压力，由家庭担负的养老功能正在逐渐弱化。因此，老年服务的社会化与发展老龄产业势在必行。

三 国家（政府）供给

养老服务的国家（政府）供给是指国家或者政府依据法律政策对符合条件的老年人提供养老服务资源，以保障老年人养老服务方面的基本权益。政府对养老服务的供给渠道有：一是直接举办养老福利事业，如建设农村敬老院、建立农村养老服务设施；二是提供资金，包括对养老服务机构和设施的运作提供资金支持；三是对特定对象享用和消费养老服务提供资金补助和优惠，主要表现为公立养老机构、养老福利机构、社区服务设施、国家提供的社会养老护理保险、政府对特殊对象购买的养老服务等。目前，政府在农村地区提供的养老服务资源主要是五保户供养制度和农村敬老院，享受这一待遇的仅为部分“三无”对象（无子女、无生活来源、无劳动能力者），占老年人总体的比重还不到2%，覆盖面相当狭窄。供养方式主要是集体授权农户代耕五保户的土地，供应钱粮，五保户个人自立生活；若丧失活动能力，就送入乡镇敬老院，由乡镇敬老院提供的老年照顾服务。换言之，农村的社会照护模式只是针对无儿无女的特殊群体，而不是一般的老人。从农村来看，过去，国家（政府）居家养老服务的供给仅局限于农村“五保老人”，其实质是一种救济型的养老服务。这种救济型的养老服务已经不适应当下农村经济社会发展条件下广大老年群众普遍的、多样的居家养老服务需求，因此，国家（政府）供给亟待提升至普惠型的战略层面。

四 村（社区）供给

农村村（社区）是我国农村基层行政权力的末端，因此，村（社区）供给也可以列入国家（政府）供给之中。这里之所以把它作为一种独立的居家养老服务供给形式，其主要原因是村（社区）集体经济的实力和农村基层单位的组织和管理能力，造成目前我国村（社区）居家养老服务供给数量和质量之间的迥异。由此可见村（社区）供给的重要性，目前国家在农村居家养老服务中的基本缺位，更加凸显了村（社区）的地位和作用。

农村村（社区）供给，是一种由村集体或者社区为本集体或社区内的老年人提供养老服务的方式，其内容主要表现为“五保”供养制度、敬老院、村级所属的托老所、集体互助等。村（社区）提供社区养老服务需要以一定的集体经济基础为前提，村（社区）集体以自身的创新能力和自我管理智慧为工具，通过提供形式多样的服务来满足老年人的情感和物质需求。一方面，从经济支持模式来看，由于农村自身可支配资金很少，农村集体养老服务的提供存在严重的先天不足。通过结合本地优势，发挥主观能动性来开创适应当地实情的筹资渠道，可以弥补资金空缺。所以，从根本上讲，村（社区）居家养老服务的提供情况直接反映出村集体的自我调节和发展能力。农村税费改革后，取消了过去的“村提留、乡统筹”以及所有其他专门针对农民征收的行政事业性收费和政府性基金、集资、五保供养经费，有的地方出现了集体供给养老资源的能力随着集体经济的瓦解而下降，集体供给不足的状况，因此，要明确村（社区）基本福利事业公共财政转移支付的制度，以解决农村经济薄弱村发展集体养老福利事业所需要的基本资金。另一方面，村（社区）可以发挥在养老上的地缘和亲缘优势，而且也有利于实现老年人的自养与自助。村（社区）养老服务的一个突出特点就是老年人在家中和自己熟悉的社区环境里享受政府以及社区在生活福利、服务和心理方面的关怀。

五　社会供给

居家养老服务社会供给中的社会是指与家庭、政府、市场相对应的一个领域，也可以理解为狭义的社会，主要形式有社区、非政府组织、志愿者和公众参与等。社会是养老服务资源的重要来源和场所。治理理论强调通过合作、协商的方式实施对公共事务的管理，弥补国家和市场在社会资源配置过程中的不足或失效之处。

20 世纪 70 年代以来，西方市场经济国家政府在提供公共产品方面出现了较普遍的低效率现象。人们发现，在政府功能和市场功能的“空白区域”，甚至在习惯上由政府提供公共产品的领域，非营利部门往往比政府有更高的效率。于是，在西方出现了公共产品的供给由政府向民间非营利组织转移的趋势，许多过去由政府直接提供的公共产品，如今都变成由政府资助的非营利部门来提供。

在农村社区中，老年人的经济与生活保障已经不再是家庭、国家或社区任何单方面的问题，农村内生社会力量和外延社会力量也将成为辅助农村老年人生存和生活的重要因素。对村民来讲，除了可以通过邻里互助来帮助老年人，还可以通过村民组织，如老年协会等来整合村民力量，一方面可以实现老年群体的精神养老需求，另一方面可以整合村民的经济能力为养老提供物质保障。如在某些地区成立的“养老基金会”就是动员全体村民出资建立养老基金，防范老年人个体出现突发情况的互济型村民福利制度，在村民之间实现互助互济，同时在危难突发时帮助老年人渡过难关，帮人等于帮己。目前，中国各项慈善事业已经起步并逐步走向发展阶段，农村社区养老服务的筹资与完善离不开外援与社会的力量。社会募捐等形式成为资金筹集的一种途径。农村养老问题已成为维护农村稳定、构建和谐农村的重要方面，农村养老问题的妥善解决需要各种社会力量的相互配合。

在计划经济条件下，我国养老资源主要来自家庭、政府和单位，社会的作用微乎其微，正是在养老服务社会化后，才开始重视社区、非政府组织、民间团体、志愿者等的作用。问题是我们的社会治理模式不同于西方（与港台也不同），社区行政色彩较浓、自治性不足，对非政府的社会中介服务机构、专业化的社会工作机构等第三部门社会组织的培育还不到位，居民社区参与不足，社区意识不强。政府长期以来的大包揽作风，使得进行“政社分离”时，政府无法从社会中找到承接社会事务的社会组织。今后，如何推动我国养老服务领域社会组织的发育、发展和成熟，使其承担更多的社会责任是我国面临的重大课题。

六　市场供给

居家养老服务的市场供给是指供给主体在市场价格机制的作用下提供给消费者某种服务商品或劳务，其形式主要有民营化、用者付费、合同外包、内部市场等。居家养老服务市场供给的理由是：市场是发现人们需要的最佳方式；市场给人们最广泛的自由选择权，鼓励有利于消费者的竞争，降低了科层官僚体制无效率所带来的弊端，使社会发展更加民主，也更适合人类的天性。市场是居家养老服务的重要供给主体，即便是政府供给的服务，通过市场来具体提供也更有效率。因此，市场化运作是推进居家养老服务工作的基本原则和重要手段。

从西方福利多元主义经验看，市场供给旨在通过建立一个“福利市场”，将自由市场具有的促进竞争、增加产品和服务、维持合理价格的作用引入到福利服务的提供上，为使用者提供更低价格上的更多选择。而在这个过程中，福利国家政府并没有卸下福利服务的责任，而是转换了承担责任的方式：从直接的服务提供转而成为准市场中服务的购买者，或是通过补贴使得个人成为市场中的消费者。在这里，政府的核心任务在于，使得“福利市场”成为可能并维持良性运转。

由于农村老年人消费能力低下，农村老年服务市场分散，利润微薄，很难吸引企业主动进入农村市场，因此，要通过政府政策的优惠，鼓励城市一定规模的公益性老年服务企业到农村去，开设品牌连锁店和分店，实行连锁经营、连片发展，推动养老服务产业化经营、专业化发展。农村社区企业与所在社区有一种特殊的地缘关系，企业领导与社区居民还有一种特殊的亲情关系，企业对居家养老服务的慈善捐赠是企业履行社会责任的重要体现，因此，要善于利用和动员农村社区企业支持农村养老服务事业。

以上居家养老服务供给形式，根据所采用的供给途径，可以归纳为非正式供给和正式供给两大类。非正式社会支持系统是指借助各种非正式的途径来表现对个体行为的支持的系统，它是解决老年人需求问题的一种自然机制，这一体系包括家庭成员（配偶、子女、其他亲属）、邻居、朋友、志愿者等。正式社会支持系统是指借助正式途径来表现出对个体行为的支持的动力系统，该系统主要由政府和非政府机构组成，如各级政府、各级组织；机构、企业、社区等。非正式社会支持具有不确定性特征，除了配偶与子女外，一般无政策与法律可依，它更多地表现为个人与个人之间的关系。在非正式支持系统内部，家庭成员扮演着更重要的角色，他们构成了老年人非正式照顾系统的主体，为老年人提供主要的照顾需求。朋友和邻居在购物和交通方面提供了许多支持，但由于他们有自己的事情，所以不可能在其经济支持、精神慰藉方面为老人提供更多的支持。正式的社会支持具有经常性特征，往往有政策或者法律依据，表现的是一种个人与社会组织的关系。家庭养老的相当一部分功能，在我国今后相当长的一段时间里仍然要发挥其重要作用，但如果没有“正式支持系统”——政府、社会组织和社区的相应政策搭配，居家养老的社会环境得不到根本性优化，“家庭”缺乏必要的扶持与帮助，现存居家养老模式的生命力将是有限的，勉强维持将以老年人的生活质量低下为代价。正式社会支持系统与非正式的社会支持系统相辅相成、相互补充，共同为农村老人提供养老支持。居家养老服务是非正式支持和正式支持兼有的养老方式，也即是家庭养老和社会养老二者兼有的养老方式，这两种方式相互影响、相互转化。非正式支持系统与正式支持系统可以共同提供外界支持，一方的削弱可以通过另一方的加强来实现老年人的需求。最关键的是寻找两者的契合点，但是，这是有前提的，即两种养老方式都具有补偿或替代的能力，在老年人需求和两种养老支持方式的作用力一定的情况下，一方的削弱可能直接导致对老年人供给的下降。

第三节　农村老年人居家养老服务供给需求分析框架

一　农村居家养老服务供给需求理论分析

不同的养老方式，其养老服务需求与供给具有不同的特点。如果是个人养老模式和家庭养老模式，从养老服务需求与供给角度看，养老服务的供给方与需求方主要都集中或重合于个人与家庭，即老年人与家庭既是养老服务的需求方（出资方），也是养老服务（品）的供给方。当养老服务的供给方与需求方都是老年人个体时，这种养老模式可称为个人养老模式或自我养老模式，如果养老服务的供给方与需求方主要是家庭，则称之为家庭养老模式。同理，社区集体养老模式下的养老服务的需求方或出资方主要是社区集体经济组织（包括个人和家庭），而供给方则是社区集体经济组织或其他第三方。类似的，机构养老模式下的养老服务的需求方或出资方可以是个人、家庭、政府、集体或其他第三方，而供给方则是养老福利机构或商业性养老机构。居家养老有别于传统的家庭养老，也不同于社区（集体养老）和机构养老。居家养老模式下的养老服务的需求方或出资方可以是个人、家庭、政府、集体或其他第三方，而服务的供给方是多元的，在居家养老服务供给中，除家庭内部照顾外，还包括家庭外部的照顾，但作为社会化的居家养老服务，其服务主要靠外部照顾或者说是社会化的助老服务，如餐饮服务、照料服务、采购服务、陪同服务、陪聊服务、家政服务、医疗服务等，还包括居住社区或就近社区的助老服务，如社区托老所、老年饭桌等。因此，居家养老是具有社会化服务的养老模式。从养老服务品的供给方角度看，在经济发展相对落后和农民收入相对低的情况下，个人和家庭是主要的养老服务品的供给者。但是，随着经济发展和家庭分工的不断深化，许多原来由个人或家庭承担的养老服务功能

（供给）不断地被分化或专业化，逐渐由第三方独立的专业家政公司、老年人护理公司或者志愿者组织来完成。也就是说，原来养老品的家庭内部交易随着经济发展与分工的深化而倾向于不断地外部化或分包化，只要专业化养老组织提供的养老服务品的成本比原来家庭或个人更低廉优质，专业化社会分工就会出现。因此，居家养老服务供给主体虽然是多元的，但专业化的服务和社会化的服务是不可或缺的。

居家养老服务的需求和供给关系决定老年人的居家养老生活状态。在一定社会经济条件下，我们可以从理论上将老年人养老分为三种状态：当养老服务需求大于供给时，供给不足或供给匮乏时，老年人处于一种低水平居家养老生活状态。如果这种状态持续时间长，老年人可能连生存都难以维持。当养老服务供给大于需求时，老年人生活质量较高，能够充分享受社会发展成果，有很大的自主权去实现个人生活追求。当养老服务需求和供给相等时，老年人能保持正常的较好的生活状态。不过，这里的分析只是一种理论上的抽象，具体到现实生活中，不同的老年人在同一需求上的满足有相当大的弹性，同一老年人在不同的养老服务内容上的需求也不相同。非正式和正式养老服务保障供给共同提供一致的居家养老服务资源，居家养老正式养老服务保障和非正式养老服务保障两种模式共同提供一致的养老服务资源，一方的削弱可以通过另一方的加强来实现养老服务保障需求，最关键的是寻找两者的契合点。但是，必须以两种居家养老服务方式都具有补偿或替代的能力为前提，如果非正式和正式养老服务保障供给提供的是功能各异、不可替代的居家养老服务资源，在老年人居家养老服务需求和两种服务提供方式的作用力一定的情况下，一方的削弱可能直接导致对居家养老服务保障总体供给水平的下降。在通常情况下，在提供居家养老服务资源时，公共养老服务保障和非正式养老服务保障两种模式可以在同一养老内容上发生作用，共同满足老年人的服务需求，不存在互相排斥的关系。当然，居家养老服务保障需求和供给模型的存在是有前提的：①必须有养老规范的存在。人类社会的不同发展阶段可能对“老”的认识是不同的，但是老年人却是客观存在的，只有存在养老的文化规范，我们才能谈得上对老年人养老保障需求的供给。②至少存在一种养老方式。[①]

① 王莉莉：《基于“服务链”理论的居家养老服务需求、供给与利用研究》，《人口学刊》2013 年第 2 期，第 55—56 页。

二　供给与需求的一般关系模式分析

实质上，养老服务是一种消费行为，养老服务保障是一种使老年期消费需要得以满足的保障。养老服务实现的过程实际上是将劳动力的生产成果出让一部分给老人消费的过程，也可以说是在年轻人和老年人之间进行的一种交易行为，是在不同代人之间进行的交易。从实物经济角度看，这种交易与社会保障制度无关，不论哪种制度，养老的消费品必须都是靠年轻人提供的产出给老年人。在养老产品或服务市场上，就消费品本身而言，老人对养老消费品的需求是一种正常物品的需求，并不具有特别之处，因此，可按供给与需求的一般关系模式来进行分析。

假定在养老服务的产品市场上，劳动力对养老服务产品的供给曲线为S，老人对养老服务产品的需求曲线为D。按供给与需求的一般关系，养老服务产品的价格越高，劳动力就越愿意多生产，因此表现为供给曲线S向右上方倾斜。而对老人则相反，养老服务产品的价格越高，老人就要支付更多的货币才能购买到原来同等量的服务产品，因此表现为需求曲线D向右下方倾斜。需求曲线D与供给曲线S的交点决定了养老服务市场的均衡价格与均衡产出量（见图3－1）。①

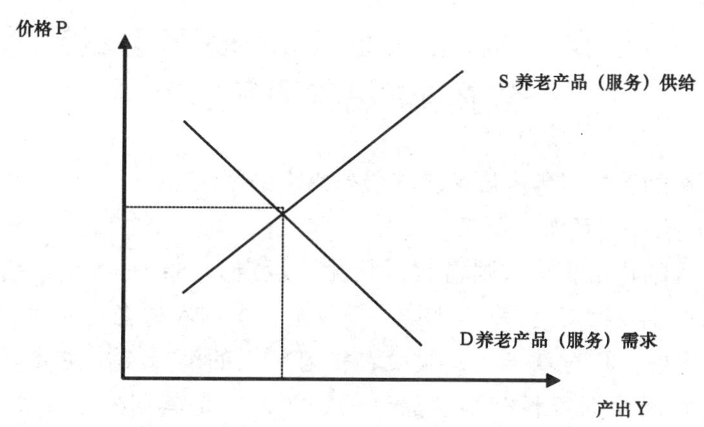

图3－1　农村养老产品服务市场

① 李时华：《中国农村养老保障需求与供给研究》，湘潭大学博士学位论文，2008年，第42—44页。

根据微观经济理论，个人需求函数表现为：

$x = x(p, m)$ （1）

其中，x 为需求量，p 为产品或服务的价格，m 为收入水平。方程（1）是在满足 $xp \leq m$ 的约束条件下，消费者个人效用达到最大情况下的解。该需求函数所表现的关系是，需求量 x 是关于 p 的减函数，是关于 m 的增函数。

对微观经济中的老人而言，个体老人的需求函数同样可以表现为方程（1）的形式。如果假定经济中所有老人的需求行为是等同的，那么经济中老人的需求总量就可看成是所有老人需求量的加总。设 R_Y 表示经济中老人的需求总量，则有：

$R_Y = \Sigma x(p, m) = L_R x(p, m) = aNx(p, m)$ （2）

其中，L_R 为老龄人口总数，a 为老年人口系数（或称老龄化率），N 为总人口数，有 $L_R = aN$。由方程（2）可知，在其他参数不变的情况下，老年人口系数 a 的上升将提高总需求量 R_Y，需求曲线向右移动，导致均衡价格和均衡产出水平提高。这表明，在供给不变的情况下，老龄化程度的提高要导致经济中养老产品或服务需求的增加，从而导致价格和产出水平的增加。价格水平提高意味着老人要支付更多费用。由此可见，随着人的平均寿命的延长，老龄人口越来越多，养老服务的需求越来越大，供给如何跟上，避免缺口，促进平衡，是很值得深入研究的问题。

第四节　影响和决定农村居家养老服务需求与供给的因素分析

一　影响农村老年人居家养老服务需求的因素

（一）老年人的收入状况

老年人的货币积累或财富收入状况（设定为 m）是决定其居家养老服务需求的主要因素之一。如图 3－2 所示，根据农村老年人生活预算约束式，$P_1 \times Q_1 + P_2 \times Q_2 = M$，假设农村老年人的消费支出主要有两个方面，一是物质生活资料（消费品）的购买，一是其居家养老服务的支出。由图 3－2 可知，如果老年人的财富或收入水平增加的话，则预算线就会向外平移，于是老年人原来的效用或福利最大化点处于 E，现在就会平移到新的福利最大化均衡点处。很明显，老年人的财富资产或收入水平越高，一般来说，在其他条件不变的情形下，其福利或效用水平就会越高。

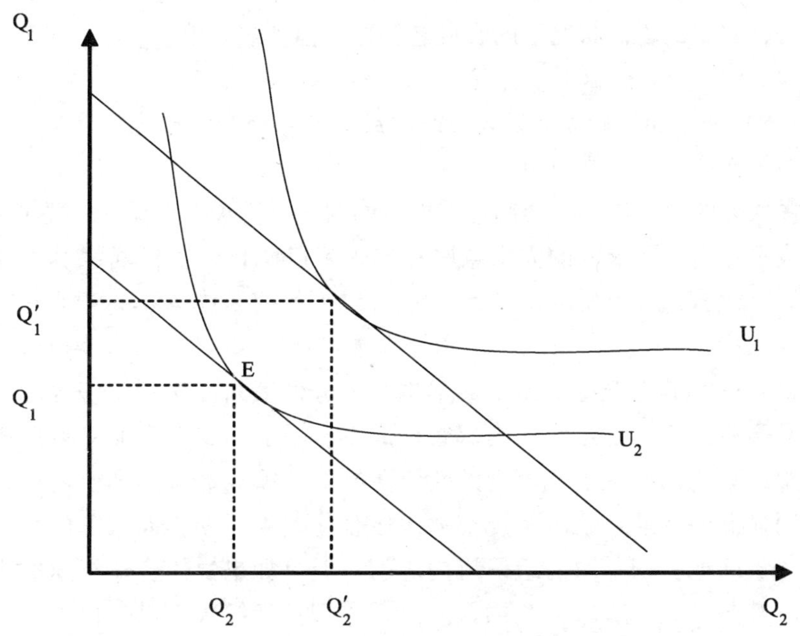

图 3－2　影响农村居家养老服务需求的因素

（二）居家养老服务品价格

农村老年人居家养老服务品的价格水平会影响农村老年人的养老生活质量或福利水平。如图 3－2 所示，当农村居家养老服务成本上升，即老年人家政服务、医疗护理等价格上升之后，就会出现农村老年人大幅减少对家政服务和医疗护理的需求。表现在图 3－2 上，原来的预算线会以纵轴上的端点为支点向内旋转，从而老年人的福利水平相对于原来的均衡点显著下降了。类似的，还可以看出，如果医疗护理价格或家政服务价格不变，而物质生活资料价格水平不断攀升，那么，同样的情形是农村老年人将会减少或降低物质资料 Q_1 的需求水平，即预算线会以其在横轴上的端点为支点向内逆时针旋转。于是，农村老年人的福利或效用水平也会下降。当然，更常见的情形是农村物质生活成本 P_1 和居家养老服务费用 P_2 都同时在上升，此时，预算线在两条坐标轴上的截距都会显著减小，至于预算线旋转移动的斜率是变大还是变小，则取决于农村物质生活资料价格

P_1与居家养老服务费用P_2上涨幅度哪个更大一些。但是，不管预算线变得更平坦还是更陡峭，可以肯定的是新的预算线会明显处于原来预算线的左下方，那新的均衡状况下的农村老年人的福利或效用水平就会显著下降或恶化。

（三）居家养老服务提供方的组织成本是影响和决定其需求意愿水平的重要因素

提供方的组织成本，会制约需求方的需求意愿和需求程度，提供方的组织成本越高，需求方的需求意愿和需求程度越低。提供居家养老服务的组织有正式组织和非正式组织，正式组织的交易成本要高于非正式组织。如家庭（个人）、亲戚、邻居等小规模的内部交易成本会很低，从而其供给居家养老服务的组织成本也是十分低廉的。正式组织之间的竞争通常会有助于降低组织的内部管理成本。一般而言，商业养老服务组织供给成本比那些缺乏竞争性的政府垄断的居家养老服务提供者的组织成本明显低廉。通常，一个规范的集体合作提供居家养老服务的组织成本会介于商业公司与政府组织机构之间，但是如果集体合作组织的控制制度不健全，缺乏有效的制约机制的话，则其组织成本也会很高的。

（四）老年人自身的身体健康状况

老年人自身的身体素质或健康状况也会影响农村老年人居家养老服务的需求结构。当老年人的资产收入状况以及农村物质生活成本P_1和居家养老服务费用P_2都保持不变时，老年人的身体体格越健康，自理能力越强，则其对居家养老护理需求就会越减少。当Q_2减少时，相应的，Q_1即老年人对物质生活资料的需求则势必会增加，也就是说，老年人节省下来的医疗护理费用支出，可以转而用于增加对物质生活资料的需求或消费，这将提高农村老年人的福利水平。因为此时，减少对医疗护理费用消费并没有降低老年人的效用或福利水平，但是，增加对物质生活资料的需求或消费却提高了农村老年人福利水平。所以，总体上，农村老年人会因为良好的身体健康状况而提高了其福利水平。

（五）老年人的居家方式

老年人居住方式也会影响农村老年人的居家养老服务的需求。当老年人的资产收入状况以及农村物质生活成本P_1和居家养老服务费用P_2都保持不变时，老年人如果是独居或空巢家庭，则其对家政服务、医疗护理的需求就会提高。当Q_2提高时，相应的，Q_1即老年人对物质生活资料的需求则势必会减少，也就是说，老年人因增加居家养老服务费用支出，可能会减少其对物质生活资料的需求或消费。如果老年人与子女生活在一起，子女又比较孝敬老人，则老年人会减少对居家养老服务的需求。当 Q_2 减少时，相应的，Q_1 即老年人对物质生活资料的需求则势必会增加，也就是说，老年人节省下来的居家养老服务费用支出可以转而用于增加对物质生活资料的需求或消费，这在一定程度上会改善农村老年人福利状况。所以，总体上，农村老年人会因为与子女一起居住一起生活而提高其福利水平。

（六）老年人的偏好

老年人的偏好由老年人的需求倾向和选择倾向两方面构成。老年人的需求倾向，即老年人是否愿意向外界表达需求或对需求量做出要求。通常情况下，老年人自理能力越强，他对外界的需求就越小。但实际上我们要考虑到老年人的主观意愿问题，笔者认为我国的老年人在能够维持自己正常生活（且不提高生活质量）的前提下，一般都是自食其力，不愿意靠他人帮助而生活。这与我国较多提倡奉献的义务而较少要求自己的权利的价值观念相符。在现实生活中我们可以观察到许多老年人很少要求自己的子女为自己提供什么，相反在自己可能的情况下还倾力帮助子女，甚至有时是一种“自我牺牲”式的帮助。在不能够维持自己正常生活的情况下，我国老年人也是尽量减少对他人的依赖，避免成为家庭和社会的负担。因此，老年人对外界的需求在现实表现上可能出现很大的伸缩弹性。有些老人实际上对外界的需求很大，却由于很少提出需求而显得需求很少，容易掩盖老年人问题的严重性。值得注意的是这种伸缩弹性是有限度的，往往以老年人低水平的存活为代价，这就要求我们在判断老年人需求时要注意到老年人的实际困难，不能因老年人提出的要求少而放弃家庭和社会的责任，忽视他们的实际权利。老年人的选择倾向问题，即大部分老年人可能更倾向于向家庭成员提出要求，而在提出需求时在不同的家庭成员上又存在倾向性，有的老年人更愿意接受社会的支持。

（七）政府对居家养老服务购买的力度

政府对老年人居家养老服务消费的补贴是促进居家养老服务社会化、提高老年人福利水平的通常做法。当老年人的资产收入状况以及农村物质生活成本 P_1 和居家养老服务费用 P_2 都保持不变时，政府购买居家养老服务的力度越大，则其对居家养老服务的需求就会越大。当 Q_2 提高时，如果 Q_1 即老年人对物质生活资料的需求保持不变，就可以在不减少老年人对物质生活资料的需求或消费的同时，提高农村老年人居家养老服务的福利水平。

二　影响农村老年人居家养老服务供给的因素

农村居家养老服务供给的影响因素，如要素价格水平（P）与组织成本（T）以及决定供给成本的相关农村养老服务的基础设施（B）等，以函数关系式可以表达为，农村居家养老服务的供给水平和质量 S = f（P，T，B）

（一）居家养老服务供给的要素价格水平直接决定了其供给（生产）成本（P）

其中，劳动力工资和物价水平都是重要的变量，当农村劳动力十分缺乏和工资水平高昂时，更多的劳动力将会被配置到农业与企业生产中去，从而为农村老年人提供居家养老服务的机会成本也势必会很高。同样，农村社会物价水平也会类似地增加老年人的居家养老服务供给的（边际生产）成本，如图 3 - 3 所示，居家养老服务供给成本由 S_1 上升到 S_0，即意味着农村养老服务的供给水平下降了（从 Q_1 降至 Q_0）。

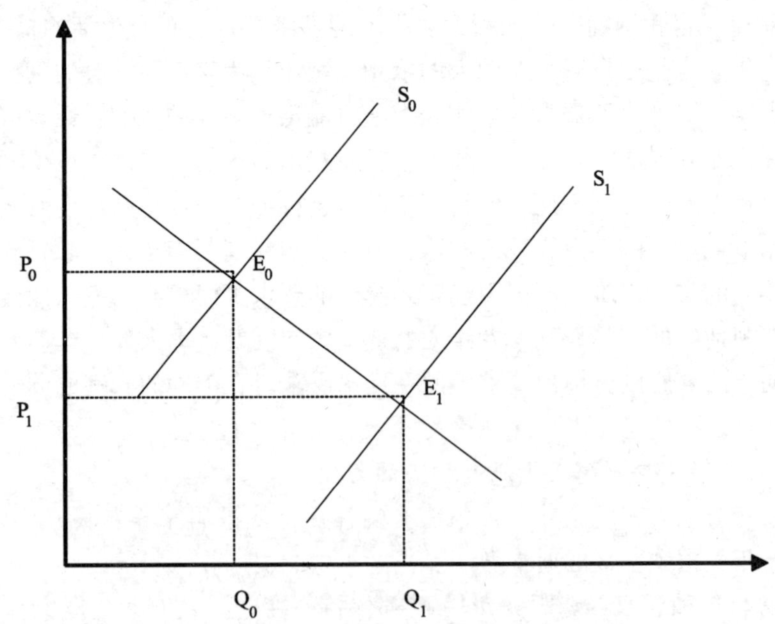

图 3 - 3　影响农村居家养老服务供给的因素

（二）组织交易（管理）成本也是农村居家养老服务的供给成本的重要组成部分（T）

一个组织的内部交易管理成本是由组织的控制制度或治理结构的效率状况决定的。一般而言，家庭与个人等小规模的内部交易成本会很低，从而其供给养老服务的组织成本也是十分低廉的。组织之间的竞争通常会有助于降低组织的内部管理成本，如在竞争激烈的市场环境中，第三方独立的商业性居家养老服务提供组织或机构的竞争，将显著降低老年居家养老服务的供给成本。但若不存在或不允许民间居家养老服务组织、机构的发展，则垄断的政府居家养老服务组织或机构的服务成本都会是相对高昂的，如国有医疗部门无论是养老院还是医院的护理成本都是高昂的。从图3－3可知，作为居家养老服务的供给成本的一部分，组织成本的上升也同样会推动供给曲线类似地从 S_1 向 S_0 移动，从而降低了农村居家养老服务的供给水平。

（三）居家养老服务的基础设施与社区环境也是影响居家养老服务供给成本的一个重要因素（B）

地方经济越发达，交通便利与社区医疗卫生设施越良好舒适，尤其是政府资助修建的社区活动中心、社区公园、社区日间照料中心、社区托老所，将极大地方便农村老年人的社区生活，提高老年人的生活质量。这些社区“公共品”在某种程度上也会降低家庭和个人或其他第三方组织为农村老年人提供养老服务的供给成本。由图3－3，可以理解为供给曲线从 S_0 向 S_1 的右下方移动，这意味着老年人养老服务的供给成本下降（从 P_0 下降至 P_1），从而促进了农村老年人的居家养老服务保障水平的提高（从 Q_0 增加到 Q_1）。

（四）政府对居家养老服务生产单位的政策支持力度

政府对居家养老服务生产单位政策支持的力度越大，居家养老服务供给越丰富，居家养老服务产品价格越会下降，这将增加农村老年人对居家养老服务的选择和消费，从而极大地方便农村老年人的生活，提高老年人的生活质量。由图3－3，可以理解为供给曲线从 S_0 向 S_1 的右下方移动，这意味着老年人养老服务的供给成本下降（从 P_0 下降至 P_1），从而促进了农村老年人的居家养老服务供给水平的提高（从 Q_0 增加到 Q_1）。

第五节　农村居家养老服务供给模式选择的原则与依据：供需匹配

一　农村居家养老服务供给保障组织模式选择原则

（一）需求导向原则

整个农村居家养老服务是为满足农村老年人居家养老的需求。老年群体对居家养老服务的需求是多种多样的，并且不同类型的老年人有不同的服务需求，不同经济状况的老年人所能接受的服务方式也不同。所以，农村居家养老服务供给模式的构建应坚持以老年人的居家养老需求为核心，合理地设计服务项目和服务方式，最大限度地满足不同层次老年人的养老需求。

（二）分类服务的原则

要针对不同老年人的情况和需求，采取不同的服务方式。在服务对象上，重点和优先保障特困、失能、高龄、病残、空巢、孤寡老人的养老需求，尽力满足更高层次更多种类的养老需求。在服务模式上，根据农村互帮互助的民风和地广人散的实际，采取"走进去"和"走出来"相结合的方式，对缺乏生活自理能力且行动不便的失能、高龄、病残、空巢、孤寡老人，主要采取指派专业服务人员和志愿者上门提供服务（采取邻里结对、亲属结对、党员结对等形式，按照就近、自愿原则，建立相对固定的结对服务关系）或实行邻里结对照顾的上门服务。对大部分身体尚好、能自我行动的老年人，主要引导其走出家门接受服务。

（三）整合资源原则

社区居家养老服务作为一种社会化的养老服务模式，仍强调家庭在老年人照料中的重要地位，包括提供精神支持、照顾支持、经济支持等，但更强调在政府的支持和引导下，将社区照顾与家庭养老有机结合，充分整合社会资源，为老年人提供更多持续性帮助，以减轻家庭照顾的负担。

（四）提高效率原则

效率是指最有效地使用社会资源以满足人类的愿望和需要，也就是说在给定投入和技术的条件下，经济资源带来了最大收益，或是实现了帕累托最优。社会化居家养老服务最大的问题在于其相对垄断地位造成的效率缺失，过高的组织成本和效率低下的服务方式会严重蚕食居家养老服务的健康发展。无论是政府供给、社会供给，还是村（社区）供给都应当存在一定的竞争压力，努力降低组织交易成本，以尽可能低的成本向老年农民提供尽可能好的居家养老服务。

（五）正义性原则

农村居家养老服务应当把覆盖所有有养老服务需求的农村老年人群作为目标。作为社会的成员，任何一个农村居民都拥有在老年可能丧失劳动能力或收入时享有与其他群体同样的诸多基本权利，如生存权、发展权、保障权、居住权和参与权等。如果从最基本的生存保障角度来说，正义性意味着任何一个农村老年居民都有权获得基本养老服务品的供给。但是，如从更广泛的空间来看，正义性原则还意味着，农村居民不仅有权享受最基本的养老保障服务，而且还应享有同城市居民大体相似或同样水平的居家养老服务的权利。

（六）可持续发展原则

由于现阶段中国不仅农村与城市的发展水平存在极大的不平衡性，而且即使是在农村内部，农民之间也存在广泛的分化和差异（包括收入和组织资源的可获得性），因此，这就决定了中国农村居家养老服务制度的改革以及实现其正义性目标的过程必然是渐进式的。有关农村居家养老服务的组织制度建设也只能先在有条件的地区有步骤地进行，而且还得坚持可持续性发展的原则，不能为了实现居家养老服务制度的正义性（效率目标），而盲目地大跃进或以运行的方式强行推进农村居家养老服务的广覆盖面，否则要么发动推行的成本十分高昂，要么政策设计就难以有效实施和持续发展。在现阶段，推进的策略应当允许和鼓励多种形式的农村居家养老服务模式的渐进持续的试验和发展，同时，通过逐步加大政府投入和转移支付的力度，在不发达地区创造更有利的条件去推进农村居家养老社会化服务制度的培育和发展。

（七）生产者与提供者适当分离的原则

公共服务的提供与生产进行区分的是民营化的倡导者萨瓦斯，他认为，“服务的生产者直接组织生产，或者直接向消费者提供服务”，而“服务安排者（亦称服务提供者）指派生产者给消费者，指派消费者给生产者，或选择服务的生产者”。如政府有责任提供国防安全，但具体国防物资的生产却可以交给私营公司去做。因此，公共服务的提供与生产是有差别的，并不属于政府一方，提供与生产有时是可以统一的，有时则是可以分离的，二者可以分属于不同的单位。公共服务的生产和提供是合一还是分开也不是绝对的，因为当提供者和生产者合一时会产生官僚制的成本，即维持和管理层级系统的成本；而当提供者和生产者不同时，又会产生交易成本，即聘用和管理独立生产者的成本，只有根据这两种成本的相对值才能判断服务的提供和生产功能的分离是否值得。

（八）服务供给主体多元化原则

一方面“主体多元”是指公共服务的生产者除公共部门之外，还有私人部门和社会组织；另一方面在公共服务供给主体多元发展中，需要一系列相关制度和机制来保障各供给主体能够充分发挥自身优势，进行优势互补，最终达到提供优质、高效的公共服务，满足公众需求。

二　农村居家养老服务体系的构造：几种可能的匹配模式

（一）最小干预的匹配模式

个人和家庭供给为主，政府为最小限度的支持。由政府举办的老龄公共养老服务事业的内容很少，覆盖范围窄，只限于对老年弱势群体的施舍性救助。在农村，“五保”老年人丧失生活自理能力后，由政府和集体通过养老机构提供基本的养老服务，但是其他农村居民的养老服务只能靠家庭来解决，有时需要求助亲戚和邻里来照顾。虽然保障水平不高，模式单一，但是能解决最困难群体最急迫的需要，其余的老年人主要由家庭及非正式养老服务制度满足其最基本的养老服务需求，使老人可以安度晚年。这种居家养老服务模式是弱政府、弱社会、救济型的养老服务。

（二）适度干预的双重心匹配模式

该模式同样以个人养老和家庭养老制度模式为基础，但重点在于发展社区居家养老服务模式与社会救济型养老服务。对于经济较发达和条件成熟的地区，重心是鼓励支持社区居家养老服务，而对于贫困或不发达地区，则政府的政策重心应当放在设计和促进社会救助型居家养老服务上。同时，在经济发达地区或不发达地区，对于收入较高的老年农民群体，则应大力推动有偿居家养老服务，鼓励老年人自费购买居家养老服务，但养老服务的相应价格应该低于市场价格。在这一匹配模式下，有偿服务不是发展的重点，其原因在于农村老年人的经济收入总体水平还比较低，自费购买服务的人数还不会多，市场规模还比较小，尤其是以专业护理为主体的居家养老服务的市场还未形成。只有当经济发展到一定水平，多数农民都具有承担缴纳一定的居家养老护理费的能力之后，以共济性和强制性为特征、以居家养老护理为重点的社会化居家养老服务制度模式才能得以建立和推行。

（三）积极干预的多重心匹配模式

该模式也是以个人养老和家庭养老模式为基础，但是其发展重心是社区养老服务、社会养老服务与政府社会救济养老服务三种方式，而以自费购买养老服务方式为补充。这种模式是依托社区，以社区（村）为服务平台，以政府为主导，家庭（个人）为基础，政府、社会、家庭、市场四位一体的社会化服务体系，各主体各尽其能、各施所长，相互分工、相互配合、积极协作，形成多元供给的居家养老社会化服务体系。对于健康的或者生活能够基本自理的农村老年人鼓励在家养老，由家庭人员提供居家养老服务；同时，鼓励健康老人能够积极参与社区（村）活动，尤其是志愿服务和互助服务，在帮助别人的活动中丰富自己的老年生活，愉悦自己的精神世界。对于高龄、空巢、生活不便、经济困难的老人由政府出资或资助，社会组织提供正式的和非正式的养老服务；专业性比较强的老年护理应通过市场化方式解决老年服务的问题，但政府要给予支持和监督；无论以何种方式接受养老服务，家庭都是最重要的基础和依靠，特别是老年人精神上需要的满足，是其他养老方式难以取代的。积极干预的多重心匹配模式的发展宗旨是满足老年人多元化的居家养老服务需求，通过各方努力在确保满足基本养老服务需求的基础上，力争最大限度地满足老年人个性化的居家养老服务要求。

第四章

农村老年人居家养老服务需求及其影响因素分析

第一节　数据来源与方法选择

老年人有与其他群体类似的需求，但由于年龄、社会经济发展和文化等因素的影响，老年人的需求也有其特殊性。与其他群体相比，这一群体的需求是多样而且复杂的。对这些需求的满足，不仅影响老年的生活质量和生存状况，而且影响更多的老年人家庭。本研究通过对江苏农村 896 位老年人的调研，从个体角度出发，利用调查数据来分析老年人目前的养老现状、老年人对居家养老服务的现实需求、老年人的生活状况以及老年人所期望的服务内容和形式，分析个人及群体基本特征、家庭特征和社会经济特征等对其居家养老服务需求的关联性，并在此基础上提出相关建议。

一　数据来源

本次问卷调查的对象年龄限定在 50 岁及以上的农村居民。50—60 岁的人已经临近养老，对养老问题一般会有认真和现实的思考；60 岁以上的人则已处于养老的阶段，其选择意愿是其真实生活的感受和希望的反映。本次调查的实施时间是 2012 年 7—8 月，调查范围为江苏苏南、苏中和苏北共 9 县（市、区）27 个村。调查对象的范围选择原则是：先在苏南、苏中和苏北抽取农民人均收入高、中、低的各一个县（市、区）；然后依据同样的原则，再在每个县（市、区）抽取农民人均收入高、中、低的各一个村；最后，在每个村再抽取 34 个调查样本。本次调查共发放 918 份问卷，回收有效问卷 896 份。村落范围内调查对象的选取通过随机原则确定，考虑到调查对象的文化程度及年龄特征，调查采用入户实地访谈、问卷代填的形式进行。为进一步了解特殊老年人（五保户、空巢老人、生活困难的老年人）的养老服务需求，对部分对象进行了深度访谈，以获得更全面的信息和资料。

二　变量的选取

根据研究的需要，将老年人的居家养老需求作为因变量，居家养老服务的需求包括养老居住地的选择、居家养老服务内容的选择和居家养老服务的购买意愿。老年人居家养老服务需求不仅与老年人自身的基本特征有关，同时也受到家庭和社会等各方面因素的影响。因此，研究所选取的变量主要从农村老人的个人基本状况、家庭状况、社会经济状况、身体健康状况等指标进行度量。个人特征问卷涉及的个人特征有性别、年龄、受教育年限、职业、经历五个方面；家庭特征主要反映了老年人居住方式、家庭关系和婚姻状况；经济状况包括年收入和生活来源；身体健康状况包括日常生活的自理程度；最终具体化为16个变量（见表4－1）。

表4－1　变量名称及变量定义

变量名称	变量定义
自变量	
性别	男＝1；女＝0
年龄	50—60岁＝1；60—65岁＝2；65—75岁＝3；75—85岁＝4；85岁以上＝5
文化程度	小学以下＝1；小学＝2；初中＝3；高中或中专以上＝4；大专以上＝5
职业	务农＝1；非务农＝0
是否有特殊经历	有＝1；无＝0
目前的年收入	3000元以下＝1；3000—6000元＝2；6000—10000元＝3；10000—20000元＝4；20000元以上＝5
婚姻状况	有偶＝1；无偶＝0
居住方式	与子女同住＝1；与老伴单独住在一起＝2；自己一个人住＝3；养老机构＝4
家庭关系如何	和谐＝1；一般＝2；经常有争吵＝3

续表

变量名称	变量定义
目前您的生活来源主要靠	自己 =1；子女 =2；亲戚 =3；政府 =4；其他 =5
您日常生活的自理程度	完全能自理 =1；偶尔需要帮助 =2；经常需要帮助 =3；基本不能自理 =4
因变量	
您希望的养老居住地	居家养老 =1；机构养老 =0
您是否希望社区（村）提供医疗服务	是 =1；否 =0
您是否希望社区（村）提供家政服务	是 =1；否 =0
您是否希望社区（村）提供文化娱乐服务	是 =1；否 =0
您是否愿意自己出钱购买由政府提供的居家养老服务	是 =1；否 =0

三　研究方法

本研究的数据分析包括描述性统计分析和推断性统计分析。前者描述数据的基本特征及变量之间的关系；后者主要探讨各自变量与因变量之间的独立关系、其他因素对自变量的独立影响及对主要自变量与因变量之间关系的干扰与调节。本章研究的是居家养老服务需求及其影响因素，居家养老服务的需求包括养老居住地的选择、居家养老服务内容的选择和居家养老服务的购买意愿。居家养老服务内容包括医疗服务、家政服务和文化娱乐服务三个方面。根据因变量为二分变量的特征（是与否或同意与不同意），本研究采用 Logistic 方法对农村老年人的居家养老需求状况进行研究，分析影响农村老年人居家养老服务需求的因素及其作用方向。

第二节　调查样本的总体特征描述

本项研究认为，影响老年人对居家养老服务意愿选择的因素主要有个人特征、家庭状况、经济收入和老年人的身体健康状况四个方面。

一　个人特征

问卷涉及的个人特征有性别、年龄、受教育年限、职业、经历五个方面。

从性别看，男性有 416 人，占 46.4%；女性 480 人，占 53.6%。从年龄看，50—60 岁的占 22.8%，60—65 岁的占 27.5%，65—75 岁的占 32.8%，75—85 岁的占 12.8%，85 岁以上的占 4.0%。从学历水平看，小学以下的有 252 人，占 28.3%；小学的有 334 人，占 37.5%；初中的 182 人，占 20.4%；高中或中专的 84 人，占 9.4%；大专以上的 38 人，占 4.3%。在职业方面（为了研究方便，我们把除了务农这项以外的另外 5 项合并为“非务农”），“务农”人数为 468 人，占总人数的 52.9%；“非务农”人数为 419 人，占总人数的 47.1%。“非务农”中，经商的占 9.3%，手艺者 7.9%，企业工作 11.4%，打零工 7.8%，其他 10.9%。在经历方面，有过曾经担任乡村干部、外出务农、参军等特殊经历的人有 197 人，占 22.4%；没有特殊经历的有 684 人，占 77.6%（见表 4－2）。

表 4－2　　调查对象个体特征的基本情况

变量	内容	人数（人）	占比（%）
性别	男	416	46.4
	女	480	53.6
年龄	50—60 岁	204	22.8
	60—65 岁	246	27.5
	65—75 岁	294	32.8
	75—85 岁	115	12.8
	85 岁以上	36	4.0
教育程度	小学以下	252	28.3
	小学	334	37.5
	初中	182	20.4
	高中或中专	84	9.4
	大专及以上	38	4.3
职业	务农	468	52.9
	非务农	419	47.1
经历	特殊经历	197	22.4
	非特殊经历	684	77.6

二　家庭状况

家庭特征主要反映了老年人居住的家庭情况、家庭关系和婚姻状况。老年人居住的基本情况是：老年人独自居住的占 7.3%，与老伴居住的占 36.4%，与子女同住的占 53.5%；机构养老的仅占老年人口的 2.4% 左右，且其中一大半是在敬老院集中供养的农村五保对象。空巢老人家庭比例达到了 41.8%，低于全国 45.6%①的比例。可见，与老伴居住或与子女同住是目前农村老年人居住的两种最主要形式。

目前老年人的生活来源主要靠自己的占 62.1%，主要靠子女的占 26%，主要靠政府的占 8.9%，主要靠亲戚的占 0.7%，其他的 2.3%。家庭关系和谐的 65.8%，家庭关系一般的 24.7%，经常有争吵的 1.0%。

在婚姻状况方面，为了分析方便，我们把离婚、丧偶和未婚的合并为"无配偶"，其中有配偶的有 697 人，占 77.9%；无配偶的有 198 人，占 22.1%。"无配偶"中，离婚的占 2.5%，丧偶的占 19.6%，未婚的占 0.3%（见表 4－3）。

表 4－3　调查对象家庭特征的基本情况

变量	类别	人数（人）	占比（%）
居住	独自居住	65	7.3
	与老伴居住	324	36.4
	与子女同住	477	53.5
	机构养老	21	2.4
	其他	4	0.4
生活来源	靠自己	550	62.1
	靠子女	230	26
	靠政府	79	8.9
	靠亲戚	6	0.7
	其他	20	2.3

① 全国老龄科学研究中心：《2010 年中国城乡老年人口状况追踪调查》，http://wenku.baidu.com.

续表

变量	类别	人数（人）	占比（%）
家庭关系	和谐	588	65.8
	一般	221	24.7
	经常有争吵	9	1.0
	偶尔有争吵	76	8.5
婚姻状况	无配偶（包括离婚、丧偶和未婚）	198	22.1
	有配偶	697	77.9

三　经济收入

这里衡量经济收入的指标是年收入。在年收入方面，3000 元以下的有 400 人，占总数的 44.9%；3000—6000 元的有 114 人，占 12.8%，6000—10000 元的有 127 人，占 14.2%，10000—20000 元有 126 人，占 14.2%，20000 元以上的有 51 人，占 5.7%，30000 元以上有 71 人，占 8.0%。年收入在 6000 元以下的占总数的 57.5%，可见农村大部分老年人的收入都不高（见表 4－4）。

表 4－4　　调查对象年收入的基本情况

年收入（元）	人数（人）	占比（%）
3000 以下的	400	44.9
3000—6000	114	12.8
6000—10000	127	14.2
10000—20000	126	14.2
20000 以上	51	5.7
30000 以上	71	8.0

四　老年人的身体健康状况

老年人的身体健康用日常生活的自理程度来反映，调查样本中，完全能自理者占 64.3%，偶尔需要帮助者占 30.9%，经常需要帮助者占 4.2%，基本不能自理者占 0.7%。农村老年人身体健康状况相对较好。

调查结果显示，农村地区大多数老年人认为自身的健康状况一般，且约有一半的老年人患有慢性疾病。从日常生活活动能力来看，大部分的老年人生活能够自理，但是仍存在着一项或多项功能受损的情况。另外，总体上看，农村低龄老年人的健康状况要比高龄老年人的健康状况好，患有慢性疾病和日常生活活动能力丧失的比例都要比高龄老年人低。农村女性老年人的健康状况要比男性老年人的健康状况差，且患有慢性疾病和日常生活活动能力丧失的比例要比男性老年人高。可见，高龄老年人和女性老年人是农村老年人中更脆弱的群体，他们更需要得到特殊的照料和帮助（见表4－5）。

表4－5　　调查对象身体健康状况

身体健康状况	人数（人）	占比（%）
完全能自理	576	64.3
偶尔需要帮助	276	30.9
经常需要帮助	38	4.2
基本不能自理	6	0.7

第三节　居家养老需求情况分析

一　物质生活保障需求

物质生活保障是人类最基本的需求，由于老年时劳动能力的下降，老年人最希望能有比较稳定的收入来源，不那么为生活而发愁。虽然物质生活保障需求不属于居家养老服务的内容，但物质生活保障无疑是居家养老服务需求的重要条件，所以这里先考察农村老年人的物质生活保障需求的情况。经济收入是物质生活保障的基础，老年人物质生活保障需求受制于其经济收入。

老年人的经济收入来源主要有年轻时的收入积蓄，自己从事劳动的收入，子女给予的生活赡养费，以及政府救助金、养老补贴等。由于我国农村劳动力收入水平总体较低，社会养老保障制度比较薄弱，所以农村老年人的收入总体还处于较低的水平。我们所调查的江苏农村老年人收入在全国农村还处于领先水平，年收入在6000元以下的占总数的57.5%，换言之，月收入在500元以下的占到将近六成。其中苏北地区的农村老人年人均收入明显低于苏南地区，而且农村老年人的经济来源存在差异。在苏北地区，农村老年人的个人收入主要来源于劳动所得，有的是从事农业生产劳动，有的是进城务工；在苏南地区，农村老年人的经济来源主要是政府和村里补贴，这一方面与当地集体经济发达有关，另一方面是土地换保障的结果。

在我们所调查的896名60岁以上的老年人中，在回答“您目前生活的主要来源”这一问题时，有31%的老年人的主要收入来源于工作收入（主要是老年人干农活、企业打工或者干零活）；34%的老年人依靠子女赡养，主要是那些体弱多病或者上了年纪干不了活的人，因为在农村除非子女比较富裕，否则老年人一般都不愿意给子女增加负担；17%的老年人的收入来源于养老保险金，还有5%的老年人的收入来自亲戚救济、低保金、投资性收入，等等。可见，目前大部分老年人的收入主要来自自身的劳动或者积蓄、子女，依靠养老保险等收入的人数虽然占一定比例，但能够成为生活主要依靠的比例还不高。推及我国其他农村地区，老年人生活主要来源主要依靠养老保险的比例绝大多数地区要比江苏农村更低一些。

在调查中，我们也观察到，靠自身以及子女来养老的老年人生活基本都不是很宽裕，生活也不安定。在老年人生活困难情况的自我评价中，医疗费问题是最突出的困难。现在农村老年人不担心没有饭吃，最担心的是如果生了大病该怎么办。虽然农村老年人基本上都参加了新农合，但新农合解决不了“生大病”的医疗费用，“一人生大病，全家都遭殃”是目前农村老人的真实写照。调查中还发现，由于子女的负担越来越重，很多老年人不再像以前那样指望子女能够赡养自己，而是希望能够更多地依靠政府和自己。

养老需要有稳定的收入来源，对于老年人来说每个月的开支并不是很大，一个月四五百块钱就可以基本解决生活问题。农村老年人需求层次较低，生活日用品、饮食和医药费用是农村老年人开支的主要去向，住房开支较少，个人爱好支出更是少之又少，几乎没有老年人将生活开支用于个人爱好方面。

调查中我们发现，尽管农村老年人每月有一定的经济收入，但这并不能充分满足农村老年人的经济需求。造成老年人经济需求得不到满足的原因主要有以下几个方面：首先，农村老年人已经完全或部分退出了劳动力市场，他们并不能从我国社会保障体系中获得过多的收入，即便现在新型农村养老保险制度覆盖面逐渐扩大，但老年人通常每月只能得到75元的养老金，数额很少；其次，即便有再就业的机会，即使工作能力没有因生理原因下降，老年人也往往由于劳动力市场的歧视，难以获得较高的劳动报酬，加之农村就业面狭窄，一些老年人往往从事务农和打零工的工作，收入非常有限。

鉴于老年人经济收入有限，在发展居家养老时，应形成政府补贴的机制，为经济收入较低的老年人提供经济支援。要在农村全面推行社会养老保险制度，这不仅要求我们的政府要完善农村养老保险制度，更需要政府切实承担起责任，对农民参加养老保险给予一定的政策扶持和资金补贴。此外，要进一步普及农村合作医疗，增加对合作医疗的政府补贴，适当提高个人缴费标准，扩大制度的覆盖面并提高享受标准。

二　供养意愿和养老居住地的意愿

居家养老不是传统意义上的家庭养老，而是指老年人居住在家中，由政府和社会力量依托社区服务平台，帮助家庭为在家里居住的老年人提供生活照料、康复护理和精神慰藉等方面服务的一种养老方式。从家庭养老到居家养老，是养老方式现代化和社会化的标志。据调查，89.2%的老年人有居家养老的意愿，选择机构养老的仅为10.8%。“希望跟子女同住的”有636人，占71.1%；“不希望跟子女住的”有258人，占28.8%（见图4－1）。可见，农村老年人绝大多数喜欢居家养老，且希望与子女同住。不同性别、不同年龄组和不同健康状况的老年人的居家养老意愿都比较强烈，老年人对居家养老方式的认同是不受性别、年龄和健康状况影响的。

当问及“您是否愿意入住养老机构”时，大多数老年人回答不愿意。主要原因有：不愿离开自己熟悉的环境、生活上不自由、生活比较单调、收费太高经济上承受不起（见图4－2）。在深度访谈中一些老人反映，就其本人意愿来讲，确实希望在家中度过晚年，但当其丧偶后，特别在丧失生活自理能力以后，又不愿拖累子女，就不得不考虑进养老院或老年医院。

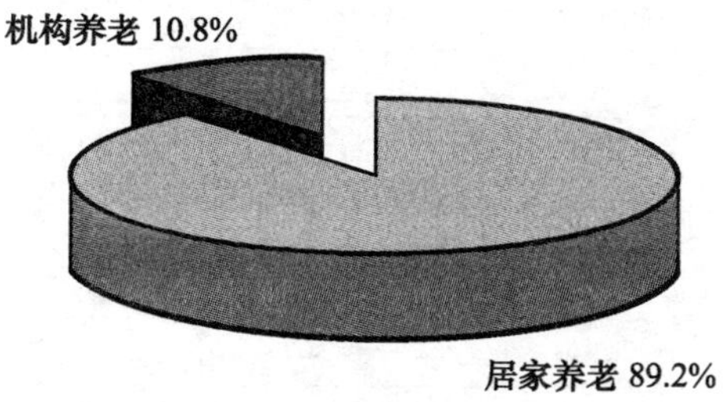

图4－1　老年人居家养老的意愿

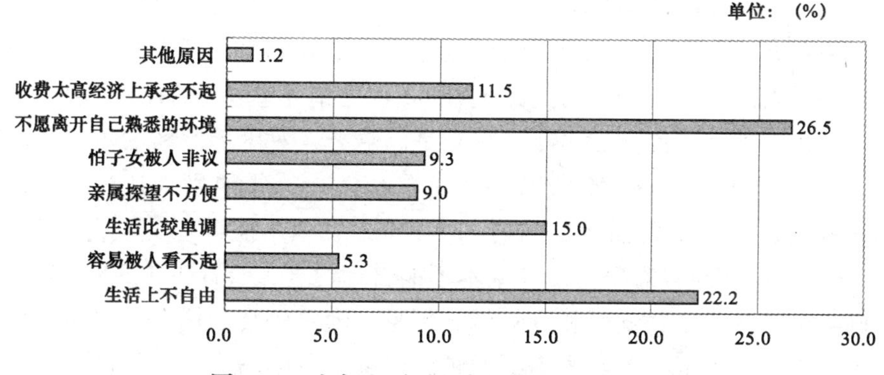

图4－2　老年人不愿意入住养老机构的原因

关于供养意愿的选择，从调查的统计结果看，在896个人中，“养老靠子女”、“养老靠自己”、“养老靠政府”的人数占总人数的比例分别为28.5%、38.2%、32.5%（见表4－6）。可见，“养老靠自己”是目前农村养老最主要的观念。这说明经过改革开放和市场经济发展，农村老年人养老观念已发生较大的变化，传统的“养老靠子女”的养老观已让位于“养老靠自己”、“养老靠政府”，这也说明了老年人的自立观念越来越强，这是社会进步的明显标志。另外，农村老年人对政府养老的呼声越来越高，要求越来越强烈。随着社会进步、经济发展，政府要不断完善农村社会养老保险制度，提高社会保障的水平和待遇，在这些方面政府要承担更多的责任，发挥更大的作用。

表 4 - 6　　希望的养老经济来源

		频率（人）	百分比（%）	有效百分比（%）	累计百分比（%）
有效	靠子女	255	28.5	28.6	28.6
	靠自己	342	38.2	38.4	67.0
	靠政府	291	32.5	32.7	99.7
	其他	3	0.3	0.3	100.0
	合计	891	99.4	100.0	
缺失		系统	5	0.6	
		合计	896	100.0	

三　生活照顾服务需求

进入老年阶段后，人的生活自理能力随年龄的增长而不断衰退。研究显示，人的生活自理能力的减退在 80 岁之前是较平滑的，80 岁之后则有较快的下降。因此，老年人特别是高龄老人对生活照料的需求比较大。在我们调查的 896 名 60 岁以上的老年人中，需要别人适当帮助的老人占 30.9%，经常需要帮助的占 4.2%，基本不能自理的仅占 0.7%（见表 4 - 5）。经常需要帮助和基本不能自理的老人合计占 4.9%，这一比例与全国其他农村地区相比较低。但是，随着年龄的增加，老年人的身体健康状况下降，老年人需要照护的概率会急剧增大，照护的内容也会增加，老年人的自理能力越差，照护服务需求越要具体到生活起居程度。研究表明，多数老年人所需要的生活照顾的内容具有临时性和间断性的特点，真正需要长期、持续照顾的老年人所占比例并不是很高，主要是那些生活完全不能自理和基本不能自理的老人，这部分人占 70 岁以下老年人的比例约为 5.1%，80—84 岁组的老年人有 1/4 生活不能自理，90 岁以上的老年人中，生活不能自理的比例已经达到 50%。因此，高年龄老年人的生活照料问题最为突出。[①] 目前这部分农村老年人主要由配偶和子女在照护。由于家庭结构的小型化、空巢化，如何对这些需要长期护理和持续照顾的城市和农村失能老年人进行有效的社会照料，是目前人口老龄化和高龄化面临的挑战和亟待解决的

---

① 杜鹏、武超：《中国老年人的生活自理能力状况与变化》，《人口研究》2006 年第 1 期，第 52 页。

社会问题。

从日常生活照料需求看，虽然老年人的生活服务需求体现在各个方面，但老年人最需要的日常生活照料项目分别是“生病时的照顾”（有689人选择，占76.9%）和“重体力活”（有586人选择，占65.4%）；其次是“陪同看病”，有318人选择，占35.5%（见表4－7）。不过，在调查中我们也了解到，很多老年人对专业机构并不太信任，但比较信任社区介绍的机构，同时还有很多老年人不知道如何寻找这些专业机构。因此，在开展居家养老过程中，尤其是在引进市场机制过程中，社区要做好牵线搭桥的工作，一方面寻找合作公司或机构的服务态度、费用、效果等要尽可能被老年人所接受；另一方面尽可能提供给老年人选择服务机构或公司的机会，让他们有更多的自主性。

表4－7　　　　老年人日常生活照料需求

服务项目	频数（人）	占比（%）
重体力活	586	65.4
生病时的照顾	689	76.9
陪同看病	318	35.5
买菜购物	78	8.7
洗衣洗被	155	17.3
烧菜做饭	122	13.6
上厕所	22	2.4
洗澡	18	2.0

目前在农村，对生活不能自理的老人的照料主要来源于子女和配偶，社区的照顾基本没有。那么，对于问题“如果有专门为老年人提供生活照顾的钟点工，比如说10元/小时，您是否愿意出钱购买”，896名调查对象中有26%的人愿意购买社会化的老年生活照顾服务，4%的人表示不知道，有70%的人明确表示不愿意购买。不愿购买的具体原因主要是：没必要，自己能行或者子女能照顾（53.2%）；经济上可能负担不起（47%）；缺少亲情不放心（41.3%）；担心服务质量不好（40.7%）（见图4－3）。“如果不考虑‘没必要，自己能行或者子女能照顾的因素’，影响老年人购买居家养老服务的因素中，排第一位的是

价格，第二位的是缺少亲情，第三位的是服务质量。可见，在老年人健康受损，子女难以照顾的情况下，价格因素是影响老年人购买照顾服务的重要因素。”

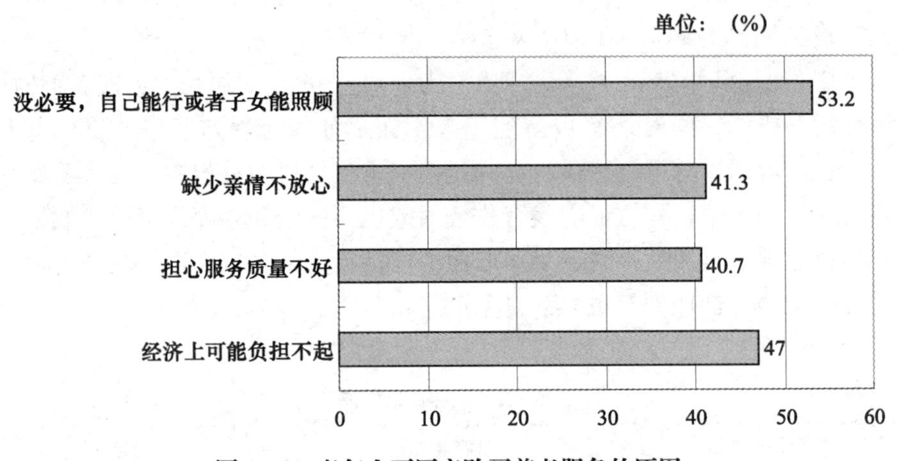

图4－3　老年人不愿意购买养老服务的原因

四　医疗服务需求

身体健康状况对人们的生活质量有极为重要的影响。疾病除了影响人们的生活体验，也常常会导致经济、照顾等需求，极大地影响生活感受。对于老年人来说，健康状况更有特殊的意义，因为老年人随着生理机能的退化、免疫功能的降低，较其他年龄群体有更高的患病率，而许多老年人又处于资源上的不利地位，健康状况对生活质量的影响尤为显著。

对农村老年人来说，医疗支出是老年人生活开支中最主要的支出之一。虽然新型农村合作医疗制度在一定程度上缓解了农民“看病难，看病贵”的问题，但报销水平低、手续复杂以及农民所诟病的“不住院不能报销”、“住院费用太高，没有钱垫付”等一系列问题，成为农村老年人养老生活中最大的问题。

医疗服务需求是农村老年人第一选择的需求。关于老年人希望社区（村）提供什么样的居家养老服务，从居家养老服务的内容选择来看，老年人选择的比例从高到低依次是：医疗服务、文化娱乐服务、家政服务、教育服务、心理咨询服务和法律咨询服务（见表4－8）。选择“医疗服务”的最高，有751人，占83.9%；其次是文化娱乐服务，有520人选择，占58.1%；排序第三的是家政服务，有413人选择，占46.1%；排序第四的是教育服务，有180人选择，占20.1%；排序第五的是心理咨询服务，有177人选择，占19.8%；排序第六的是法律咨询服务，有137人选择，占15.3%。

表4-8　　老年人居家养老服务需求

服务项目	频数（人）	百分比	排序
医疗服务	751	83.9%	1
文化娱乐服务	520	58.1%	2
家政服务	413	46.1%	3
教育服务	180	20.1%	4
心理咨询服务	177	19.8%	5
法律咨询服务	137	15.3%	6

从医疗服务需求的内容看，最受欢迎的医疗服务是“开展健康检查”，有647人选择，占86.2%；其次是提供健康咨询，有446人选择，占59.2%；选择“建立健康档案”的345人，占46%；选择“提供护理服务”的289人，占38.5%；选择“上门看病”的245人，占32.7%；选择“陪同看病及取药”的160人，占21.3%（见表4-9）。这说明大多数老年人存在不同程度的健康问题，尤其以慢性病为普遍。因此，预防保健和护理在保持健康方面的重要性日益凸显。选择“文化娱乐服务”的有520人，占58.1%，这一比例超过了对“家政服务”的选择（选择家政服务的有413人，占46.1%）。在当前养老资源并不十分丰富的情况下，按照老龄群体的需求顺序，优先满足多数人的、紧迫的需求，包括医疗护理、文化娱乐、家政服务（三项需求的人数比重，均超过总体的46%），适当作出相应的制度安排，无疑是明智之举。

表4－9 老年人医疗服务需求

服务项目	频数（人）	百分比	排序
开展健康检查	647	86.2%	1
提供健康咨询	446	59.2%	2
建立健康档案	345	46.0%	3
提供护理服务	289	38.5%	4
上门看病	245	32.7%	5
陪同看病及取药	160	21.3%	6

五 文化娱乐服务需求

如今在物质生活得到满足的同时，老年人对精神生活的需求欲望非常强烈，精神关爱是老年人内心最大的渴望。精神关爱可以来自子女对父母进行的精神慰藉，我们称之为精神赡养；也可以来自其他人员，包括居家养老服务工作员、社区工作志愿者和其他关爱老年人的社会人士。休闲娱乐是指人们在工作之余的活动，它是衡量生活品质的一个重要标准。

在居家养老服务内容的选择中，选择“文化娱乐服务”的有520人，占58.1%，选择的人数超过“家政服务”，排序第二。对于希望得到哪些文化娱乐服务，排序第一的选择是“组织健身活动”，有558人选择，占63.9%；排序第二的选择是“家访聊天”，有459人选择，占52.6%；排序第三的是“参加老年大学学习”，有271人选择，占31%。其余的分别是“电话问候”、“提供图书阅览”和“提供电脑上网”，占比分别是18.8%、17.1%和10.2%。

农村老年人中男性（61.4%）比女性（55.3%）选择文化娱乐的比例更高；低龄老年人比高龄老年人选择文化娱乐的比例更高，50—60岁组别、60—65岁组别选择文化娱乐的比例分别为62.4%和62.7%，高于65—75岁组别54.5%、75—85岁组别54.5%、85岁以上41.7%的选择比例。文化程度越高选择文化娱乐的比例亦越高，小学文化以下的选择比例为51.4%、小学文化程度的选择比例为54.8%、初中文化程度的选择比例为62.8%、高中或中专文化程度的选择比例为72.8%、大专以上文化程度的选择比例为73%。务农比非务农选择文化娱乐的比例明显要低，务农的选择比例为49.9%，明显低于58%的平均水平；农村中有曾经担任过乡村干部、外出务工、参军等特殊经历的老年人选择文化娱乐的比例（64.8%）要比没有这些特殊经历的老年人选择比例（56.1%）高；收入高的老年人比收入低的老年人更需要文化娱乐服务。从老年人健康状况看，完全能自理的老年人对文化娱乐需求的比例最高，达到61.5%，分别超过偶尔需要帮助的老年人（54%）、经常需要帮助的老年人（45.9%）和基本不能自理的老年人（33%）。

对于较少参加或者基本不参加休闲娱乐活动的人，我们设置了这样一个问题“如果没有或者很少参加活动，原因是什么”，从调查结果看，大部分没有休闲活动的人并不是对休闲娱乐活动没有兴趣（8%），而是经济条件（14%）、没人组织（24%）、没有时间（31%）等客观因素的制约，可以说，很多农村居民甚至是老年人还得为生活而忙碌。正是“由于存在一系列的客观限制，老年人正常的社会参与途径被堵塞了”。对于老年人的休闲活动的真实需求，从“您老年时想不想参加集体性的活动，如观光旅游、打太极拳”这一问题就可窥见一斑，85.2%的老人表示“非常想”，只要有人组织，自己的身体条件也允许。在访谈中，我们也可以感受到老人们想去外面的世界走一走、看一看的愿望，但是现实的生活压力和经济条件的束缚，让大多数老人都不敢奢望太多。不过，很多老年人也表示，如果村委会（社区）有人组织的话，他非常愿意参加些健身性质的活动，比如打太极等，这给农村社会化居家养老服务提供了一定的存在理由。随着新农村建设的逐步推进和社会经济的进一步发展，农村老年人休闲活动的需求会进一步提高，这是可以预测的一个趋势。

六　居家养老服务购买意愿

目前，在农村，老年人的生活照料主要来自老年人自己和家庭，社区的照顾基本没有。那么，对于问题“如果有专门为老年人提供生活照顾的钟点工”，比如说10元/小时，您是否愿意出钱购买？896名调查对象中有26%的人愿意购买，70%的人明确表示不愿意购买，4%的人表示不知道。可见，农村老年人购买居家养老服务的意愿并不高。愿意出钱购买服务的原因按照选择比例的高低依次是：价格要合理（72.4%），服务要及时周到、令人满意（70.2%），政府要给补贴（50.7%），能减轻子女的负担（44.5%），年老时自身行动不便很需要这样的服务（30.9%）。不愿意出钱购买养老服务的原因主要是：经济上可能负担不起（53.2%），没必要、自己能行或者子女能照顾（47%）担心服务质量不好（40.7%）缺少亲情不放心（41.3%）。由此可见，价格因素是影响农村老年人购买居家养老服务最为关键的因素，其根本原因是农村老年人的收入低（见图4－3）。

低龄老年人购买养老服务的愿意要高于高龄老年人，其中，50—60岁组别、60—65岁组别、65—75岁组别、75—85岁组别、85岁以上组别选择购买养老服务的比例分别为37%、29.6%、26.4%、25.2%、17.1%。文化程度高的老年人选择购买养老服务的比例高于文化程度低的老年人，高中或中专组别和大专以上组别选择购买养老服务的比例分别为40.7%和38.9%，分别高于初中组别33.7%、小学组别28.4%和小学以下组别21.3%的比例。务农老年人选择购买养老服务的比例明显要低于非务农的老年人，务农的老年人选择购买养老服务的比例为21.1%，明显低于28.9%的平均水平。农村中有曾经担任过乡村干部、外出务工、参军等特殊经历的老年人选择购买养老服务的比例（35.6%）要比没有这些特殊经历的老年人选择购买养老服务的比例（26.7%）高。

第四节　影响因素分析

一　Logistic模型结果及其分析

为了进一步验证筛选出来的各解释变量对老年人居家养老服务需求的具体影响程度及其稳健性，笔者引入Logistic模型。Logistic模型在社会科学研究中会被经常使用到，是对被解释变量为二分变量进行多元回归分析的有效模型。本研究采取二分类Logistic模型，并采取最大似然估计法对其回归参数进行估计。

本研究运用社会统计分析软件SPSS17.0对调研数据进行Logistic回归分析。模型采用ForwardCondition（Likelihood Ratio）方法的回归结果，变量进入模型的先后顺序在一定程度上反映了该变量对模型解释力的贡献程度。从模型回归的结果来看，各模型总体显著性水平较高，具体回归结果见表4－10。

表 4－10　　居家养老服务意愿的 Logistic 回归结果

变量	养老居住地			医疗服务			文化娱乐服务			家政服务			购买服务		
	系数	P值	发生比	系数	P值	发生比	系数	P值	发生比	系数	P值	发生比	系数	P值	发生比
性别															
年龄				.377	.000***	.458							－.187	.022**	.829
教育	0.296	0.001***	1.345	－.236	.021**	.790	.160	.048**	1.174	.147	.076*	1.159			
职业							－.326	.044**	.722	－.396	.005**	.673	－.671	.000***	.511
经历													.415	.025**	1.514
年收入							.164	.006**	1.179						
婚姻															
居住方式	0.459	0.000***	1.582	－.288	.023**	.749									
自理程度															
－2 对数似然值	800.730			484.957			1129.096			1096.021			923.468		
Cox & Snell R 方	0.032			0.042			0.021			0.042			0.045		
Nagelkerke R 方	0.052			0.073			0.028			0.056			0.064		

注：*、**、***表示在1%、5%和10%水平上显著。

二 关于养老居住地意愿的影响因素分析

回归分析结果显示，老年人经济状况中生活来源因素对老年人是否在家养老的选择意愿的影响并不显著，而居住方式和受教育年限这两个因素对老年人机构养老意愿具有显著性影响，两者呈正向相关。这一结果表明，独自居住、与老伴单独住在一起的老年人与跟子女同住的老年人相比，机构养老的意愿更为强烈；教育程度越高，老年人越趋向于机构养老，反之机构养老的意愿越弱，教育程度每提高一个单位，老年人机构养老的意愿上升 34.5%。

三 关于医疗服务意愿的影响因素分析

数据显示，与医疗服务的意愿选择之间存在显著关系的指标是年龄、受教育年限和目前居住方式。其中代表个人特征的变量年龄影响最为显著，在其他条件一定的情况下，老年人年龄每上升一个单位，选择医疗服务的可能性就会提高 45.8%；受教育水平和目前居住方式两个指标在 0.05 水平上显著，受教育年限和目前居住方式与医疗服务需求之间呈反向关系，教育程度越高，对医疗服务需求相对来说越低，反之，教育程度越低，对医疗服务需求越强烈。主要原因是教育程度越高越能够通过各种渠道了解医学健康知识，教育程度越低，自己阅读了解医学知识越困难，因而在一般的医疗服务需求方面，文化程度低的老年人相对于文化程度高的老年人更倾向于选择医疗服务。从居住方式与对医疗服务的需求之间的关系看，两者呈现负相关，与子女同住和与老伴住在一起的老年人，与一个人单独居住的老年人或者机构居住的老年人相比，后者比前者更需要医疗服务，前者对医疗服务的需求是后者的 75%。

四 关于家政服务意愿的影响因素分析

数据显示，与家政服务的意愿选择之间存在显著关系的指标是职业和受教育年限。职业与家政服务的选择意愿之间存在负相关，说明非务农老年人比务农老年人选择家政服务的意愿强，两者在 0.05 上水平影响显著，非务农的老年人比务农的老年人选择家政服务的比例高 32.7%。受教育程度与家政服务在 0.01 水平上显著相关，在其他条件一定的情况下，受教育程度高的老年人比教育程度相对低的老年人选择家政服务的可能性更大，前者选择家政服务的比例是后者的 1.159 倍。

五　关于文化娱乐服务意愿的影响因素分析

数据显示，与文化娱乐服务的意愿选择之间存在显著关系的指标是受教育年限、目前年收入和所从事的职业。其中代表个人经济特征的变量收入为非常显著水平，收入越高对文化娱乐服务的需求越强烈，收入每上升一个单位对文化娱乐服务的需求就提高 17.9%。所从事的职业和文化程度这两个指标在 0.05 水平上显著。在其他条件一定的情况下，老年人受教育水平越高，越倾向于选择文化娱乐服务，文化程度每提高一个单位，对文化娱乐需求的比例就上升 17.4%。职业与文化娱乐的需求之间呈现反向关系，务农的老年人比非务农老年人对文化娱乐的需求要低 27.8%。

六　关于居家养老服务的购买意愿分析

数据显示，年龄、职业、是否有特殊经历与购买居家养老服务意愿之间有显著关系。其中，职业的影响最为显著，两者呈负相关，说明非务农老年人比务农老年人购买居家养老服务的意愿强烈，务农老年人购买居家养老服务的人数仅是非务农老年人的 51.1%；年龄与购买居家养老服务意愿之间呈现反向关系，越是高龄老年人购买居家养老服务的意愿越弱，越是低龄老年人购买居家养老服务的意愿越强，其主要原因是年龄越大老年人收入越低，生活越节俭。经历与购买居家养老服务意愿之间呈现正向关系，有过任乡村干部、外出务农、参军等特殊经历的老年人比没有特殊经历的人，购买居家养老服务的意愿高出 51.4%。

第五节　结论与思考

第一，农村老年人绝大多数喜欢居家养老，且大多数希望与子女同住。与子女同住的老年人居家养老的意愿更强，独居和与老伴单独住在一起的老年人机构养老的意愿更为强烈；教育程度越高，老年人越趋向于机构养老。

第二，医疗服务是农村老年人最希望社区（村）提供的居家养老服务内容。与医疗服务的意愿选择之间存在显著关系的变量是年龄、受教育年限和居住方式。其中代表个人特征的变量年龄影响最为显著，与医疗服务需求呈正向变动；其次是受教育水平和目前居住方式两个变量，这两个变量与医疗服务需求之间呈反向关系。

第三，在居家养老服务内容的选择中，“文化娱乐服务”是排序第二的需求。与文化娱乐服务的选择之间存在显著关系的指标是目前年收入、所从事的职业和受教育年限。老年人收入越高、受教育水平越高对文化娱乐服务的需求越强烈，非务农的老年人比务农老年人对文化娱乐的需求更高。

第四，“家政服务”在居家养老服务内容的选择中排序第三。农村老年人最需要的日常生活照料是生病时的照顾；其次是重体力活和陪看病。与家政服务意愿之间存在显著关系的指标是所从事的职业和受教育年限。非务农老年人和受教育程度高的老年人比务农老年人和教育程度相对低的老年人选择家政服务的意愿更强。

第五，农村老年人出钱购买居家养老服务的意愿不强，价格是影响农村老年人购买居家养老服务最为关键的因素。所从事的职业、年龄和是否有特殊经历与购买居家养老服务意愿之间有显著关系。非务农老年人和低龄务农老年人比高龄老人购买居家养老服务的意愿更为强烈。

第五章

农村老年人居家养老服务供给现状及其发展的制约因素

家庭养老是目前我国主要的养老方式，家庭照料是老年人照料的主体，特别是当老年人因病或年迈而需要照料的时候，家庭更是发挥了不可替代的作用。发展居家养老服务体系的重要目的是通过居家养老服务的社会化，在一定程度上减轻家庭照料的重担，提高老年人家庭生活的质量。本章结合对江苏农村老年人的调查，分析我国农村老年人日常生活照料和精神生活的现状、农村居家养老服务供给的现状，阐述农村发展居家养老服务的制约因素。

第一节　农村老年人日常生活照料的现状

老年生活照料是指老年受身心健康状况或年老体衰的影响，在日常生活活动功能方面逐渐减弱，需要他人照料。老年生活照料资源包括老年照料中经济因素、人力因素和时间因素的投入，这里主要指人力因素和时间因素，即老年人照料的提供者和照料的时间。老年人的照料资源可以从多种角度进行划分，根据照料资源的性质，可划分为“物质的照料资源”和“精神的照料资源”。如果以家庭为参照，可划分为家庭内的照料资源和家庭之外的照料资源。按照料提供者的来源可分为非正式照料资源和正式照料资源。以家庭为典型代表的非正规组织在老人生活照料中起着主导作用，特别是对体弱多病的老人长期照料而言，我国老年法明确规定了家庭是老年人的主要照料者，老年人照料主要依靠家庭。我国养老文化强调家庭对老年人照料的义务，传统的“孝”文化以不赡养老人为耻，颂扬尊老敬老的传统美德。

目前，大多数的老人还是在家庭中得到照护，在农村地区更是如此。家庭成员一直被认为是老年人生活照料的主要提供者，老年人对自己的配偶、儿子、女儿给予了更多的期望，同时他们也是老年人最实际的帮助者。老人在迫不得已的情况下才会选择机构照料。家庭是照顾老人日常生活的一种自然机制，家庭成员不仅承担了最重要的角色，子女也将“责任”或“孝”自然地合理化，同时将照顾父母的道德期望与自己的成长或对自己子女的范式效应相结合。子女将照顾责任与自我生命周期联系在一起，一方面反映出了传统道德价值观念的深刻影响，另一方面也说明了在一个缺乏全面性、制度化的社会保障体制的社会里，人们还需要依赖家庭的照顾，尤其是子女的照料和赡养。人们普遍认为，老年人生活照料的社会化服务比重很小，而且其他非正式关系的支持也比较少，并不能担负起照料老人的责任。

随着年龄的增加，老年人的照料需求也会不断上升，而且会在高龄阶段进入一个需求旺盛期。那么，目前农村老年人日常生活照料的提供者主要有哪些，其构成怎样，以及他们为老年人提供的照料数量如何呢？老年照料提供者是老年生活照料的重要组成部分。无论城乡，老年人目前的日常生活主要还是依靠自己和配偶互相照料，其次是子女；子女中主要是依靠儿子和女儿照料。在穿衣、吃饭、洗澡、上厕所所得到帮助的老年人当中，不论是城市还是农村，男性还是女性老年人，他们得到帮助的主要来源都是配偶、子女等，只是在城乡、性别、年龄等方面存在着一些差异，在主要照料者中配偶所占的比例一直很高，其次是子女。中国老龄科学研究中心 2003 年的调查数据显示，对于需要照护的老年人，主要由配偶、子女或孙子女照护的比例在城市为 90.8%，农村的这一比例达到 97.3%。在城市，主要由保姆照护的老年人只占 6%，主要由居委会或养老机构照护的仅占 0.3%。[①] 目前，由于经济条件的限制，农村老年人家庭雇保姆的非常少，几乎为零。在其他非正式照料资源中，其他亲属、朋友/邻居、志愿人员和保姆/小时工所占的比例很低。可见，在老年人照料非正式资源中，仍然是主要的家庭成员起作用。在正式照料资源中，村委会/乡政府人员和养老机构人员的比重都很低。老年人的正式照料资源并没有发挥

---

① 中国老龄科学研究中心：《中国城乡老年人口状况一次性抽样调查数据分析》，中国标准出版社 2003 年版。

作用，基本上是处于缺失的状态。因此，目前，无论城乡，中国老年人的照料和护理都还是以传统的家庭照护模式为主。绝大部分需要照护的老年人居住在自己家中，子女扮演老年人照护的主力军角色，社会服务所占比例很小。

据我们调查，在日常生活自理能力方面，多数老人（95.2%，包括完全能够自理和偶尔需要帮助的）基本能自理，仅有4.9%的老人存在困难（经常需要帮助或基本不能自理）。调查表明，在日常生活需要别人伺候的老年人中，有97.2%的人得到了照料。年龄和性别之间的差异不大，需要照料的独居老年人中得到照料的比例最低，比例为89.4%。下面将分析老年人日常生活照料资源的构成情况（见表5－1）。

表5－1　　老年人日常生活照料资源的构成情况

		百分比（%）
非正式照料资源	配偶	38.2
	儿子	19.7
	儿媳	12.6
	女儿	14.4
	女婿	4.3
	孙子女	7.6
	其他亲属	1.3
	朋友/邻居	0.7
	志愿人员	
正式照料资源	村委会/乡镇人员	0
	养老机构人员	1.2

从表5－1可见，在需要照料的老年人中，由配偶照料的老年人的比例为38.2%，高于儿子（19.7%）、女儿（14.4%）、儿媳（12.6%）的比例。可见，配偶是老年人生活照料最直接的提供者和帮助者，也是最直接的依赖者。当老年人没有配偶可以依靠时，便会更多地寻求家庭成员的帮助。同以往的研究结果相类似的是在老年人的照料资源中，配偶、儿子、儿媳、女儿占了很大的比重。与以往研究结果不同的是在老年人的照料资源中，女儿照料的比例（14.4%）超过了儿媳（12.6%）的比例，

这主要的原因是由于江苏农村交通条件改善，女儿更为方便回家照顾父母。同时，值得注意的是，孙子女为农村老年人提供照料的比例为7.6%，可见，孙子女在农村老年人家庭照料中也担负起一定的责任，已加入到了家庭照料的行列之中。由于我国城市化和人口流动的加快，农村中大量的青壮年劳动力转移到了城镇，而将老年父母和子女留在了农村。因此，当老年人需要照料时，青壮年一代的照料责任便自然地转移到了下一代的身上，孙子女在一定程度上暂时替代了其父母的照料角色。

在其他非正式照料资源中，其他亲属、朋友/邻居、志愿人员和保姆/小时工所占的比例很低。可见，目前农村老年人在生活照料上依然主要依靠直系家庭成员（配偶和子女），获得来自其他方面照料的老年人比例相对很低。因此对农村老年人，特别是对那些留守老年人来说，他们担心需要时无人照料的一个非常重要的原因是缺乏在将来需要时，获得长期、稳定和充分的家庭照料的信心，而社区照料服务又跟不上。

在正式照料资源中，村委会/乡（镇）政府人员和养老机构人员的比重都很低。老年人的正式照料资源并没有发挥作用，基本上是处于缺失的状态。

老年人自身的特征、传统养老观念以及养老服务体系的发育程度与老年人日常生活照料的获得之间存在一定的关联性。首先，老年人自身特征对老年人能否获得儿子、女儿、儿媳、女婿、孙子女的生活照料的影响显著。从老年人自身的特征看，老年人的健康程度和自理能力与其得到的日常生活照料紧密相关，老年人的健康状况越好自理能力越强，越是趋向于自我照料的养老方式，对家庭成员和亲属的生活依赖越弱；反之，老年人的健康状况越差自理能力越弱，对家庭成员和亲属的生活依赖越强。日常生活自理能力受损的老年人，其配偶是日常生活照料的第一提供者，其次是儿子、女儿、儿媳、孙子女、女婿等；如果老年人配偶离世或配偶自理能力受损，则依靠儿子、女儿、儿媳、孙子女、女婿等亲属。其次，老年人的自身特征对老年人能否获得其他亲属和朋友、邻居生活照料的影响并不明显。我国传统的养老观念使其对其他亲属、朋友、邻居等非正式照料资源采取排斥的行为。儒家的孝道和“亲亲”、道家的自守和知足常乐的思想对农民的思维方式和价值观念产生了深刻的影响，不仅成为人们行为的准则和标准，而且也决定着中国人的求助关系内涵。“万事不求人”和不背人情债成为他们一般生活的基本信条。出于情面和回报的考虑，人们只在迫不得已的情况下才求助他人，且遵循代价最小化的原则，要考虑求助对象的偿还价值和对方提供帮助的潜在成本。这种消极求助模式，即使在当今市场经济较为发达的年代，在农村里也没有发生很大的改变，尤其在老年人的思想中更是根深蒂固，使他们在遇到困难的时候，并不主动诉求邻居等其他非正式照料提供者的帮助。因此，老年人的自身特征对老年人能否获得其他亲属和朋友、邻居生活照料的影响并不明显。再次，老年人的自身特征对老年人能否获得正式资源的照料没有显著性的影响。调查数据显示，农村中只有10.8%的老年人愿意住养老机构，大多数老年人对养老机构的认可程度不高。这也表明老年人在观念上大多不愿意依赖家庭以外的照料资源。这其中很重要的一个因素是，由于农村的养老服务设施缺乏，在老年人的日常生活照料资源中，正式照料资源基本上是处于空白状态。这也说明了在当前的老年人照料支持体系中社会支持体系的严重不足，缺乏适合老年人日常生活照料所需的社会资源供给。随着家庭结构的小型化趋势进一步发展，家庭成员数量减少，特别是独生子女父母一代进入老年行列，家庭照料资源缺乏将是一个不争的事实，所以目前的这种照料模型无疑是难以持续的。

第二节　农村老年人精神生活的现状

精神生活是老年人生活中日益重要的组成部分，它直接关系着老年人晚年生活的质量。随着我国持续的经济增长和社会进步，老年群体收入水平和生活水平有了较大幅度的提高，心理和精神状态总体上健康积极，不断改善。2000年、2006年和2010年由中国老龄科学研究中心组织实施的三次中国城乡老年人口状况追踪调查数据显示，农村老年人的孤独感呈明显下降趋势，农村为33.1%、30.9%和28.6%，同期城市为22.6%、18%和16.5%。[①]

据我们对江苏农村的调查，农村老年人与老伴居住的占36.4%，与子女同住的占53.5%，两者合计占89.9%，可以说农村老年人绝大多数

① 中国老龄科学研究中心组织实施了2010年中国城乡老年人口状况追踪调查，这是继2000年和2006年之后的第三次全国老年人口状况追踪调查。吴玉韶：《2010年我国城乡老年人口状况追踪调查情况》，http：//www.87994.com/read/30ff02583ae581c21ab07c65.html。

是与家人同居。家庭关系和谐的占65.8%，家庭关系一般的占24.7%，两者合计90.5%，也就是说，农村老年人总体来说家庭关系比较和睦，家庭成员是老年人情感最重要的慰藉和寄托，尤其是子女与老人的关系，是老人精神慰藉的重要内容。此外，邻居也是老年人精神慰藉的重要来源，“远亲不如近邻”道出了中国人邻里关系的重要性，邻居不仅可以在关键时刻提供帮助，而且也是人们宣泄情绪、寻求精神慰藉的对象之一。中国人向来爱去邻居家串门聊天，农村老年人更是如此。闲暇活动是老人精神生活的一个重要方面。就闲暇活动的内容而言（可多选），江苏农村老人排在前两位的兴趣爱好分别是看电视/听广播（77.1%）、聊天/打牌（46.1%）。

近年来由于农村年轻人外出打工导致出现许多空巢家庭，这不仅弱化了农村家庭照料，而且促使老人对生活照料的客观需求增大。在农村老年人中，空巢老人的精神养老问题尤为突出。由于子女不在身边，以及农村生活环境的闭塞和精神文化的贫乏，农村空巢老人精神养老服务严重缺失，一些空巢老人存在不同程度的孤独、压抑、焦虑、不安、失落、抑郁等负面情绪，有的甚至有自杀行为。对空巢老人来说，缺乏精神慰藉的伤害比生理疾病的伤害更为严重。目前，全国空巢老人突破1亿人，这1亿人中，有近一半生活在农村。随着我国人口老龄化程度的加剧，农村老人空巢率还在进一步上升。尤其在我国中西部农村地区，农村劳动力外流造成了大量空巢家庭，这些空巢老年人在生病或情绪不佳时不能得到子女及时的照料和帮助。子女大多数能做的仅仅是从打工地邮寄回极其有限的钱给老人，至于精神赡养可以说是少得可怜。从理论上说，在外打工的子女对老年人的情感支持可以通过与老年人间接接触和交流来实现，然而事实并非如此，由于经济状况等原因，农村外出打工者往往是年初而出年终而归，其间很少回家探望老人。我国农村装有电话的家庭比例较高，目前全国农村地区电话基本实现了普及，所以通过电话联系给予家中老人精神慰藉是一个重要的渠道，但是，由于电话通讯受时间、话费、沟通方式等因素的局限，虽然电话联系可以一定程度上解决农村空巢家庭老年人的情感慰藉问题，却无法解决根本性问题。

据对苏州农村空巢老人精神生活的调查数据显示，在所有被调查的283位空巢老人中，有211位觉得自己的生活充实、没有孤独感，占74.6%；其余72位则表示经常会感到孤独，占25.4%。这表明，大约有

1/4 的农村空巢老人精神生活质量不高，至少可以说明这部分空巢老人的精神生活不充实。[①] 在精神生活日益受到重视的情况下，即使在经济十分发达的苏南地区，依然有如此多的农村空巢老人精神生活质量不高，这应该引起人们足够的重视。

第三节　农村社区居家养老服务的开展情况及其特点

为适应社会对养老服务不断增长的需求，从 2005 年开始，江苏省就把发展养老服务作为老龄工作的重要内容，省级政府出台的涉及养老服务的法规政策多达 35 项，在居家养老、社区支持、机构建设等方面做了大量卓有成效的工作。以居家养老为基础、社区服务为依托、机构养老为骨干，城乡统筹的新型养老服务体系已初步成型。2009 年，江苏省被国家发改委和民政部确定为基本养老服务体系五个规划试点省市之一，是东部地区唯一列入试点的省份。但与城镇居家养老服务相比，农村居家养老服务还处于起步和初始阶段，目前江苏农村居家养老服务呈现以下一些特点。

一　农村居家养老服务处于起步和探索阶段，明显滞后于日益增长的老年人服务需求

农村老年人在生活照料、医疗保健、精神慰藉以及活动参与方面均存在一定的养老服务需求，但农村居家养老服务的供给却明显滞后于养老服务需求的发展。一是服务人数少。目前，在农村地区，享受到居家养老服务的老年人还只占农村老年人的极少部分，调查数据显示，接受过社区老年服务的有 249 人，占 27.8%；有 647 人表示没有享受过居家养老服务，占被调查者总数的 72.2%。二是服务范围窄。调查显示，249 位享受过居家养老服务的老年人绝大部分是体弱多病、家庭经济困难以及高龄空巢老人等群体，而大多数低龄、身体条件相对较好的老年人却不在服务范围之内。可见，目前开展的试点地区的居家养老服务还只面向了老年人中需养老服务的部分人群，服务范围相对较窄。三是服务项目十分有限。249 位

① 陈建兰：《经济较发达地区农村空巢老人养老问题实证研究——以苏州农村为例》，《中国农村观察》2009 年第 4 期，第 55 页。

老年人享受到的居家养老服务，享受村卫生室提供的医疗服务的人数最多，占74.7%，其次是参加文体活动的占36.1%，享受生活照料服务的占29.7%，接受精神慰藉的占28.1%。其中，在生活照料服务方面，目前开展的主要项目有做饭、送餐、打扫卫生、洗衣、购物与递达、免费理发等服务，而其他服务项目则还没有正式启动；在医疗保健服务方面，开展的主要项目是测血压，有些经济较发达的农村地区会组织老年人两年一次的免费体检等，其他各项服务均没有正式开展。精神慰藉服务主要是村老年活动中心提供的活动，如村干部慰问、村老年协会的结对帮扶，以及村里组织的邻里互助活动。这些严格意义上说其实还不属于精神慰藉服务。

社区是居家养老服务工作开展的载体和依托，目前农村社区（村）在居家养老服务中发挥的作用如何，据我们对江苏农村的调查，有7.6%的老年人认为社区（村）在居家养老服务中有非常大的作用，有63.2%的老年人认为社区（村）在居家养老服务中有些作用；有24.4%的人认为基本不起作用，有4.4%的人认为一点作用也没有，后两者合计28.8%，也就是说有近1/3的老年人认为所在社区（村）在居家养老服务方面没有发挥或者基本没有发挥作用。

二　农村居家养老服务的提供主要依靠的是志愿者以及其他爱心人士，专业化水平较低

从专职服务队伍看，根据城市开展居家养老服务的经验，提供居家养老服务的服务人员一般由专职服务人员、志愿者以及其他爱心人士构成。但目前农村还只有少数地区成立了一支由村妇女组成的专业服务队伍，向老人提供就餐、洗浴、清洗等服务，绝大多数社区（村）均未成立专业服务队伍。目前在试点地区居家养老服务的提供主要依靠的还是志愿者以及其他爱心人士，本应该发挥主要服务力量的专职服务人员却严重缺位。通过与试点地区农村10位专职服务人员的接触，笔者发现，专职服务人员的整体素质偏低。首先，专职服务人员的年龄偏大。在10位专职服务人员中，30—40岁的只有2人，占总人数的20%；41—50岁的7人，占总人数的70%；50岁以上的有1人，占总人数的10%。其次，专职服务人员的文化程度偏低。在10位专职服务人员中，小学及以下文化的有5人，占总人数的50%；初中文化的有5人，占总人数的50%；没有一人

具有高中及以上学历。再次，专职服务人员的专业知识欠缺。10 位专职服务人员均没有接受过相关课程培训，更不了解老年护理学、社区服务等相关知识。可见，在试点地区，不仅需要建立一支稳定的专职服务队伍，还需对专职服务人员的能力素质进行全面提高。

从志愿者队伍看，调查发现，在农村居家养老服务的提供过程中，志愿者队伍发挥着非常重要的作用。被调查的三个社区（村），均成立了一支具有一定规模的志愿者队伍。笔者认为志愿者队伍的出现与农村特定的社会经济生活有十分密切的关系：首先，农村不同于城市，农村同一个社区（村）的成员基本固定，大多数成员之间都相互认识，甚至部分成员之间还有亲戚关系，这些都为志愿服务的提供创造了条件；其次，农村居民朴实、热情，很看重邻里关系，素有“一家有事大家帮”的传统，因此，为生活困难、体弱多病的老年人提供帮助，在大多数农村居民心中是“理所当然”的事情；再次，目前大多数试点地区由于各种条件的限制，还没有组建专职服务队伍，因此，依托志愿者开展农村居家养老服务也是一种迫于现实压力的无奈之举。

除了志愿者，农村中的低龄老人也是可以加以利用的潜在养老服务的提供主体之一。调查显示：在 896 位被调查者中，有 137 人表示非常愿意为其他老人提供帮助，311 人表示比较愿意，358 人表示一般，这三者合计占被调查者总数的 90%。只有 67 人表示不愿意为其他老人提供帮助，占被调查者总数的 7.5%。但从实际参与的低龄老人看，只有极少的人被动员组织起来，农村低龄老人服务的潜能尚未被激发，农村居家养老服务的人力资源还未被充分开发。

三　居家养老服务城乡差距大，地区间不平衡问题还比较突出

近年来，江苏积极推进居家养老、社区服务和机构养老相结合的社会养老服务体系建设，全省已初步建成社会养老服务体系，较好地满足了广大老年人的养老服务需求。但广大农村地区居家养老服务网络的建设还刚刚开始，仅有的居家养老社会化服务只是在少数经济发展较快、城乡一体化程度高的农村社区，而且还处于发展的初期，水平较低，绝大多数农村地区居家养老社会化服务还处于空白状态。与城市社区居家养老服务相比，农村居家养老服务资金投入不足，养老服务设施不健全，养老服务内容体系不完善，养老服务队伍素质不高，社会力量参与不足。

经济社会发展的不平衡性决定了城乡之间、地区之间养老服务事业发展的不平衡。南京、苏州、无锡、常州、南通等城市人口老龄化程度较高、经济发展水平也较高的地区居家养老工作开展得相对好一些。各地区居家养老事业发展不均衡的原因之一是各地人口老龄化程度不同，影响到对老龄问题的重视和居家养老工作的开展。人口老龄化程度高的地区老龄问题突出，当地政府会比较重视，会相应地制定一些发展策略和规划。原因之二是受各地区经济社会发展的制约。居家养老及各项社会支持在很大程度上依赖于当地的经济发展水平。特别是当前开展得比较多的为高龄、独居、困难老年人居家养老“政府埋单”的部分，更是需要政府财政的大力支持。一般而言，经济发展水平高的地区，“政府埋单”部分做得相对大一些，有更多老年人受益；经济发展水平不高的地方，居家养老的“政府埋单”就难以开展了。

综上所述，从整体上讲，大部分农村地区的老年服务仍是空白，农村地区对老年人的生活照料基本上完全依靠家庭，农村中既没有社区养老的意识，也没有社区养老的条件。其最根本的原因是经济条件达不到，服务设施和服务人员缺乏，农村社区养老服务缺位。另外，服务人员素质较低，服务质量不高。比如农村医疗卫生水准低，农村医务人员专业知识不足，没有健全的老年人服务体系，老人看病难、缺乏照料的问题难以解决。农村社区中人与人之间的互动比较频繁，人际关系紧密，村民之间的互助也比较常见，但是村民之间的互相帮助往往只是个体之间或家庭之间的互助，村民互助的组织性比较差，缺乏有组织的互助互济和相关制度建设。目前社会对慈善事业及福利事业的关注往往放在教育、医疗、城市贫困人口方面，对老年人福利的关注相对较少，尤其是农村老年人的养老问题，没有引起社会团体、企事业单位和社会个体的重视，导致农村社区养老服务提供乏力。

第四节　农村居家养老服务发展的制约因素

一　农村居家养老服务的资金不足

农村居家养老服务的发展离不开政府各级财政和资金的大力支持，目前，居家养老对广大农村来说还是新鲜事物，到目前为止，江苏省尚没有专门针对居家养老的支持性政策文件，涉及居家养老资金投入的主要是两个文件，一是2009年的《江苏省人民政府关于加快我省老龄事业发展的意见》（苏发〔2009〕5号）；二是2011年的《江苏省人民政府关于加快构建社会养老服务体系实施意见》（苏政发〔2011〕127号），这两个文件中虽然都明确提出了各级人民政府要加大对养老服务事业的投入，但规定较为原则和笼统，缺乏可操作性和执行性，尤其是没有针对农村实际情况的指导性意见和具体执行性文件。另外，农村居家养老服务工作的资金很大层面还取决于乡镇和村一级的财力，从调研中，我们发现农村基层居家养老服务工作开展得比较好的地区，都是村级经济发达、村级财力较为雄厚的地方；而村经济比较落后的地方，居家养老服务工作很难推动。

二　农村居家养老服务的设施建设严重滞后

农村老年人口规模大，老龄化和高龄化程度高，理应拥有较多的养老服务设施，以满足农村老年人不断增长的养老需求。但由于各种条件的限制，与城市相比，农村的养老设施建设却相对滞后。首先，相关服务设施总量少。农村居家养老服务工作的开展要以一定规模的居家养老服务中心为基础来为居家老年人提供多样化服务，同时还须配备必需的健身器材、娱乐设施。在广大农村地区，居家养老服务设施的建设还十分薄弱，先不论多功能的居家养老服务中心的建设，就连老年人活动中心、健身锻炼场所等设施都严重缺乏，现有活动场所大都较为简陋，功能不全，多数是“一室”多用，难以独立，这将在很大程度上影响农村居家养老服务工作的健康有序发展。其次，养老服务设施的人均拥有率低。虽然部分村（社区）已经拥有一定数量的养老服务设施，但与庞大的农村老年人规模相比，养老服务设施还明显不足，还不能满足大多数老年人的养老需求。再次，养老服务设施的覆盖范围较窄。在农村，一个村或者社区的地域范围比较广，而养老服务设施一般又集中于集镇，这就导致了部分需要养老服务设施的老年人因为路途较远而放弃养老服务设施。

笔者在实地调研中发现，很多社区养老服务设施流于形式，利用率很低，不能适应老年人日益增长的文体活动需求。一是许多服务设施如图书室、电脑室、台球室等只在规定日开放，平日老年人有需求时却不允许使用。二是一些老年活动中心或活动室的位置不合理，没有考虑到老年人的身体状况和心理需求。比如，将老年活动室设置在二楼或三楼，这给年龄较大、行动不灵活的老年人带来了极大的不便。有的老年活动中心与社区办公室相邻，这让老年人感到不自由，以致不愿意去社区参加活动。很多老年人希望社区能把老年活动中心与社区办公中心分隔开来，形成独立的空间，这样可以不受拘束地开展活动、享受乐趣。三是许多社区供老年人活动的场地太小，大型活动只能安排在室外，受天气情况的制约很大，遇到不好的天气，活动就不能正常进行。

三　农村居家养老服务专业人员缺乏

农村居家养老服务工作的开展不仅需要充足的资金支持、完备的政策支持，还需要相关人员从事管理、监督以及服务提供等具体工作。

根据调查，目前，试点村（社区）从事各项居家养老服务的专业人员还比较缺乏。首先，专业管理人员缺乏。目前大多数村（社区）并没有安排专门人员负责管理农村居家养老服务的各项工作，管理工作大多由村委兼顾。这些人员大多没有接受过相关管理培训，也没有掌握老年学、社区服务学等专业知识，对居家养老服务的政策以及工作程序等也缺乏了解，这些因素都可能导致管理人员只能凭已有经验解决管理中遇到的问题，缺乏科学分析与决策，给农村居家养老服务试点工作的顺利开展增添了不稳定因素。其次，专职服务人员缺乏。大多数试点村（社区）还未成立专职服务队伍，目前，居家养老服务的服务人员主要由志愿者、爱心人士等组成，这些人员虽然积极支持和参与农村居家养老服务工作的发展，但由于没有接受过相关专业知识的学习和培训，因此所提供的也只能是低水平的生活照料服务。

另外，部分村（社区）虽然成立了专职服务队伍，但由于服务人员大多文化水平较低、年龄偏大、学习积极性不高，致使服务水平偏低，离一名合格社区服务人员的标准还相差甚远。而且，社会的不断发展变化以及养老工作的日益复杂，对社区服务人员也提出了更高的要求，这就需要在组建高素质的专职服务队伍的同时，还应不断提升服务队伍的整体素质。

四　居家养老服务的观念还需要进一步转变

许多老年人及其子女对居家养老服务这个概念比较模糊，认为居家养老服务就是政府购买服务，就是免费服务，如果需要有偿服务，哪怕是低偿服务，很多老年人也没有兴趣。政府对开展和加强社区养老服务的重要性和迫切性认识还不足，认为居家养老服务只是民政部门的事情，把居家养老服务等同于社区为老服务；没有积极引导和鼓励相关社会机构或组织加入到居家养老服务的社会化运作中来，也限制了居家养老服务工作的深化。

在调查中，我们发现社区养老服务普遍存在以下一些问题：对社区养老的认知和理解十分狭隘，社区管理者往往只是直接充当为老服务的提供者，而不能充分整合社区各种资源，为老人提供服务。

五　居家养老服务的管理体制和运作机制还需要进一步完善

目前虽然居家养老服务建立了条抓块管的管理体系和政府主导、民政负责、部门协同、社会参与的运作机制，形成了市（县、区）、街道（乡镇）、社区（村）三级组织架构，分工负责居家养老服务的各项工作，成立了各部门参与的老龄工作领导机构，但并没有统一的运行管理办法，缺乏有效立法保障，使居家养老服务体系在实际推广中产生了操作上的困难，管理也主要都是民政部门在做，各部门往往从自身的利益出发，缺乏有效配合和主动协调沟通的意识，很难形成合力。作为居家养老服务直接落实者的基层社区，由于承担了过多的行政职能，社区管理人员不可能腾出更多的时间和精力来考虑老年群体的管理和服务问题，更难独立自主地按照社区居民的实际需求，制订详细周全的服务计划并提供有效的社区管理和服务。一些具有市场运作雏形的居家养老服务项目，也由于缺乏事先规划，布局过于零碎，辐射范围大多局限于一个社区，难以走向规模化和专业化经营。

根据笔者调查，在管理机制的建设中，试点地区做得比较好的有老年人档案的建立与完善工作、志愿者信息的存档等基础性工作，而有关居家养老服务机构的管理制度、服务人员的管理制度以及服务标准的制定等方面均没有建立相应的管理机制，整体的管理工作比较杂乱、随意，各项制度尚需进一步制定与完善。

综上所述，本章从资源供给主体的角度对农村居家养老服务资源供给的现状进行考察，并对其存在的问题进行分析，认为当前农村养老服务资源供给主体主要还是依靠家庭，但是社会养老的保障逐步显现；另外，农村养老服务资源供需矛盾严重，农村居家养老服务资源需求的巨大增长和服务资源需求发展迅速，使得养老服务资源的供给无论是数量还是质量都无法满足需求。居家养老服务开展地区，地方各级几乎都是自行设计，各自制定政策方案，农村各地区开展的水平差异很大，也未形成连续性的服务体系。由于政策支持不明确，统筹规划不足，许多农村开展居家养老服务随意性、分散性较大，不确定因素较多，资源分布不合理，一定程度上影响了农村居民参加的积极性。农村社区居家养老服务体系建设亟须明确财政支持、部门权责和相关配套政策等。

第六章

发达国家及我国港台地区居家养老服务体系建设的经验与启示

人口老龄化、高龄化是一项全球正在面临的社会问题，特别是当前我国的老龄化进程不断加速，随之而来的社会养老保障和照顾服务需求将会急剧增加。为更好应对人口老龄化，增进老年人福利，居家养老越来越受到各国的重视，并正在成为社会化养老的重要方式。在本章中我们主要分析英国、美国、日本、新加坡以及我国香港、台湾地区在居家养老服务体系建设方面的具体实践和取得的经验，结合我国具体的国情，探讨这些经验对构建完善并形成具有中国特色的居家养老照顾服务体系的借鉴和启示。

第一节　英国、美国、日本的居家养老服务体系

一　英国的居家养老服务体系

（一）英国社区照顾产生的背景

社区照顾的理念最早在20世纪50年代的英国出现，最初是针对“去机构化”运动而提出的。从20世纪50年代开始，英国政府就把“住院式照顾”作为社会养老的主要模式来推行。所谓“住院式照顾”，就是政府兴办大型福利院舍，同时花钱雇用大批工作人员对无依无靠的老年人和残疾人实施住院式集中照顾。这种照顾方式虽然较好地解决了被照顾者的日常生活需要，但由于使他们脱离了长期生活的社区，其精神生活难以得到满足，引起了某些人权主义者的批评。同时，政府的财政负担也越来越重。

为了提高老年人的生活质量、减轻政府财政负担，英国政府从20世

纪50年代后期开始逐渐改变这种住院式照顾的方式，推行社区照顾的养老模式。社区照顾能够使被照顾者像正常人那样在自己熟悉的社区环境里生活，而不再产生被抛弃感。到了70年代，社区照顾在英国各地已相当普及。90年代初期，英国颁布了《照顾白皮书》和《国家健康服务与社区照顾法令》，进一步强调，社区照顾的目标是在“自己的家或‘像家似的’环境中供养人们”。英国是世界上最早建成的现代福利国家，自1963年英国政府健康部首先提出“社区照顾”一词后，其社区照顾已经有40年的发展历程，也拥有了一套相对而言比较完整的照顾体系。

英国社区照顾模式的出现和发展，有着自己特殊的背景和原因。首先，随着老年人口数量的快速增长，从“摇篮到坟墓”的福利制度给政府带来了严重的财务负担。其次，传统的“院舍化”照顾在加重政府财政负担的同时，也在不同程度上导致老年人自主性和社会性功能的丧失；公民权利运动和人权观念的兴起，呼唤更加人性化的服务，这也在一定程度上推动了社区照顾模式的产生。最后，由于福利国家普遍面临的财政危机，受新保守主义思潮的影响，许多国家纷纷推行有关社会福利的改革，从某种程度上说，社区照顾就是新保守主义的社会思想指导下的社会福利实践。

（二）英国社区照顾的模式和服务内容

在英国，由中央与地方政府各司其职，分管健康照护与社会照护，社会照顾由地方政府负责。地方当局的社会服务部成立于20世纪70年代，将原来由不同机构提供的一系列“个人性社会服务”集中提供。英国目前每8个成年人中就有1人需要别人照顾，这些人主要是生活自理困难的老人、儿童，智障者、精神病人和残疾人。针对他们的实际需要，英国建立了一套由地方政府组织管理的社区社会服务体系。英国大部分地区的社会服务需要交费，如果申请人负担不起，政府可以根据生计检查的结果为其减免部分乃至全部费用。

针对老年人社会服务，英国的做法是尽可能地把老年人留在家里进行照顾。英国的社区照顾主要分为“社区内照顾”和“社区照顾”两种主要形式。“社区内照顾”是指政府直接干预并有制度和法律体系的规范性的养老照顾，通过有效整合和运用社区资源，在社区内由专业工作人员进行的正式专业照顾，照顾对象主要是那些生活不能自理、需要长期护理康复的老年人。“社区照顾”是指由子女、亲戚朋友、邻居以及慈善组织、社区志愿者提供的非正式照顾，而所照顾的对象往往是那些生活上基本能自理但在某些方面需要协助的老年人。这两类社区照顾模式可以有机结合，通过功能的互补满足老年人从低龄到高龄直到生命最后阶段的不同层面的不同需要，而且“社区照顾”是从预防性、发展性的角度为老年人提供照料服务；“社区内照顾”则是从补救性的角度为老人提供照料服务。①

英国的居家养老社区照顾体系，为老年人提供了全面综合而又有针对性的养老照顾服务，其中日常的生活照料服务内容的实现主要通过以下六种形式来实现（见表6-1）。

表6-1　英国居家养老社区照顾形式

社区活动中心	家庭照顾	居家服务	老人公寓	暂托中心	老人院
主要由政府出资兴办，为老年人提供多样化的社区娱乐和健身活动的具有综合服务功能的机构	通过护理津贴来鼓励老年人在家养老，并为护老者提供扶持和津贴，从而不影响其经济生活水平	主要由志愿者或政府雇员为居家老人提供的包括洗澡、购物、送餐、做饭等上门服务，收费一般很低	主要为那些没有家庭成员照顾，但是自身有生活自理能力的低收入老人提供的公寓，配套设施齐全	一种短期护理服务机构，专门针对家庭照顾成员急事外出或因长期护理精神身体需要放松调节而设置的老人暂托处，一般时间不超过两周	服务对象是针对那些生活不能自理，又无亲人照顾的老年人而采取的院舍集中照顾模式

英国的社区服务内容不仅包括物质支援、日常生活照料，还非常重视老年人的情感沟通和整体关怀。具体包括定期的与老年人进行的情感交流和沟通，从而满足老年人的经济保障、服务保障、健康和情感保障等多种需求，真正体现出“以人为本”的理念。做得比较成功、有特色的还包括对老年人提供的临终关怀服务和对护老人员提供的社会支持服务。

现代意义上的临终关怀起源于20世纪60年代，英国伦敦于1967年

① 祁峰：《英国的社区照顾及启示》，《西北人口》2010年第6期，第20—24页。

创建了世界上第一座临终关怀护理院，即著名的圣·克里斯多弗临终关怀院。英国的临终关怀机构通过住院服务、日间护理、社区服务、门诊预约、医疗陪护、暂休看护以及丧亲抚慰等多种形式，为病人提供积极的支持，通过减轻疼痛或其他不适症状提高患者的生活质量，让患者有尊严地度过人生的最后旅程。临终关怀不仅关照患者的生理需要，而且还考虑病人情感和精神需求，帮助他们应对病痛，在临终前积极地生活。[①] 虽然临终关怀服务主要由临终关怀综合机构来提供，但这反映了英国老年人照顾的人性化特征，体现了对人的生命的尊重。

早在1998年世界卫生组织就指出必须认识到增强护老人员社会支持的重要性。英国也非常重视对那些长期照顾老年痴呆患者的护老人员的支持和帮助，通过定期的同行支持干预和照顾方法、技术的培训，完善暂托服务和日间照料中心服务，既提高了护理照顾水平和效果，同时又减少了他们因长期照顾患者而产生的精神和身体的紧张、缺少社会活动而产生的社会隔离感。而在我国像这种对护老者群体的支持和帮助还是非常少的。

（三）英国社区照顾体系的特点

1. 资金筹措

英国政府为了发展社区照顾而制定了一系列相应的法律法规和政策，社区许多养老服务基本是政府出钱购买服务等。社区服务设施的资金基本来自政府的财政拨款，社区、家庭和个人的支出不多。此外，还有少量的慈善机构、教堂、中介组织、志愿者提供的免费服务。

2. 服务对象

起初的英国社区照顾仅仅针对精神病患与智障人士，是为了使这一类群体摆脱缺乏人文关怀的机构，回归到正常的生活空间而倡导的去机构化；直至20世纪70年代后期，由于英国社会老龄化加剧，老年人口持续增加，老年群体占服务的比重最大，社区照顾才几乎成为现阶段英国老人社会服务的代名词。英国社区照顾的对象主要是围绕着社会福利对象，以及相关的福利照顾者，不包括一般的社区居民。

3. 组织管理

英国的社区照顾实行的是项目管理，具体包括项目的申报、执行、监

---

① 苏永刚、马娉、陈晓阳：《英国临终关怀现状分析及对中国的启示》，《山东社会科学》2012年第2期，第49—51页。

督、年度报告和评估等，从工作人员到志愿者或义工都有一套完整规范的工作管理和评估体系。英国社区照顾的服务体系主要由经理人、主要工作人员和照顾人员组成，他们一般都是专业的社会工作者以及半专业的辅助工作人员。经理人为某一社区照顾的总负责人，主要掌管资金的分配、人员的聘用及工作监督；主要工作人员负责照顾社区内一定数量的老年人，为他们发放养老金，了解老年人的需要及解决一些重要问题；照顾人员是被政府雇用为老年人提供日常生活服务的人，他们多是老人的邻居或是有某种亲属关系的人。工作人员并不都是全职的，政府提供的报酬也只是一种服务补贴，但这反映了政府对其工作的承认。英国政府对工作人员的任职资格和职责都有明确规定，因此，英国的社区老年服务具有正规化的服务体系。

4. 公众参与

在英国社区，居民的参与率比较高，人们把参与社区照顾作为一件很平常的事情。提供社区照顾服务的绝大部分是非官方的机构，他们给患病的、残疾的和年老的家人、朋友、邻居和其他人提供无偿的照顾，其价值和效益是难以用金钱来估算的。据统计，英国每年有 48% 的人参加志愿者活动。2001 年，有 590 万非官方（志愿部分）的护理者，其中很大一部分是社区自愿组织承担的。同时在社区服务的义工覆盖了社会各个阶层、各个年龄层次，从议员到普通居民、从青少年到老人都有。公众在社区中互助互爱关系的建立，可以抗衡个人主义带来的疏离与孤立。[①]

5. 机制运行

从运行模式来看，英国社区照顾的主要特点是依托社区，官办民助或民办官助。服务性设施一般主要由政府出资承办或是由政府资助、社区承办，为老年人免费提供服务或是低收费提供服务。政府发挥着主导作用，以进行市场化运作为主，由专业的机构提供服务。社区工作人员体系由管理人员、关键工作人员和照顾人员组成，是官民结合的架构格局。

6. 监督体系

英国的社区照顾服务实行“契约制”，即把政府承担的一些服务移交给社会工作机构。政府委托机构提供社会需要的服务，然后政府花钱购

---

① 王飞凤：《中英城市社区居家养老模式的比较研究》，《长春理工大学学报》2011 年第 12 期，第 58—59 页。

买，提供给服务的需求者。在执行过程中，机构内的人员培训、设施配置、服务标准、服务价格等，都要受到政府工作人员的定期检查，提供资金的组织也会不定期地进行抽查，同时还会安排义工进行监督等。政府与这些机构之间建立的是一种契约关系，所以，委托提供社区服务的机构必须按合同办事，否则，就按违反合同处理，违法者要承担相应的法律和民事责任。[①]

二　美国的居家养老服务体系

居家养老是美国养老福利制度的重要内容。目前，居家养老服务网络已经成为一种深受民众欢迎的主要养老方式。美国政府为建立完善依托社区的居家养老服务网络，也采取了许多有效可行的对策，在国际上和学界有着深刻的影响。

（一）健全的法律制度为老年人搭建了一张社会安全网

健全的老年人保障法律是促进老年人保障事业健康发展的法律基础和制度保障。美国自 1965 年开始就颁布了《老年法》《老年人志愿工作方案》《平衡预算法案》《老年人营养案》《多目标老人中心方案》《老年人社区服务就业法》《老年人个人健康教育和培训方案》等一系列配套法律，从法律上确定了老年救助、住宅、安养机构、医疗、再就业等养老服务的内容，建立了完善的老年人服务网络，为老年人构筑了一张社会安全网，使得老年人在经济收入、保健、医疗、居住、就业、学习等各个方面都得到基本的保障。

（二）全面的老年人服务项目——PACE 计划

人口老龄化是一个全球性问题，众多周知，随着年龄的增长，老年人身体素质会降低，患病概率也会随年龄的增大而增加。据统计年龄每增长 10 岁，慢性病患病率会增加 50% 以上，这必然会导致失能、半失能的老年人增加，随之而来的长期护理、照顾需求也会急剧增加。然而传统的医疗模式不仅难以保证老年人获得连续、全面的医疗、康复服务，而且会加重患者的医疗费用负担，医疗护理资源也得不到最优利用。这就迫切需要一个能够提供全面服务的医疗模式，美国的 PACE 就是一个旨在为老年人

---

① 陈成文、孙秀兰：《社区老年服务：英、美、日三国的实践模式及其启示》，《社会主义研究》2010 年第 1 期，第 117 页。

提供长期医疗、康复和护理的全面服务项目的模式。

1. PACE 的起源和发展

PACE 模式雏形可以追溯到 1971 年，这与中国还有一定的关系，当时在旧金山的中国城，由于受东方传统文化的影响，很多华裔老人不愿意入住护理院。当地的老年人管理机构和社区领导借鉴英国社区照顾的经验开始筹资建立日间护理中心。随后其内容和管理机制都不断完善，至 1986 年美国政府通过立法，开始在全国范围内建立示范项目，由医疗保险和医疗救助为其支付费用，并开始称为“全面的老年人服务项目（PACE）”。1997 年美国出台的《平衡预算法案》中提出将 PACE 计划（The Program Of All-inclusive Care for The Elderly），即“全面的老年人服务项目”正式确立为在医疗保险支付范围内的永久性服务项目，并规定各州可为达到医疗救助标准的老人提供 PACE 服务。这是一个为体弱多病的居住在社区的老年人提供长期照顾和全面医疗、康复和社会支持服务的创新方案，最核心的理念就是让老人在家中更舒适、更安全、更独立、更有质量地生活。

2. PACE 的运作和服务

PACE 计划是一项综合性全方位的老年人照顾计划，这样就形成了医疗保险、医疗救助、长期护理保险和 PACE 四位一体的全面医疗保障体系，为老年人提供了所有的医疗相关服务。这一项目的实施有着完善的管理和运作机制，并且具有鲜明的服务特色。特别是通过多学科团队的工作模式不仅可以让患者获得更全面、更专业、更及时的服务，提升服务质量，还可以加强不同学科部门之间的沟通协作。PACE 项目通过明确的责任分配，按照定量和定性的研究方法来进行有效的成本控制和质量评估，采取有效的财政激励措施来整合社会资源，为患者减轻了医疗负担，运行十多年来已经取得非常好的效果。除 PACE 所提供的医疗相关主体服务外，社区还提供家庭保健中心、老年人活动中心、免费教育以及老年人志愿服务等服务项目。

总体而言，美国的 PACE 项目计划非常鲜明的一个特点就是将医疗保险照顾与居家养老相融合。也就是以医疗保险照顾为基础，以形式内容丰富的社区服务为补充而建立起的一种融合性的居家养老服务体系。（见表 6－2）

表6－2 PACE的运作机制与服务内容

享受服务资格	筹资运作机制	工作模式	服务内容
1. 年龄条件：大于等于55岁，患者自愿参加 2. 居住条件：居住在PACE服务项目所属辖区 3. 资格认证：需得到州医疗救助机构的批准和证明	1. 医疗保险和医疗救助中心共同出资：依据疾病分类和疾病分级系统，根据每个患者的病情、病种科学预测其花费并按月给PACE支付费用（不符合医疗救助条件的患者需要自行支付差额部分） 2. 资金运作：所有资金由PACE中心独立核算，统一运作	1. 多学科工作团队：通过多学科小组的配合和评估来制订诊疗计划，提升了诊疗方案的综合科学性 2. 不同学科部门之间的有效协作：可以实现护理资源协调和对机构的监管，提升综合服务质量	1. 日间护理中心和门诊：可以为老年人提供包括基础医疗服务、康复护理、娱乐、健康检查、急诊等在内的比较全面系统的老年服务 2. 预防医疗：通过预防性医疗和定期的指标评估，可以降低老人致残或住院发生率 3. 健康愿望和临终关怀治疗：PACE中心的工作团队不仅关注诊疗的物理效果，更关注患者的健康愿望需求；通过与患者、家属之间的沟通，为患者提供高质量的医疗服务和临终关怀服务，体现了“人本”思想理念

（三）多样化的养老社区模式

能否更好地解决老年人社区养老问题，很大程度上取决于社区的居住以及相关配套资源的整合。美国老年人社区服务采取的是典型的社区自治模式，即政府不直接干预，而由社区主导、居民主动参与、由下而上实施的社区发展模式。自强自立的民族文化和雄厚的经济基础，使得美国老年人社区服务的一个鲜明特点就是提倡自助养老。除此之外，美国的社区养老服务非常重视非营利组织和志愿服务的作用。但总体而言美国老年人的社区照顾模式属于在社区自治基础上的商业发展模型，即根据市场需求，将不同的机构和配套设施与具体的居住模式有机配合，建立不同服务指标和规格的社区，这样就形成了比较完善的老年人居住服务体系。这不仅可以满足不同老年人的具体需求，而且还与房产开发、物业服务等资源有机整合，形成社区养老产业链，社会效益和商业效益并重。在美国，“退休社区”被认为是老人退休后的一种住房选择，也就是说，美国老人会根据自己的年龄和身体状况挑选自己的住房和环境度过余生。美国退休社区的建设主要是根据人口结构变化而确定的。退休社区主要由以下五种形式向老人提供基本服务："退休新镇"、"退休村"、"退休营地"、"老人照顾中心"和"继续照顾退休社区"。实际上，前三种是以提供休闲娱乐为目的的退休社区，而后两种是以"提供医疗服务为目的"的退休社区。那些80岁以上的老人将成为以"提供医疗服务为目的"的退休社区的居民主力；而60—70岁的健康老人将成为以"提供休闲生活为目的"的退休社区的居民主力。[①] 根据长城物业的最新实地调研可以将美国老年人社区照顾模式具体分为以下五种形式（见表6－3）。[②]

表6－3　　美国老年人社区照顾模式

特征 模式	服务对象	服务项目	服务目标	收费标准
独立居住社区	主要针对那些年龄为55—64岁，希望而且能够独立生活的退休老人	社区提供基础的配套服务和援助，基本上不需要其他的特殊服务	最大限度地保持老年人独立自主的生活习惯，提供老年人力所能及的工作，保持生命活力，发挥自身价值	由于基本上不需要提供特殊服务，所以月租金和收费水平相对较低
协助居住社区	1. 针对那些年龄在70—80岁，没有重大疾病，需要生活协助，但是不需要持续、固定医疗照顾的老年人 2. 为出院后恢复期的病人或家人外出的老人提供暂时性居所	1. 基础服务：社区提供包括餐饮、保洁、维修、应急、短途交通、定期体检等基础服务 2. 通过付费方式享受其他生活辅助服务、用药管理及老年痴呆症的特殊护理	为老年人在一定时期提供生活协助和相关特殊服务的基础上，保持老年人的生活独立性	该种社区是介于独立居住和护理居住之间的一种老年人社区照顾模式，因为有附加特殊服务的提供，其收费标准要比独立居住社区的收费略高

① 谢芳：《美国的退休社区和"居家援助式"养老模式》，《社会》2004年第12期，第35—36页。

② 李志键：《美国老年人"社区照顾"调研简报》，《中国物业管理》2010年第9期，第32—34页。

续表

特征 模式	服务对象	服务项目	服务目标	收费标准
护理居住社区	主要面向那些明显丧失日常生活活动和自理能力，患长期慢性疾病或老年痴呆病晚期，需要长期护理照顾的老年人	提供长期的医疗康复护理和照料，工作人员资格认证标准较高，专业性强	通过提供专业康复护理服务，尽可能帮助老年人减轻患病的痛苦，延缓恶化和衰退，促进老年人身体的康复，保持生命的尊严	该类社区的收费除了个人需缴纳的资金外，由于大多数护理居住社区都参加了医疗保险和医疗救助计划和长期护理保险，通过分摊，总体上收费标准并不很高
活跃长者社区	主要面向那些刚刚退休、年龄在55岁左右，身体素质较好，热爱体育、休闲健身活动的老年人	1. 体育健身设施：包括网球场、高尔夫球场、游泳馆、俱乐部等配套设施 2. 多样化的社区娱乐活动：包括演出、教育、手工等活动 3. 住宅主要是独栋、连排或别墅构成	保证老年人独立自主而又高质量的生活，通过积极参与体育和社会活动，保持生命的活力 代表社区：弗吉利亚道明山谷的Regency社区，2009年被评为最适合老年人居住社区	该类社区由于需要提供完善的体育健身和娱乐活动场所，而且住宅设计和提供相对比较高端，因此付费标准相对较高
持续照顾退休社区	面向那些退休不久、当前生活能够自理，但不想由于未来生活自理能力的下降而被迫频繁搬迁、更换居所的老人	将不同形式的服务模式有机整合，形成包括生活自理单元、生活协助单元和护理单元于一体的综合社区	避免老年人随着身体状况的变化造成来回搬迁的困扰，为老年人提供从退休到临终关怀的“一站式”终生退休养老服务	由于该种社区模式融合了多种服务单元，成本较高，管理难度比较多大，因此在收费标准上较高

当前我国的机构养老床位紧张，而依托社区的居家养老服务需求也存

在多样化和多层次性的特征。我们可以借鉴美国老年房地产模式运作的思路，针对不同的群体建立多样化的、有针对性的社区模式，实现社区配套和功能的有机融合。这样不仅可以满足不同老年人的服务需求，还可以促进资源最优利用，形成养老产业链，这也是实现社会化养老的必然要求。

（四）科技为美国居家养老助力

居家养老的核心理念就是保证老年人在熟悉的家中或社区环境中最独立、最安全、最有质量的生活。但是随着老年人年龄的增长和体质的下降，即便能够自理，不需要长期的医疗护理或24小时长期照料，但是也会面临一些突发紧急情况，而科技产品的不断更新则在一定程度上担当了“保姆”的职务。有了高科技产品的协助，不仅可以最大限度地保证老年人自主生活的能力，为老年人提供便利，节省高额的护理费用，而且能够提高老年人生活的安全感。美国的科技助老系统是比较先进的，包括生命守护者电子邻居系统、服药提醒器、药片分装和检测装置、基本的家庭检测以及全程监测等，这些形形色色的科技产品为美国居家养老服务质量和效率的提高增添了动力。

三　日本的居家养老服务体系

日本与我国在一些传统文化、家庭伦理价值观上面有很多相似之处，研究日本在居家养老方面的实践，对于我国进一步完善居家养老模式有十分重要的借鉴意义。日本非常重视老年人福利保障，为了应对人口老龄化，更好地解决老年人的照顾和护理问题，日本社会不断探索社会化养老照顾模式，创办了不少资源整合较好、功能多样、安全性高、方便快捷的社区养老服务机构，形成了集医疗、护理、康复为一体的多元化、立体化社区养老服务体系。实际上，早在20世纪60年代日本就开始十分关注社区养老服务，经过不断地发展和完善，形成了今天较为完善的法律和政策体系、多样化的组织形式以及丰富的服务内容，而且取得了比较理想的社会效果。其在发展完善过程中所采取的对策和经验对于今天我国社区居家养老服务体系的构建和完善是非常有借鉴意义的。

（一）完善的社区养老政策法规体系

从20世纪60年代初至今，日本就先后出台了有关老年人福利和社区养老的法律与政策近十部，这就构成了日本社区养老服务体系强有力的政策支持和立法保障。接下来我们简单了解一下日本出台的与社区养老相关的法律（见表6－4）。

表6－4　　　　　　日本与社区养老相关的法律

出台的法律	内容和意义
1963年《老人福利法》	该法强调了保障老年人身心健康和生活安定的重要性，规定了福利设施的种类，以派遣家庭侍奉员为主要形式的老年人居家福利服务开始出现，这也是第一次对社区养老的服务的内容作出规定，是日本推行社会化养老的开端
1982年《老人保健法》	针对老年人的医疗保健服务做出了进一步规定，进一步明确了居家养老的老年福利方向，并由政府出资培训了大约10万名护理人员
1987年《社会福利士及看护福利士法》	规定看护福利士应具备的工作能力和专业技术知识能力，并推出资格证书制度，这体现了政府对护理人员的重视
1992年《福利人才确保法》	从法律上对福利人才的培养、资格认证及其应有的经济、社会地位予以保障，保证了社区养老服务的人才供给，为社区养老服务质量的提高和持续发展提供了人才保障
1989年《高龄老人保健福利推进10年战略计划》	其主要内容是：推进在家老人的福利服务事业；促进社会福利设施建设；推进长寿科学研究；该计划再次明确了社区在养老服务中的主体地位
1994年重新修订《高龄老人保健福利推进10年战略计划》，即"新黄金计划"	该计划充实了访问护理、短期设施护理、日间照料等居家护理服务以及居家保健医疗服务等内容
1997年《护理保险法》2000年正式实施	该法体现了人们护理理念的转变，将老年人福利制度和老人保健医疗制度合二为一；也是一种充分调动社会力量、整合社会资源服务方式，既可以满足老年人的需要，减轻财政负担，又引入了市场机制，促进了服务效率和质量的提高。这是推动社区养老服务体系建设的重要一步
1998年《特定非营利活动促进法（NPO法）》	它作为第一部支援市民自发性活动的法律，大大地促进了NPO团体，特别是NPO法人组织的形成，推动了社会力量对社区养老参与的积极性
2005年重新修订《护理保险法》	进一步完善护理保险制度，更加注重预防护理，提高老年人生命质量，使其更好地安度晚年

这些法规的颁布不仅有与老年人切身利益相关的具体福利、服务内容、服务形式的规定，也有配套的护理人才资格、待遇的法律规定，同时还有促进激励社会力量（NPO）养老服务参与的法律，这就形成了一整套切实可行的法律运作方案。而正是这一系列法规政策的颁布和修订对日本社会化养老服务体系的构建和完善起到了很好的保障和促进作用，保障了老年群体的利益，也取得了良好的社会效果。

（二）长期护理保险制度为老年人提供了更完善的服务

日本从2000年开始实施的以“脱离医院，让老人回归社区、回归家庭”为理念的长期护理保险制度，实施十年来在老年人生活照顾、护理和康复指导等方面都发挥了十分重要的作用，而且社区服务周到细致，老年人可以在自己熟悉的环境中生活，深受老年人的欢迎支持。我们首先看一下日本长期护理保险制度的基本内容（见表6－5）。

表6－5　　日本长期护理保险制度的基本内容

保险对象	融资模式	运作机制	保险待遇
1. 40岁以上的都为被保险人 2. 被保险人又分为第一号被保险人和第二号被保险人 注：（65岁以上为第一号保险人；40—65岁为第二号被保险人）	1. 由第一类被保险人（负担17%）和第二类被保险人（负担33%）共缴纳一半的保费 2. 中央政府（负担25%，其中5%用作调整性支出）、都道府县（负担12.5%）、市町村（负担12.5%）三方按照2:1:1的比例共同负担另一半的保费	1. 市町村是管理运营的主体，担任着制度责任者即保险方的角色 2. 中央政府、都道府县、保险机构是制度的协作方，主要进行业务和财务上的支援	主要以实物的护理服务给付为主，具体包括： 1. 居家护理服务 2. 设施福利服务

参加护理保险的老年人所享受的护理保障待遇主要分为居家护理服务和设施护理服务保障两个大类。① 而每一个大类又可以细分为若干个小项

① 田香兰：《日本护理保险法与老年人护理保障》，《现代预防医学》2009年第13期，第2466页。

目，护理和服务全面细致，彰显了“以人为本”的理念。而且从提供服务的工作人员资质、结构配置来看，其专业素质非常高，需要有严格的执业资格认证标准（见表6－6）。

表6－6　　　　居家护理服务项目与服务内容

居家护理服务		
护理项目	具体服务内容	提供服务人员
访问护理	1. 身体护理。比如帮助老年人擦拭身体、入浴护理保持身体清洁；帮助排泄或进食；协助穿衣就寝等 2. 生活援助。洗衣、打扫卫生、做饭、购物或买药等 3. 居家护理援助。针对老年人的具体情况和意愿，结合家属意见，制订居家护理计划	护理服务师或入户护理员访问老年之家
访问看护	1. 观察病情 2. 协助家庭照顾成员处理褥疮 3. 进行相关的康复和认知训练 4. 晚期病人的临终关怀和对家庭成员的情感疏导	护士、保健师、理疗师入户进行辅助的诊断治疗
居家疗养管理	1. 普及卫生保健知识 2. 情绪的调节和疏导 3. 合理膳食搭配指导及注意事项	医生、牙科医生、药剂师、心理师、营养师入户进行疗养指导
暂托中心的生活和疗养护理	家庭照顾人员遇有急事或者是照顾压力过大、需要一定的缓解而不能提供照顾的情况下，将老人暂时送到暂托中心。由暂托护理所提供相关的生活照料、护理、康复训练和疗养等	暂托护理中心的医生、护士等护理人员
便利工具的免费提供或租赁	1. 提供包括轮椅、步行器、扶手、拐杖以及特殊床、防褥疮工具等的租赁 2. 提供购买相应便利工具的费用，包括特殊尿器、简易浴盆等	政府出资提供
针对老年痴呆症患者的特殊护理	1. 将共同生活无障碍的老年痴呆症人员（一般在10人以内）集中在一起，营造一个提供进食、生活照料、入浴等服务的家庭般的环境 2. 每三人配有一名护理人员	专业护理人员

续表

设施福利服务		
福利项目	针对对象及做法	资金及服务来源
住宅的设计改造和装修	1. 目的：为更方便老年人的日常生活和护理，对住宅进行人性化的设计改造 2. 做法：拆除陡坡，增设斜坡；增设防滑床体；改造马桶、出入门等	当地政府提供住宅护理改造费用
特别养护老人院	针对那些身体或精神患有严重疾病，又没有家庭护理照顾人员的老人，提供相应的生活照料、认知、机能恢复训练等项目	地方政府出资建立相应福利机构设施，有专业工作人员提供护理服务
老人保健设施和疗养病房	针对那些病情比较稳定，同时又需要相应的保健服务和机能训练的老年人	政府投资建设；有医生和护士提供相应疗养服务和机能训练及康复

与美国多样化的养老居住社区思路相似，日本在居家养老护理方面的有效举措就是根据老年人身体健康程度以及所需服务的种类，实施“按需分配”的养老护理模式，明确护理级别的划分，这样不仅可以提高养老护理资源的利用率，节省一些不必要的医疗费用开支，还可以有效抑制福利国家在社会保障方面存在的一些弊端。

日本非常重视预防在整个系统中的重要性，为缓解护理人员短缺、护理专业素质亟待进一步提升的压力，遏制护理保险费的指数化增长，2006年日本新修订护理保险制度时也着重提出要加强“以预防为主的地区护理体系的构建”。同时提高了享受护理保险服务对象的资格审查和甄别条件，将护理认定级别标准由原来的6个提高到7个，这样就可以使一些老年人在不患病或保持适度自理能力的情况下健康地生活，而不必单纯依赖护理保险，在一定程度上减轻了对护理的需求，提高了医疗、护理资源的有效配置率和利用率。不仅如此，日本政府还通过制定国民健康促进计划，来提高国民总体的健康素质；对于老年人则侧重于病情的预防和及早诊断治疗，通过加强诊疗技术研究，提高诊断治疗水平，为老年患者提供准确的治疗计划，把卧床发病率降到最低，而且在技术层面上不断完善老年人综合福利设计，促进老年人更有意义的生活。

（三）倡导邻里互助，发挥非营利组织的作用

按照迪尔凯姆的理论，在现代社会已经不再是“熟人社会”，而是“陌生人社会”，以熟人之间的情感为基础的机械团结关系已经难以维系，建立在社会分工和相互依赖基础上的有机团结，是实现社会整合的主要形式。今天老龄化的趋势不断加剧，单纯依靠熟人情感的家庭照顾已经难以应对，而且也不可能依靠政府“统包统揽”，那我们就必须动用社区和民间组织的力量来构建一个多层次的社会化居家养老服务体系。衡量一个国家文明和发展程度很重要的一个指标就是第三部门的参与和公众的互助志愿精神，这也体现了社会及其个人对正在出现的许多问题的自我保护和负责的一种状态。正如老年人的养老护理保障，除了政府需要尽的职责外，同时也离不开第三部门组织、社区、家庭和个人的参与及责任。

日本的老年社区服务模式中除了护理保险制度提供的居家护理服务和福利设施服务外，也非常注重非营利组织在社区养老服务中的重要作用。日本政府于1998年3月19日颁布实施的《特定非营利活动促进法》为各种民间结社提供了一个非常宽泛与便捷的合法性制度平台，市民组织能快捷地获得NPO法人资格，从而推动了日本NPO发展进入崭新时代。这些NPO力量不仅积极宣传和阐释新的福利法规，而且提供志愿的护理服务和支援服务，包括针对高龄人士和残疾人士的上门护理服务（Spot service），对他们进行身体护理、家务援助以及精神上的慰藉等（Mini-day service）小型服务日活动，提供包括游戏、唱歌、会餐等休闲娱乐活动，是对日托服务的补充，进一步丰富了老年人的生活；“钻石俱乐部”（Diamond Club）是邻里聚会的沙龙组织，有助于建立邻里互助网络，通过这个居民社区交流会的形式进行参与、交流，老年人可以发挥余热、充实自我、实现互助，丰富老年生活。这在一定程度上不仅消减了转型为超高龄化的日本社会凸显出的养老问题，而且诠释了老有所用的新理念，构建了现代都市社区的新型人际关系。同时家庭有着国家难以替代的赡养功能，家庭赡养的机制比国家强制的再分配更有效率。从东方国传统文化的角度来讲，日本老年人照顾也特别重视家庭的保障功能，鼓励子女和老年人一起居住，提倡“一碗汤”的距离，从而更好地为老年人提供物质和情感保障。

（四）养老产业的发展成为带动经济增长的新契机

社会化养老服务体系的建设除了政府、家庭、个人、非营利组织的参与外，也同样离不开市场力量的参与。当然对于具有福利性质和普惠性质的基本居家养老服务，市场不能过度介入，但是对于那些高层次、个性化的服务需求，就需要通过市场机制运作，在整个养老服务供给体系之内发挥好"补位"的作用，从而满足一部分老年人更高层次、更专业化的高端需求。

事实上在研究日本社区居家养老实践，应对老龄化带来的各种挑战时，我们发现日本也非常注重利用市场的力量。一些针对高端客户群的完全市场化的养老护理机构，在一定程度上也成为养老护理保障的有益补充，而且有利于提高护理质量和效率。特别是提供的一些养老服务及相关福利设施，都非常重视专业化问题，每一个专业问题又会涉及更深的细分领域，这样就带动了类似"老人用品专卖"、"养老服务人员培训"、"宠物"、"机器人服务"、"殡仪服务"等一系列相关企业的发展。日本政府还计划利用医疗和看护产业的巨大发展潜力，将其顺势发展为新兴的服务业产业，以拉动未来经济发展。其中，针对在家养老人群的"上门看护"服务是今后发展的重点；日本房地产商也抓住商机，提供具有休闲疗养功能和医疗看护功能的房产项目，以及房屋改造装修之类的服务。还有针对那些退休的老年人而开发的各具特色的旅游项目等，都将有巨大的发展潜力。这些新兴的老年经济产业，不仅满足了老年人更高层次上的服务和需求，还拉动了经济的发展。也就是说在应对人口老龄化的同时，"银发浪潮"同样会带来许多商机。

总之日本随着居家养老相关法律法规的不断完善和具体实践，已经形成了集家庭照顾、护理、保健、医疗和福利为一体的特色鲜明的家庭型居家养老模式。在整个社会化养老服务体系中，各个主体都发挥着各自不可替代的作用。

第二节　新加坡、中国香港地区和台湾地区的居家养老服务体系

受儒家孝道文化的影响，新加坡也非常重视东方的家庭价值观。在新加坡整个社会形成了关怀老人、照顾老人、尊重老人的良好社会风气。新

加坡在建国之初，在对西方国家已有的社会保障模式进行全面考察和评价之后，放弃了简单模仿他国社会保障制度的想法，根据自己的国情建立了独特的中央公积金制度，这实际上是一种强制储蓄计划，鼓励个人自己规划，有力增强了个人的责任意识，这也是新加坡整个社会保障体系的基础。

一　新加坡的居家养老服务体系

（一）以中央公积金制度为基础的家庭型居家养老

新加坡的整个养老运行机制是以中央公积金制度为基础的，强调个人的责任和规划，同时采取各种优惠措施，家庭、社区各尽其责，形成全社会尊老、敬老的良好的社会氛围。新加坡对老人的照顾已经形成相对完备的体系。在政策制定的思路上，他们就试图让社会各方面都有积极性来参与到养老保障事业中，并且分层次地将个人、家庭、社区、国家都纳入“老人关怀”序列中。

受东方传统家庭价值观的影响，新加坡政府大力支持和鼓励子女与父母同住并赡养老人，倡导通过家庭实现居家养老。1995 年国会通过《赡养父母法令》，新加坡成为世界上第一个为“赡养父母”立法的国家，明确年青一代的养老责任，对于不赡养父母者予以法律的严惩。“老有所居”、“居者有其屋”是世界上各个国家社会保障目标中非常重要的一个方面，新加坡在这个方面做得比较成功。为鼓励子女与父母同住，新加坡政府不仅为需要赡养老人的低收入家庭提供养老、医疗方面的津贴，从而减轻其家庭负担，提高其赡养老人的积极性外，还会在建筑设计上采用适合几代同堂的户型设计。经审核通过，与父母同住的子女在买房时可以享受一次性减免 3 万新元的优惠政策。同时新加坡“以房养老”模式运行得也比较成功，62 岁以上的乐龄人士除了可以从公积金账户中领取养老金度日外，还可以将自己拥有的祖屋或私人房产进行部分或全部出租，以换取租金养老。此外，新加坡以房养老还有一种形式：60 岁以上的老年人可申请将房子抵押给有政府背景的公益性机构或金融机构，由这些机构一次性或分期支付养老金。老人仍居住在自己熟悉的住房内，待其去世后，房屋产权由这些机构处置，进行抵押变现并结算利息，剩余的钱则交给其继承人，这也是居家养老的一种资源有效利用的形式。正是因为政府为赡养老人的家庭提供了大力的经济援助，使这些家庭的老人在住房、医疗等方面确实享受到实惠，因此绝大部分新加坡人仍选择家庭养老的方式，而且能够在年老之后享受三世同堂的天伦之乐。

（二）积极老龄化是新加坡老年人保障工作的亮点

新加坡的“老人”通常不叫“老人”而叫“乐龄人士”，可见社会对老人的尊敬。这种尊敬得力于新加坡政府的积极引导。面对人口老龄化，新加坡从国家层面到社区各个层面都建立乐龄理事会，设立乐龄中心，组织开展有意义的活动或文体项目。如一些安老日间托管中心为乐龄人士提供“社交与娱乐性的活动”、“运动与健身”、“基本健康检查”、“集体性与郊游”、“讲座”、“午餐与茶点”等服务，以及良好的集体活动的场所和环境，并通过形式多样的活动和服务，把老年人联系起来，愉悦他们的身心；而且“鼓励学教”，满足老年人的求知欲，鼓励“活到老，学到老”。在日托养老方面，新加坡成立了“三合一家庭中心”，将托老所和托儿所有机地结合在一起，兼顾了学龄前儿童、小学生和乐龄人士。这种将老人和幼儿一起送到日托所的办法，不但顺应了社会发展的需要、消除了年轻人的后顾之忧，还满足了人们的精神需求，增进了人际交往与沟通。

为满足老龄人士多样化的服务需求，新加坡发展社会领域的“社区服务外包”，提高服务质量和效率，使老年人有更大空间、更有针对性地选择适合自己的服务。与此同时，社区会安排老年人从事一些力所能及的活动和工作，这样既可以延缓衰老、丰富老年人生活，又可以节约一些不必要的资源消耗，“以乐代老”也正体现了一种积极老龄化的生活态度。综上，新加坡养老的实践可以表6－7简单概括一下。

表6－7　新加坡养老实践

基础体系	老有所养	老有所居	老有所乐
中央公积金制度，强制储蓄计划，强调个人责任和养老规划（涵盖养老、医疗、教育、住房公积金等多项基本内容）	1. 东方传统家庭伦理观和儒家孝道文化 2.《赡养父母法令》的颁布 3. 社区服务外包 4.“以房养老”政策有效运行	1. 新加坡的组屋建设统一由政府规划建设，价格合理，属于保障性质 2. 鼓励子女与父母同住，提供“三合一”住宅设计，有买房政策的优惠	1. 成立乐龄理事会 2. 社区安排多种形式的体育及文化娱乐活动，鼓励学教，丰富老年人生活 3. 利用自己特长，在社区中发挥余热，从事力所能及工作

为了更好地解决人口老龄化的问题，新加坡政府专门设立了一个人口老化跨部门委员会，包括经济保障、就业、社会融入、健康护理、住屋、社会和谐六个小组。这样就可以更好地把照顾老年人、增进老年人福利作为一项系统工程来把握，能够从宏观层次做好统筹，真正实现“老有所养、老有所居、老有所乐”的目标。总体而言，新加坡的居家养老模式也是比较典型融合西方市场经济制度和东方家庭伦理价值观念的家庭型居家养老模式。

二　中国香港地区的居家养老服务体系

社区照顾理念源于英国，香港受英国的影响比较深，在社区服务这一领域做得也比较前沿、成功，而且形成了自己比较完善的运作模式。早在1973年香港政府就提出了“家居照顾”的口号，并逐步倡导社区建设，目的是把香港建成“相互关心和守望相助”的社会。如今，香港的老年人福利服务中基本上形成了以现金援助、长者社区支援服务、院舍服务为组成部分的基本框架。而且在安老服务中，香港社会福利署反复强调的就是“社区为本”的理念。

比较典型的就是香港的长者社区支援服务模式，下面我们来看一些这个模式的整体运作。

（一）长者社区支援服务模式

香港的老年社区支援服务体系，由长者中心服务、长者社区照顾服务及其他支援服务组成。社区支援服务主要分为“中心为本”和“家居为本”两大类别。“中心为本”的服务鼓励长者到“中心”（长者地区中心、长者邻舍中心、长者活动中心、长者日间护理中心）参加各种活动；“家居为本”服务以家居照顾服务为基础，为体弱长者提供到户式及一站式的服务。同英国的社区照顾相类似，香港的社区照顾也分为正式照顾和非正式照顾两类。正式照顾方面，香港特区政府力推政府、市场和第三部门的合作；而非正式照顾则主要由家人、朋友以及邻里提供支援补充性服务。

香港的长者社区支援服务模式作为一种社区养老照顾的方式，在组织管理和具体运作上也体现出了社区照顾的基本理念，实现了政府、NGO、市场和非正式照顾力量的有机整合。从服务的提供、传送、使用、监管机制来看，这种模式各个环节配合紧密而又有效（见表6-8）。

表6－8　　中国香港长者社区支援模式

服务提供机制	服务传递机制	服务使用机制	服务监督机制
政府购买、提供资金援助，即政府拨款购买服务或提供资助，私营机构和NGO通过竞标、签订合约来提供相关服务	专业与非专业结合、分类协作传递：1.“正式照顾”服务（医疗、护理保健、情感疏导等）由专业社会工作人员提供 2. 家庭照顾者、志愿服务者是“非正式照顾”服务（日常的生活起居、亲情关怀、卫生打扫等）的传递者	享受服务之余，志愿提供服务：1. 长者在使用服务的过程中，会提出很多建设性的意见，促进服务水平和质量的提高 2. 为更好地贡献社区、推进社区服务的完善，一些老年人本身就是这个体系中的志愿者，提倡互助精神	政府对服务表现实施严格监管：1. 承办服务机构要严格按照合约开展工作 2. 有完善的定期审核机制，避免福利和经费的滥用 3. 政府资助要与服务绩效挂钩

在这里主要了解一下作为代理提供服务的非营利组织在整个运作机制中的作用。以香港圣公会福利协会为代表，通过竞标与政府签约以后，承接政府委托的服务项目组织都非常重视本组织参与居家养老服务的愿景和理念的培养和宣传，注重道德和精神的力量；同时又严把质量关，通过完善组织管理体系和服务标准评定体系来确保承接项目的高质量有效运营。由于社区照顾服务的内容和形式都在不断拓展，为更好地满足老年群体多样化的服务需求，这些组织会通过跨专业的团队运作来共同完成服务目标。

（二）丰富多彩的社区服务内容

香港特区政府非常重视老年人照顾事业，并对安老事业形成了固定投入机制，投入总额逐年递增，从2001年的30亿港元递增到2010年的40亿港元。在安老经费的投入结构中，发展社区养老服务的资金占主要比例。有了稳定的财政投入增长机制，为老年人所提供的社区养老服务也日益丰富，主要包括：①老年医疗和健康服务。为老年人提供相应的医疗预防服务和健康教育，尽量避免老年人住院；对于一些患长期慢性疾病的老年人则侧重于保健服务，降低卧床发病率，最大限度地保持其自理能力。在香港，除住院服务外，卫生署及医院管理局还针对长者的特殊需要推出了基层医疗服务、长者健康服务和社区康复服务等系列服务。其中，基层医疗服务包括非住院式的基层医疗、预防、保健和康复等；长者健康服务的主要服务内容包括身体检查、健康评估、辅导以及健康教育服务等；社区康复服务则包括社区康复专职医疗服务、社区康复护理服务、社区老人评估小组服务、社区老人精神科小组服务和老人日间医院服务五项社区康复服务计划，目的就是为老年人提供更全面、系统的医疗保健服务。②住屋服务。具体包括政府提供老人宿舍或安老院，以及房屋署采取的老年人优先配屋计划等。③社区支援服务包括社区综合服务中心、老年人社交中心、暂托服务、日间护理中心以及老年人外站服务等多项内容，许多服务内容和英国社区的生活照料模式非常相似。

（三）多主体良性互动的社会化长者支援服务格局

香港的社区养老照顾服务是一种典型的社会化参与模式。香港特区政府在宏观上充当了政策制定者、财政支持者、服务监管者的角色，“既不越位、不缺位，又不错位”，更生动地说就是“积极的不干预”。主要服务是通过 NGO 和私营机构来提供，由于与政府签订了合约，必须要按照合约来提供项目服务，而且获得政府资助的多少与自己的服务绩效挂钩，这就会内在地催生服务提供机构自律机制（定期检讨、审核）的产生。我们还注意到香港注册社会工作人员有着一整套规范完善的晋升和职称评定制度，而且社工所提供的服务都比较专业，职能范围也比较广。完善的社工管理制度，无疑对社区服务质量的提高和服务体系的完善有着重要的作用。在香港，义工的参与热情也非常高，这在很大程度上反映了一个地区的文明程度，也与整个社会倡导互助、人文关怀和志愿精神氛围有关。这样就形成了一个政府、NGO、私营机构、社工、家庭、义工多层次、多主体共同参与的良性互动格局，从而更好地推动老年福利事业的发展。

总结香港的长者社区照顾模式，更趋近于一种中西合璧的老人支持照顾体系。首先这一模式不可能脱离中国传统的孝道文化，也就是说依托亲人、朋友的非正式照顾不可缺少；然而受西方特别是英国社区照顾理念和具体的服务需求实际的影响，由多部门合作提供的专业的正式照顾服务也必然会不断发展完善。因此在香港，老人照顾已经初步形成了一种综合服务的提供模式。这种模式集地区化、长期性、多元化、支援性、融入性于一身，转变了以往家庭独自承担照料重担的局面，真正挖掘并充分利用了各方面资源。

三　中国台湾地区的居家养老服务体系

台湾地区 1993 年 65 岁以上的老年人占总人口的 7%，由此进入老龄社会。近年来由于战后迁移人口的老化，再加上不断创新低的人口出生率，台湾地区的老龄化速度非常惊人，在世界名列前茅。据有关部门预测，到 2025 年，台湾老年人口将占总人口的 20% 以上。在老年型社会里，如何使老年人维持尊严和有保障的生活，成为台湾整个社会包括老人本身、家庭、民间组织和政府共同关注的焦点。为此，近十几年来，台湾当局以经济安全、健康维护、生活照料三大规划方向为主轴，对养老服务做出了一系列政策安排，构建起一个社区照顾和机构安养并重的养老服务体系。下面，就社区照顾作一分析。[①]

台湾于 2007 年正式实施的《长期照顾十年计划》，将日常生活需他人协助的下列四类失能者列为长期照料服务的重点对象：一是 65 岁以上老人，二是 55 岁以上山地原住民，三是 50 岁以上身心障碍者（失智、失能），四是工具性日常生活功能（IADL）受限且独居的老人。对这部分老人所需服务项目，按失能程度分为轻、中、重度三级，并根据失能者家庭经济状况提供标准不一的补助。家庭总收入在最低生活保障标准 1.5 倍以下者，全额补助；家庭总收入在最低生活标准 1.5 倍以上 2.5 倍以下者，补助 90%；一般户补助 60%。

长期照料服务内容包括居家护理、日间照料、营养餐饮、辅具购买和租借、入住护理机构及居家环境改造等。凡有需求的老人，自行向所在市县长期照料管理中心提出申请，经评估符合资格者，即可享受居家、社区或机构多样化、个性化的长期服务。

（一）居家及社区式服务

1. 上门服务

台湾自 2002 年 6 月 1 日起，对认定的四类失能人士，普遍核发居家服务补助。轻度失能者每月最高补助 25 小时服务时间，中度失能者补助 50 小时，重度失能者补助 90 小时。同时，由政府出资，民间机构举办，开展居家照护知识培训。目前，累计培训 66346 名照护服务员，并有

---

① 贵州省老龄工作委员会办公室：“赴台湾学习考察养老服务业的情况报告”，2013-11-06，http://www.gzll.org.cn/show.php?id=549.

22357 人获得相关的技能鉴定合格证。

2. 日间照料

日间照料是指应失能老人的意愿，定期或不定期地往返日间照顾中心，接受个性化照顾服务、康复运动、咨询服务等。这项工作，由各地政府结合当地民间资源实际正在起步之中。

3. 营养配餐

从 2008 年起，台湾将向失能老人提供营养餐饮列入“长期照顾十年计划”内容开始推进。各县市政府最高补助中低收入失能老人每人每餐 50 元，由服务提供单位送餐上门，既可以解决老人做饭难问题，又让老人接触外界社会，获得情绪支持。

4. 辅具购买租借及居住环境改造

对于有需求且经评估合格的失能老人购买、租借辅助用具，以及按无障碍标准改造住宅者，台湾地方政府给予 10 年内每人最高 10 万元的补助。经评估有特殊需要者，还可个案处理，提高补助额度。

目前，台湾有 17 个县市实施了重度失能老人交通补助制度，每人每月往返 4 趟，每趟最高补助 190 元，以帮助解决就医困难。还有 3 个县市开办了家庭病床，由照护服务员在失能老人住所内提供护理服务，或协助老人参与社区活动。

（二）机构照料

台湾对养老机构的发展，实施扶持与监管并重的方针。

主要的扶持措施有：①有关部门自 1989 年起，每年安排专项经费，用于补助民间力量积极兴办养老机构，为这部分机构增添设施设备和开展护理培训提供经费支持。②为加强政府与养老机构间的沟通联系，每年举办老年福利机构联席会议，由部门召集，公私立养老机构代表和地方政府代表共同出席。③安排专款，资助民间机构举办各种研讨、培训和联谊活动。

主要的监管措施：①考核评定。按照台湾“老人福利法”第三十七条规定，主管机关应对机构进行辅导、监督、检查、评鉴和奖励。台湾为此专门制定了《老人福利机构辅导查核表》，责成县市政府据此每年对机构至少检查一次，并按季度将查核情况上报。②严格执法。凡未经批准设立的养老机构一律依法查实情况后予以取缔。对于已停（歇）业的机构，即使是招牌，也必须拆除，否则报请主管机关予以强制拆除。如发现有新开业的未注册登记的养老机构，除依据“老人福利法”第四十五条规定处理外，还须将查实的情况报税务主管部门，追究违规营业、逃漏税收的法律责任。地方政府在这方面的监管成效，列入每年的社会福利绩效考核内容。③规范协议文本。为保护机构入住老人的权益，台湾自 2005 年 7 月试行统一格式的《养护（长期照护）定型化契约范本》，并于次年征求各方意见后进行修订，正式实行。④加强安全防范。按照灾害防救委员会公布的《公共安全管理白皮书》的要求，地方政府主管部门负责对养老机构的防火避难设施及安全操作规程进行经常性的检查考核，并将情况每季度填报上级部门。

（三）实施社区照顾关怀点计划

为了发挥社区在养老服务中的自助互助功能，台湾从 2005 年开始推行《建立社区照顾关怀据点计划》，经过几年努力，全台已设点 1988 个。这些社区关怀照顾点，通常由政府财政出资补助，社会团体参与设置，当地居民担任义工，主要功能包括关怀访问、电话请安及咨询、餐饮服务、中介服务以及举办有利于老年人身心健康的活动等。

（四）开展失智症老人多元服务试点

鉴于近年来失智症患者（老年痴呆症）日益增多，问题凸显，为寻求切合实际的服务模式，台湾自 2007 年 1 月 1 日起，推出为期 3 年的“失智症老人机构专区照料和专业看护所建设试验计划”，鼓励民间组织参与，开展专门课题训练和专业研讨，试办失智症老人照料专门机构（专区）。目前，已先后有中华文化社会福利基金会和基督教、天主教组织投入试验工作。在试验期满后，有关部门将对工作成效、服务成本、补助标准等进行评估，为出台相关政策作准备。

（五）强化以独居老人关爱为重点的老年人保护工作

台湾“老人福利法”于 1997 年增设老人保护专章，2007 年修订时又增加了相关公务人员应履行通报责任的规定，并要求市、县政府在保护老人权益方面应整合警政、卫生、社政、民政及民间力量，定期召开专题联席会议，强化保护网络。同时，采取了以下措施：

第一，设立专门窗口，整合资源。各市、县均开设了“老人保护”专门服务窗口，及时掌握相关资讯和服务资源，落实老年人安养服务。

第二，加强独居老人关爱工作。经评估确认，目前登记在册、重点关怀的独居老人共有 48664 人，其中中低收入者 12853 人，荣民 6489 人，一般户老人 29322 人。对这部分老人除政府部门提供相应的生活照料服务、紧急救援连线外，还发挥民间组织作用，开展个性化的关怀服务。

第三，提供紧急救援服务。台湾独居老人安全网的建设，目前主要通过医疗系统的生命救援连线、消防或警察系统的警民连线与呼救警铃、民间团体承办三种方式进行。

第四，开展失踪老人追寻工作。从 2000 年起，台湾采取行政部门与民间团体合作的方式，成立了“失踪老人协寻中心”，通过教育宣传、配套预防走失手链、发布协寻通报、追踪比对等综合手段，并借助警方、社区和媒体传播的力量，协助家属寻找失踪老人。

（六）开设咨询服务热线

台湾目前分北、中、南三区设立了老年人事务咨询服务中心，并于 2002 年 5 月 3 日开通了统一号码为 800—228585 的“老朋友专线”，形成了老年问题的咨询服务网络。三个中心均接受政府资助，分别由财团法人天主教会台北教区、天主教晓明社会福利基金会、天主教圣母无原罪方济传教修女会承办。中心一般由对老年人心理、护理、保健、环境适应、人际关系及福利救助政策有丰富学识经验的社会人士和专家学者主持，通过电话接访、面谈、函件往来、慰问探视及举办讲座等多种形式，为老人、老人家庭及老年人团体提供咨询服务，协助指导和解决涉及老年人权益的各种事务。

（七）组织开展老年文化教育活动

一是举办老年学校，课程要求兼具益智性、教育性、欣赏性和运动性，形式丰富，充满活力。老年学校一般由民间团体兴办，政府提供经费补助。二是开办老年文康活动中心，为老年人提供休闲娱乐、文艺体育、技艺培训及联谊服务，同时开展日间照料、营养餐饮、居家服务支援等项目。目前全台有这样的活动中心 317 所。三是开展老年文化休闲巡回服务，为交通不便、信息闭塞的偏远山区老人提供精神食粮。具体做法是，由“内政部”补助市县购置多功能“大篷车”，组织民间团体积极参与，深入社区开展多元化的服务活动。目前已有 18 个市县开展这项活动，“大篷车”所到之处，受到居民尤其是老年人的普遍欢迎。四是资助民间开展老年文化活动。

此外，台湾还有一项很有特色的活动，即组织“届龄退休研习班”。就是为即将退休者提供培训，帮助他们提前规划“银发生涯”，加深对老年生活相关法令、政策的了解，提高退休后心理、生理和社会适应的能力。

第三节　经验与启示

英国、美国、日本、新加坡以及我国香港、台湾地区的居家养老服务体系的建设，最初是由政府推动，后由市场兴办而逐渐完善起来的，其对象大都为包括老年人在内的社会弱势群体，目的在于解决不同时期出现的各种社会问题，以维护社会的公平和公正，促进整个社会的和谐发展。通过回顾具有代表性的上述这些国家和地区居家养老服务体系的建设，发现其中不少经验可以为我国借鉴。

一　较为完善的社会保障制度

西方发达国家已经建立了以全民性的基本养老保险为基础，行业与私人养老金为补充的养老保障体系，并通过社会保障制度为老年人的医疗卫生照顾等设置强制性的保险服务，这些措施提高了老年人自身对养老服务的购买能力。在英国、美国、日本、新加坡以及我国香港、台湾地区的老年福利制度中，政府购买居家养老服务已经成为重要的组成部分，对于绝大部分老年人以补贴的形式为主，部分低收入的老年人或特定的福利服务由社会救助机构提供支持。而我国尚未建立完备的养老保障体系，基本养老保险覆盖面窄，保障水平低，待遇差异大，补充养老金制度发展缓慢，政府通过补贴方式购买养老服务难以与老年人自身形成合力，实现福利的多元供给。

二　居家养老服务的多元供给

社会化居家养老服务体系的构建蕴含着多元供给主体，中国人口老龄化的惊人速度、庞大规模和未富先老的国情，使得居家养老无法完全以福利的形式由政府向国人无偿提供。因此随着人口老龄化的不断加剧，要想更好地解决老年人口的养老照顾问题，单独依靠任何一方，都会力不从心。我们必须重视市场化工具和社会力量的作用，鼓励协会、民间组织、志愿者协会等参与居家养老服务业，拓展居家养老资金来源渠道，实现资金来源多元化，切实实现居家养老服务的社会化。

（一）政府发挥好“掌舵”的功能

通过学习不同国家和地区在社区养老方面的经验，我们发现政府在其中所扮演的角色的重要性。政府要有正确的职能定位，不要做“万能政府”，要做“有限政府”，政府的作用更多地要体现在宏观对策和监督管理上。

1. 加快社区居家养老的立法工作

立法先行，这也是任何一个国家建立并实施社会保障相关措施的重要经验。发达国家在养老服务发展中都非常重视法律体系的建设，力求将养老服务纳入法制化、规范化的道路，并随着社会经济文化的发展，不断修订和完善相应的法律，先后立法明确了老年生活经济来源、老年医疗保健、居家养老的老年福利方向，构筑了社会参与的家庭养老体系，形成了多方位的老年福利体系。

当前我国居家养老模式还很不规范，在运行过程中存在一系列问题，很大原因就是没有明确的社区养老的专门法规。因此，我国居家养老模式运行的相关法律法规必须加快制定完善，只有通过法制化，才能进一步明确各个责任主体的权利、义务，从而保证居家养老模式的规范和有序运行。这也是政府必须要履行好的一项职能。

2. 优化政策环境，充分发挥非政府组织的作用

非营利组织等社会力量有生产居家养老服务的“非分配约束”的天然优势，但是当前我国非政府组织参与居家养老社会化服务体系建设仍然障碍重重。首先我国非政府组织的准入机制过于严格，而且缺少关于促进非政府组织运营活动的特定的法律法规，这不仅不利于 NPO 法人组织的形成和发展，也限制了非政府组织的参与的热情和积极性。而日本早在 1998 年就颁布了《特定非营利活动促进法》，它作为第一部支援市民自发性活动的法律，大大地促进了 NPO 团体，特别是 NPO 法人组织的形成，推动了社会力量对社区养老参与的积极性。

英国政府非常重视发展志愿组织与慈善组织的作用，将其作为改变福利国家机制的一个重要方面。英国的志愿组织雇用着 48 万正式雇员，在社会服务领域发挥着重要作用。同时，志愿组织本身就是政府促进就业的一种重要渠道。目前，英国有近 28 万个慈善团体，他们的主要经济来源包括中央与地方政府的赠款、中央与地方政府按照协议购买慈善组织的服务所支付的费用以及各种捐款或投资，等等。

要进一步促进非政府组织功能和优越性的发挥，首先必须要畅通非营利组织注册登记通道，降低准入门槛，大力培育和发展社会组织；加快专门法律法规的制定和完善，为非营利组织的形成和发展创造良好的法律环境；同时政府需要通过资源的让渡，特别是将一些相关事务性管理权、执行权让渡给非政府社会组织，一方面，可以为政府“消肿”，另一方面，可以提高非政府组织在参与居家养老服务供给中的自主性和独立性；政府资源的让渡还体现为利益让渡，政府应该完善非政府组织参与居家养老保障体系中的税收减免优惠政策，提高非政府组织参与的积极性。最后政府要实现居家养老服务生产者向服务购买提供者角色和职能的转变，必须在加大自身内部的监管和评估之外，加大对非营利组织的有效引导和监管，采用公开公平的投标竞争程序，并对居家服务质量进行全方位的跟踪评估，确保竞标组织的资质和服务质量。各地地方政府要根据自身财力状况支持公益创投大赛和“公益组织孵化园”的开展和建设，真正实现地方政府与非营利组织在整个养老服务供给中的有效协作和良性互动。

同时政府必须加强社工人才队伍建设，提高居家养老服务供给的专业性、规范性和科学性，尽快建立和完善社区管理专业人才的培养、引进机制和管理机制，以适应社区居家养老服务供给需要。首先，政府应当加大对社会工作教育机构的财政扶持，加大对社会工作专业的招生培养；其次，对当前在岗的各级社区工作者及管理者要定期进行专业培训，努力提高其专业素质与能力；最后，要提高社会工作者的薪酬和福利待遇，同时引进绩效考评机制，建立适合我国社会工作者的专业技术职务晋升制度，为社区社会工作者制订合理的职业发展规划，调动社会工作者的积极性。

3. 引入第三方监督管理和评估机制

现阶段我国政府无论是直接提供还是购买居家养老服务，在相关监督、管理和评估上都缺少一整套系统、有效运作的程序，规范化程度不高，影响了政府购买的效率和效益；同时在居家养老服务的评估机制中，政府扮演“运动员”和“裁判员”的双重角色，行政色彩浓厚，影响了评估的专业性和公正客观性。当然，政府内部的评估和监督不可缺少，但是在政府内部自评的基础上，必须要引入独立的第三方监督管理和评估机构，对政府购买居家养老服务过程中的成本核算、价格制定以及服务质量标准认证首先要有一套专业科学的财务核算指标，将政府内部评估和外部评估有机结合；而作为第三方参与的监督管理和评估机构人员的组成，既要有体现其专业性的专家、学者，又要有体现其传播性的媒体，还要有表达利益诉求的社区和广大民众，真正制定出一套全方位，专业科学、公正合理的监督管理和评估机制，确保政府购买居家养老服务的效率、效益和公平性，实现资源的最优利用。

4. 紧密的社区关系

社区养老服务的经验和模式中，养老责任由原来政府单独直接负责提供，转为政府、社区、社会其他组织共同负责。这样，不仅扩大了社会责任的覆盖面，而且大大激发了社区民间的创造性潜力和建设能力，开发利用了高品质的社区资源。英国、美国、日本、新加坡以及我国香港、台湾地区养老服务中把社区放在中心位置，十分注重立足社区、依靠社区，将各种福利设施建立在社区内，专业人员定期入社区入户提供服务，发挥社区养老组织的作用。这种以社区为依托的照顾方式与传统的家庭养老和集中院舍相比，更符合人道的原则，更经济便利。社区照顾主要是立足社区、依靠社区，以社区为依托，各种服务设施都建立在社区内，且社区照顾的方式尽量与老年人的生活相融合。社区各种照顾机构，既有政府出资、社区举办的非营利性机构，也有私营的、商业性的服务机构。提供服务的人员既有政府雇员，又有民间的专业工作人员和志愿服务人员，形成了多主体、多层次的服务体系，以满足不同层次的老年人需求。

5. 扩大政府购买服务的范围

缩小公共部门直接提供服务的范围，让非公共性组织发挥更大的作用，使原来由国家机构提供的服务逐步以合同的方式承包出去。英国、美国、日本、新加坡以及我国香港、台湾地区在发展社区老年照护中，政府非常重视发展志愿组织与慈善组织的作用，将其作为改变福利国家机制的一个重要方面。

（二）社会组织要增强公信力，加强内部控制建设

我国的社会组织在发展过程中的许多问题与自身存在的问题密不可分。目前我国的许多非营利社会组织难以按质按量地完成其所承接的社会目标，而且个别组织还会利用非营利组织的名义来谋取个人私利。非营利社会组织诚信危机的存在一定程度上会影响国家和社会公众对其的信任，反过来社会组织的公信力不高也导致其生存发展环境的紧张。同时，内部控制意识不强、目标模糊，以及自身管理、自律、监督机制的缺失，导致其自身发展能力不足，资金来源渠道单一，过度依赖政府，难以保持真正

的独立性和自主性。因此第三部门组织要想在居家养老服务供给中更好地发挥作用，也必须从提升自身发展能力做起。首先，公信力是非营利组织发展壮大的生命线。因此非营利组织管理人员及员工必须将这个理念贯彻始终，加强内部控制建设，通过完善内部自律和监督机制，健全组织活动规章制度，做到有章可循，形成自我管理、自我约束、自我发展的内部运行机制，这也是提高非营利组织公信力内部制度化建设的要求。其次，筹资能力是非营利组织获得长远发展的根基。政府的财政支持和政府购买居家养老服务资金是非营利组织资金的主要来源渠道之一，除此之外非营利组织可以利用自己的公信力来加大与企业、社区、福彩机构和国际相关组织的合作，争取更多的赞助和募捐，这样不仅可以扩大资金的来源渠道，还可以整合不同部门的经营管理理念，促进自身更长远的发展。

（三）转变思路，挖掘市场潜力

英国、美国、日本的居家养老服务引入了市场化的运作，由专业机构提供服务，与机构养老服务差别不大，只不过服务地点是在老年人家里或者社区。而我国由于养老服务的福利性质，目前市场化程度很低，主要还是政府运作。我国有些地方开展的为老年人提供家政、洗衣、送餐、维修、购物、托管、医疗、政务等个性化、专业化服务，已经具有一定的市场化性质，但总的来说，我国居家养老服务的市场运作部分还不够发达。政府可以引进市场竞争机制，积极鼓励一些营利性企业参与居家养老服务的发展，以通过竞争机制降低服务成本，扩大服务范围、提高服务质量。

当前我国养老服务面临着供给滞后的现状，市场潜力巨大，因此必须增强市场敏感性和竞争意识，充分挖掘老龄化带来的产业发展契机，针对老年群体多样化、具体性的需求，创新养老产业化模式，形成特色老龄产业服务品牌，同时要把握好老年产业与其关联群企业的关系，推动养老产业化可持续性。这不仅是提高老年人生活质量，满足其多样化、高层次需求的一种有效途径，也可以弥补养老金不足，缓解因老龄化给政府带来的财政压力。当然鉴于老龄服务产业的特殊属性，在具体运行时要将经济效益和社会公益效益有机统一起来。至于有机结合点需要经过专家充分论证，同时广泛听取民众的相关意见，定位好服务供给方与需求方的利益平衡点。

三 建立护理保险制度

当前我国的老龄化进程呈现出基数大、发展速度快的特点，随之而来的社会养老保障和照顾服务需求将会急剧增加。家庭结构变迁和保障功能的弱化、我国医疗保险体系保障能力的不足以及人们对专业护理服务需求的提升，将会使我国老年人长期护理服务的供需矛盾日益突出。如何将一个涉及养老和医疗两大领域的老年人长期护理问题纳入社会保障体系之内已经是一个必须提上日程的重要议题。我们可以借鉴日本在建立社会护理保险制度以及美国商业护理保险方面的经验和对策，比如说明确护理级别、按需分配和重视预防体系的构建等，首先进行充分的调研论证，可以在经济条件发达、保障体系比较完善的发达城市里先进行试点，总结经验然后逐步推广；最终形成以社会护理保险为主，商业护理保险、个人储蓄和居家、社区护理体系有机互动、相互补充的全方位的护理保障体系，促进老年人事业的健康发展。随着我国国力的增强和改革的不断深化，老年人长期护理保险一定会被纳入社会保障体系之中，但是其建立和发展不可能一蹴而就。

四 重视东方文化的家庭道德理念

东方国家特别是亚洲国家受儒家“孝悌”家庭伦理观念的影响，一直非常重视家庭保障功能，如日本、新加坡以及我国香港、台湾地区虽然市场化的养老服务产业非常发达，但这些国家和地区仍然十分重视家庭在养老中的作用。家庭养老目前仍然是我国养老的主要形式，受我国的国情和儒家孝道文化的影响，我们的养老照顾必然而且长期会以家庭照顾为主。家庭照顾模式在加强家庭成员之间的情感沟通、更好发挥家庭保障对社会的稳定作用方面发挥着重要作用，而且有研究表明在家庭照顾背景下子女与父母之间的互动和支持照顾对于老年人的身心健康有积极的影响。因此在社会中要大力弘扬孝道文化，增强子女照顾老人的责任意识，充分发挥家庭在整个养老保障体系中的基础作用。

五 倡导互助精神

每个人或每个家庭不论早晚，始终都会遇到需要养老照顾、需要得到外界帮助的时候，因此在我们尚年轻、健康的时候，就应该尽自己的一份力量帮助那些需要照顾的特殊群体，倡导人文关怀和互助精神，推广社区照顾理念，营造一个有效整合社区资源、良性互惠互动的和谐社区环境，以更好地吸引扩大社会力量和志愿者的参与。如果缺少相应的激励措施，单纯依靠传统自愿、无私奉献精神是远远不够的，因此必须要对志愿者参与的动机进行调查分类，比如有的人是为了更好地帮助他人、回报社会；有的人则是为更好地利用空余时间；还有的人可能是为了学习相关经验、自我增能，从而更好地工作等，因此我们必须根据不同的动机来制定不同的激励措施，同时完善网络管理，做好志愿者提供志愿服务的相关记录，从而帮助志愿者在助人的过程中也能够更好地满足自己的一些愿望和需求，实现受助者和志愿者的双赢。这样才能更好地发扬志愿者精神，吸引社会力量的广泛参与，构建新型人际关系，真正实现“相互关心和守望相助”的社区、社会。

综上，任何一个国家养老照顾模式的运行和完善都不会是一蹴而就的，同样也没有“放诸四海皆准”的固定模式，我们必须在尊重本国国情和传统文化的基础上，总结借鉴其他国家在居家养老社会化服务体系建设过程中的经验和教训，动员社会力量的广泛参与，加快建立具有中国特色的居家养老服务体系，实现“老有所养、老有所医、老有所为、老有所乐”的社会目标，切实增进老年人福利，推进和谐社会的构建。

第七章

我国居家养老服务体系的实践探索

近年来为更好地应对人口老龄化，加快发展老龄事业，政府出台了许多措施。2001 年 6 月，民政部在全国推行“社区老年福利服务星光计划”，简称“星光计划”。中国老龄事业发展“十二五”规划从老年人社会保障、权益保障、家庭建设、护理康复服务、老龄产业等许多方面提出了新的要求，进一步要求加快建立以居家养老为基础、社区为依托、机构为支撑的养老服务，实现居家养老和社区服务网络的基本健全；充分发挥家庭养老的基础作用，努力建设老年温馨家庭，提高老年人居家养老的幸福指数，增进老年人福利。在推进养老服务社会化的过程中，许多地区根据当地的实际从出台政策、建立机构、明确任务入手，对居家养老服务体系建设进行了积极探索和实践，并积累了许多有益的经验。

第一节　国内城市居家养老服务体系的实践

一　苏州沧浪区“虚拟养老院”模式

（一）人口概况

苏州市统计局于2011 年发布的数据显示，全市常住人口中，65 岁及以上的人口为89.09 万人，占人口总数的8.51%[①]，而衡量一个社会是否进入老龄化状态的界限是65 岁及以上老年人占总人口的7%，或者是60 岁及以上老年人占总人口的10%。而苏州沧浪区人口老龄化程度更高，

① 苏州市统计调查公众网，http：//www.sztjj.gov.cn/。

60 周岁以上人口占全区总人口的比例达到 22.62%[①]，已远远高于 10%。经过对老年人养老取向的调查，绝大部分老人选择居家养老。面对严峻的人口老龄化形势以及居家养老服务的高需求，沧浪区在全国首创了虚拟养老的概念，建立了“居家乐”虚拟养老院。

（二）发展历程

2003 年，苏州市沧浪区葑门街道在全国首创居家养老服务；2004 年在全区实行推广和深化，效果甚佳；2006 年，葑门街道“邻里情”居家养老服务中心顺利通过国家 ISO9001：2000 质量体系认证，自此，“邻里情”居家养老服务中心走上规范化、品牌化的建设之路；2007 年 10 月，沧浪区“居家乐”虚拟养老院终于诞生。虚拟养老院以中国电信通信技术为硬件支撑，“居家乐”221 养老服务系统为技术支撑，推行居家养老对象会员制和家政服务队伍员工制，故此称为“虚拟”。

（三）主体

虚拟养老院在政府推动下进行企业化运作。政府在基础建设和土地管理方面给予支持，对运营单位提供经费补贴和税收优惠，对养老援助对象提供政府团购服务。企业在享受政府扶持政策的前提下，承接了全区居家养老服务的供给，经济上独立核算，自负盈亏。通过市场化运作，“居家乐”虚拟养老院建立了一支专业化的队伍，100% 的护工持证上岗，其中 80% 以上持有“家政技能专业证书”和“养老护理员专业证书”双证。

（四）客体

全区年满 60 周岁的老人都被纳入服务范围内，但又根据一定标准将所有服务对象划分为 A、B、C 三类，根据类别政府给予不同补贴（见表 7－1）。[②]

---

① 苏州市民政局官网，http：//www.mzj.suzhou.gov.cn/。

② 张国平：《居家养老社会化服务的新模式——以苏州沧浪区“虚拟养老院”为例》，《宁夏社会科学》2011 年第 3 期，第 58 页。

表 7－1　　不同对象享受养老服务的条件和补贴标准

服务对象		享受条件	补贴标准
A	A1	年满 60 周岁，生活需要全护理的三无、低保、低保边缘孤寡老人，市级以上劳动模范，重点优抚对象，归国华侨，当地无子女照顾或子女残疾的 75 周岁以上的老人	450 元/月/户
	A2	年满 60 周岁，生活需要半护理的三无、低保、低保边缘孤寡老人，市级以上劳动模范，重点优抚对象，归国华侨，当地无子女照顾或子女残疾的 75 周岁以上的老人	350 元/月/户
	A3	90 周岁以上的空巢老人	250 元/月/户
B	B1	年龄在 75—89 周岁，符合下列条件的空巢老人：孤寡老人、一老养一老、烈属、伤残军人、市级以上劳模、归国华侨	60 元/月/户
	B2	年龄在 80—90 周岁的空巢老人	30 元/月/户
C		60 周岁以上的老人	费用自理

（五）主客体互动机制及流程

连接居家养老服务主体与客体的是由中国电信苏州分公司研发的“居家乐 221 养老服务系统”。该系统包括中心客户端、老人居家客户端、服务组件平台、通信及信息传输四部分，并基于 2 种数据，生成 2 份工单，最终收获 1 张清单。所谓 2 种数据，包括静态数据和动态数据。静态数据又包括服务需求的历史资料和政府团购服务内容；动态数据则由对老人的走访调查搜集到的服务信息、服务对象来电所要求的服务内容以及系统通过对静态数据分析预测得到的服务信息三个方面构成。所谓 2 份工单，包括固定工单和临时工单，其分别对应静态数据和动态数据。固定工单是在静态数据的基础上，经服务对象确认后生成；临时工单是根据动态数据的临时需求，再进行整合梳理后得到。服务主体根据工单派出专业服务人员上门为老人提供服务。所谓 1 张清单，即系统每月按照服务项目对每位服务对象生成一张收费清单，服务中心按约定向服务对象收取费用。

虚拟养老院为老人提供养老服务的流程在“居家乐 221 服务系统”的技术支持下井然有序。首先话务员根据 2 种数据所整合的服务项目向老人确认服务时间、地点及内容，然后生成服务工单，再向服务员进行工单分配，服务员领取工单后上门服务。服务结束后，服务员回到“居家乐”虚拟养老中心，交付已完成的工单并领取第二天的工单。系统每月形成 1 份清单，据此向服务对象收取费用。然而虚拟养老院的居家养老服务并不止于此，系统自生成服务工单起便对服务全程进行监控管理，每次服务完毕后在一定时间内会自动提示监督人员回访被服务老人，进行满意度调查。

（六）实施效果

沧浪区“居家乐”虚拟养老院从开设之初至今，服务对象已增长了 10 多倍，服务范围也从个别街道试点提升至全区覆盖，家政护工的数量和专业化水平也得到了极大的提高，服务理念不断更新，服务项目也日渐全面。“居家乐”虚拟养老院的成功运营得到了社会各界的普遍认可，2008 年获得了江苏省巾帼文明示范岗称号、苏州市精神文明建设十大新人新事，2009 年被民政部评为“民政科研创新成果三等奖”；开设以来共收到服务对象和社区的表扬信 600 余件、锦旗 100 多面。

二　上海市“居家养老服务券”模式

（一）人口概况

上海是全国人口年龄结构最早进入老年化的城市，早在 1979 年，上海市的 60 周岁及以上老年人口数量就占总人口数量的 10.2%，比全国提前 20 年进入老龄化社会，同时也是全国老龄化程度最高的地区，因此，上海在全国老龄化进程中具有特殊的地位。“十二五”期间，上海进入人口老龄化加速发展期。截至 2011 年年底，上海市户籍人口中 60 周岁及以上老年人口为 347.76 万，占总人口的 24.5%；80 周岁及以上的高龄老年人口 62.92 万，占 60 周岁及以上老年人口的 18.1%。[①]

（二）发展历程

2000 年，上海市在全国率先开展居家养老服务，黄浦、静安、嘉定

① 上海市民政网，http：//www.shmzj.gov.cn/gb/shmzj/index.html。

等6个中心城区的12个街道被作为试点地区试行居家养老服务，为老年人提供日托和上门服务。2001年，为缓解老年人日益增加的养老需求，市政府决定在试点的基础上全面推广居家养老服务。2003年11月，“全市深化居家养老服务工作试点动员会”召开，在杨浦区和浦东新区开展了居家养老服务工作，“服务券”的消费方式被首次引入并推行，并建立了“政府主导，中介机构组织实施、服务组织具体开展服务”的新模式。2004年，社区居家养老服务工作首次被列入上海市政府实事项目，养老服务补贴经费被纳入政府财政预算。

此后，上海市居家养老服务进入了进一步的发展阶段。2005年，七部门联合发布的《关于全面落实2005年市政府养老服务实事项目，进一步推进本市养老服务工作意见》在继续执行有关居家养老服务方面的政策规定外，调整和完善了相关居家养老服务的扶持措施。2006年，《关于进一步促进本市养老服务事业发展的意见》规划在“十一五”期间基本形成以社区居家养老服务为主、机构养老为辅的养老服务格局，并要求基本满足上海市老年人的社会化养老服务需求。2008年，《关于全面落实2008年市政府养老服务实事项目，进一步推进本市养老服务工作的意见》的发布提高了养老服务补贴标准，同时扩大了补贴受益面，另外还提出设立社区老年人助餐服务点等扶持政策。

从2009年开始，上海市居家养老服务进入了规范发展阶段。2009年6月，上海市民政局发布《关于进一步规范本市社区居家养老服务工作的通知》，推进了居家养老服务工作的全面发展。同年10月，由上海市民政局起草、上海市质量技术监督局发布的《社区居家养老服务规范》定义了各类服务机构的概念，具体规定了各项服务的内容与要求，明确了从业机构和服务人员的基本要求以及处理意外事件的要求等，由此，居家养老服务有了统一的技术规范和服务质量控制依据。

（三）主体

上海市居家养老服务以“政府主导、中介组织、实体服务”为运行机制，构建起市、区、街道三级服务网络（见图7-1）。[①]

① 颜领帅、吴忠、职韵秋、向甜：《政府购买居家养老服务的政策过程分析——仅以上海市为例》，《劳动保障世界》2012年第5期，第36页。

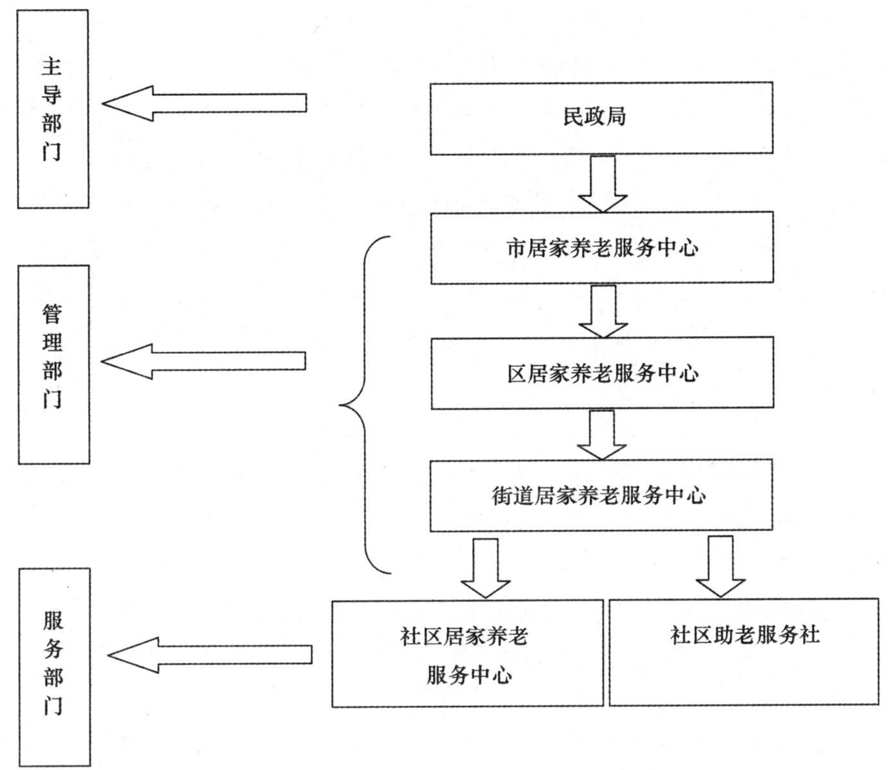

图 7－1　上海市居家养老服务三级网络

政府作为主导部门，主要扮演的是“财神爷”的角色，即政府通过购买服务的方式发放补贴并提供公益性岗位。如果补贴的形式是现金，则老人往往舍不得用其购买居家养老服务或者现金被子女拿走，因此从2003 年开始，上海市向符合享受居家养老服务条件的老人发放“服务券”。同时，全市每个服务社都在相关部门登记为非正规就业组织，政府向其提供税收优惠，并给予一次性开办费 6 万元。而且每一个养老服务人员都被纳入“万人就业项目”中，其岗位被认定为公益性岗位。凡服务人员为城市失业和农村剩余劳动力的，都能接受免费培训，同时每月领取200 元就餐及交通费和 600 元服务费。

而管理部门作为政府购买民间组织服务的载体，主要担任的是对居家养老服务工作进行具体指导、服务监督和评估的职责。从 2005 年开始，上海市普遍建立养老服务评估队伍，由街道养老服务中心聘任专业人士为评估员，对服务对象进行评估。评估内容主要包括两方面：第一，申请服务的老人的经济及身体状况，在《居家养老服务对象评估表》上，评估内容多达几十项，各项都有评分标准，养老服务中心根据得分决定是否提供服务以及提供何种服务。第二，服务人员的服务质量，评估员通过走访和电话访问等方式对服务内容进行打分，以此确定所提供的服务是否合格。

服务部门是实际为老人提供服务的实体组织，包括各种养老服务社等机构。近几年，上海市广泛依托家政公司和养老机构等养老服务资源进行集约化运作，发展了多项目的服务内容，主要可分为日常生活照料、医疗护理保健、社会帮助与精神慰藉三大类服务。各区可根据其实际情况，因地制宜，灵活运用。

（四）客体

上海市居家养老服务的对象为60周岁及以上，并有生活照顾需求的老年人。养老服务对服务对象实行“因类而异”，即根据不同类别的老年人，政府出资额度不同。三无老人、五保老人、优抚对象和有特殊贡献的老人，由政府购买服务；低保老人、高龄老人和生活困难的老人，由政府补贴服务费用；身体健康且有支付能力的人，则实行优惠低偿的市场化服务。

（五）主客体之间的互动机制及流程

上海市各社区居家养老服务中心为老人提供申请咨询，自费申请人可直接到助老服务社办理，而补贴申请人需提交经济状况审核证明等书面材料，受理中心评估其经济状况是否符合补贴范围。若申请人条件符合补贴标准，则社区居家养老服务中心再委托评估员进行养老服务需求等级的评估。养老服务需求分为“轻度”、“中度”、“重度”三个等级，分别对应的服务补贴最高限额是200元/月、300元/月、400元/月。据此，街道居家养老服务中心给出初审意见，再交由区居家养老指导中心作出审批，最终决定是否给予补贴。如果通过审批，则街道居家养老服务中心发放《准予服务补贴告知书》，并通知社区助老服务社。社区助老服务社根据审批补贴额度，核定服务内容并发放服务券。服务券可用来购买助老服务社的服务，也可随老人带入指定养老机构。服务券每月1份，不能累计至下月。老人在享受每次服务后，将等价服务券付给服务人员，服务人员月底再统一至街道居家养老服务中心凭券结算，换取现金。①

---

① 周元鹏、张抚秀：《上海市社区居家养老服务发展的背景、需求趋势及其思考》，《人口与发展》2012年第2期，第87页。

（六）实施效果

截至2010年年底，上海市18个区县共有233家社区助老服务社，3.3万名社区居家养老工作人员，为25.2万名居家老人提供社区居家养老服务，接受服务的老人约占上海市户籍老年人口的7.6%，其中，为23.5万名老人提供上门服务。有13万名老人经评估得到服务补贴，人数约为服务总人数的51.6%，补贴总金额3亿元；自费购买服务的老人12.2万名，约占服务总人数的48.4%。全市拥有社区老年人日间照料中心303家，为9000名老人提供日间照料服务；拥有社区老年人助餐服务点404家，受益老人近4万名。[①]

三　宁波市“走进去、走出来”模式

（一）人口概况

宁波市是沿海发达城市，人口老龄化程度高于浙江省平均水平。从1987年起，宁波就进入老年型城市，老年人口数量以每年2%—3%的速度递增。第六次全国人口普查数据显示，宁波市常住人口中，60岁及以上的老年人口为100.8万人，占总人口的13.26%，其中65岁及以上的老年人口为65.48万人，占总人口的8.61%。[②]

（二）发展历程

针对日益严峻的老龄化趋势，宁波市海曙区从2004年开始探索居家养老新模式，形成了闻名全国的“海曙模式”，其具体做法可概括为“走进去、走出来”的“两走”居家养老模式。所谓“走进去”，主要是指对一些高龄、独居的困难老人对象，通过政府购买服务，由专门的服务人员走进老人的住所，提供上门服务。除此之外，“走进去”的服务方式还有志愿者无偿服务、老人自己有偿购买服务和企业为老人购买服务等。所谓“走出来”，就是让大部分行动方便的老年人，走出小家庭，融入社区大家庭，老人“走出来”的载体有老人“日托”中心和各种老年民间组织。

2003年，海曙区通过对老年人家庭情况和养老需求的调查，为全区老年人建立了数据库，实行动态管理。2004年，海曙区政府办公室颁发了《关于海曙区社会化居家养老工作的指导性意见》，要求按照“政府扶

---

① 上海市民政网，http：//www. shmzj. gov. cn/gb/shmzj/index. html。

② 宁波市人口和计划生育委员会网站，http：//www. nbjsw. gov. cn/。

持、非营利组织运作、社会参与”的思路，建立新型的社会化居家养老服务体系，为老年人提供全方位的服务，全面提高老年人的生活质量。由此，海曙区选取17个社区作为试点，试行为家庭经济困难、生活不能自理或半自理、家属又无能力照顾、需要提供生活服务的老年人，由政府通过购买服务的方式解决其生活困难问题。2005年，“政府购买居家养老服务”这一新型模式在全区65个社区进行推广。

2006年，宁波市政府颁布了《关于推进居家养老服务工作的若干意见》，从指导思想、基本原则等方面对居家养老服务工作提出了工作意见。此后，《人民日报》等知名中央报刊先后对宁波市居家养老服务工作的开展情况和具体经验作了介绍，时任国务院副总理的回良玉还特别在反映宁波市海曙区居家养老服务工作的新华社内参中专门作了批示。

2007年出台的《关于促进居家养老服务规范运作的指导意见》对规范居家养老服务工作提出了明确要求。

2009年和2010年，宁波市对城市居家养老服务工作进行了绩效评估，在此过程中探索建立了监督和规范居家养老服务工作的长效机制，制定并颁发了《关于开展城市居家养老服务服务工作绩效评估的通知》、《居家养老服务机构等级评定规范——宁波市地方标准》及《关于开展“以老助老”服务的指导意见》等一系列政策文件，初步完善了宁波市居家养老服务工作的制度体系。

（三）主体

宁波市海曙区政府推行的居家养老服务以“政府扶持、非营利组织运作、社会参与”为运作机制，既满足了老年人的养老需求，又减轻了政府的财政负担，同时还为社区中的失业人群创造了就业岗位。

在这套一举多得的运作机制中，政府的扶持无疑起到了决定性作用。政府是居家养老服务工作的政策制定者和规划者，同时也是出资方。政府通过年度财政预算向非营利组织购买居家养老服务，每个老人每年的预算是2000元，每天服务时间为1小时。而负责执行居家养老服务的非营利组织即“海曙区星光敬老协会”，该协会成立于2003年，是独立于政府之外，拥有自己的制度规章、人事和财务的民间组织，它受托于政府，对社会化居家养老服务中心进行运作。敬老协会依托社区为平台，区居家养老服务中心由敬老协会总会运作，各社区的居家养老服务点由敬老协会的分会运作，养老服务由各社区提供，服务人员来源于各社区失业和困难人员，由社区上报至星光敬老协会，经敬老协会培训后方可上岗。“海曙区星光敬老协会”主要承担的职责有：审核并确定服务对象、确定居家养老的内容、对服务质量进行检查和监督、培训提供服务的服务人员和志愿者。

“社区参与”指的是充分挖掘和利用社区资源，以供更好地开展居家养老服务工作，同时提高社区资源利用率。宁波市在“社会参与”这一板块中，挖掘利用了多方面的资源。第一，利用社区低龄老人资源，建立起义工服务模式，也称“义工银行”。“义工银行”是社区中的低龄老人基于“服务今天，享受明天”的理念，以“储蓄劳动”的方式，自愿地为高龄老人提供服务，形成“今天我帮你，明天你帮我，一代帮一代”的敬老助老好风气。第二，动员社会力量，为老年人购买居家养老服务。有的企业以认购“居家养老服务券”的形式为老年人提供居家养老服务，有的则是直接“认养”老年人，每月为其提供生活补助金，直到老人去世。第三，开发社区公共卫生资源，建立社区卫生服务站，使老人在10分钟路程的范围内就可享受到基础的医疗卫生服务。第四，整合社区信息资源。海曙区社区服务中心“81890”（“拨一拨就灵”）服务热线家喻户晓，老年人遇到情况后只需要拨通“81890”，信息中心的电脑屏幕上就会出现有关这个老人的姓名、住址、年龄、身体健康状况、病史以及子女情况等资料，以便接线员根据实际情况作出反应。此外，政府定做了一批“一键通”电话机，免费安装到独居、高龄的老人家里，一键直达81890信息中心。“81890”为老年人开通24小时服务热线，现已成为宁波社区服务的第一品牌。

（四）客体

宁波市居家养老的服务对象为70周岁以上的老年人，孤寡、特困老人和独居老人，以及生活自理有困难的老人。对于有自我行动能力的老人，提供“走出来”服务，使其走出家门，到固定服务点享受居家养老服务；而对行动不便、生活自理有困难的老人则实行“走进去”服务，服务人员上门为其提供服务。

为确定服务对象，宁波市各社区首先对居家养老的老年人，尤其是孤寡、病残、独居、空巢或贫困老人进行摸底调查，根据调查结果进行归类建档，建立电子信息库。

（五）主客体互动机制和流程

宁波市海曙区的居家养老服务工作以“星光敬老协会”为中心环节，

其通过两个渠道为服务对象提供服务，一是经敬老协会培训和监督的社区服务人员定期定时上门为老年人提供“走进去”服务，服务内容包括生活照料（日常护理或者特殊护理）、医疗康复（陪同看病、治疗、配药等）和精神慰藉（陪同聊天，为老年人排遣孤独）；二是由敬老协会提供平台，由各种资源通过社会参与的板块为老年人提供额外服务，如义工、企业认购服务券和认养等。其中第一种渠道是由政府出资，政府将预算拨给敬老协会，敬老协会提前两个月把每个社区服务人员的工资划拨到社区，服务人员每月到社区领取工资，同时，社区和服务人员都接受敬老协会的监督（见图 7－2）。

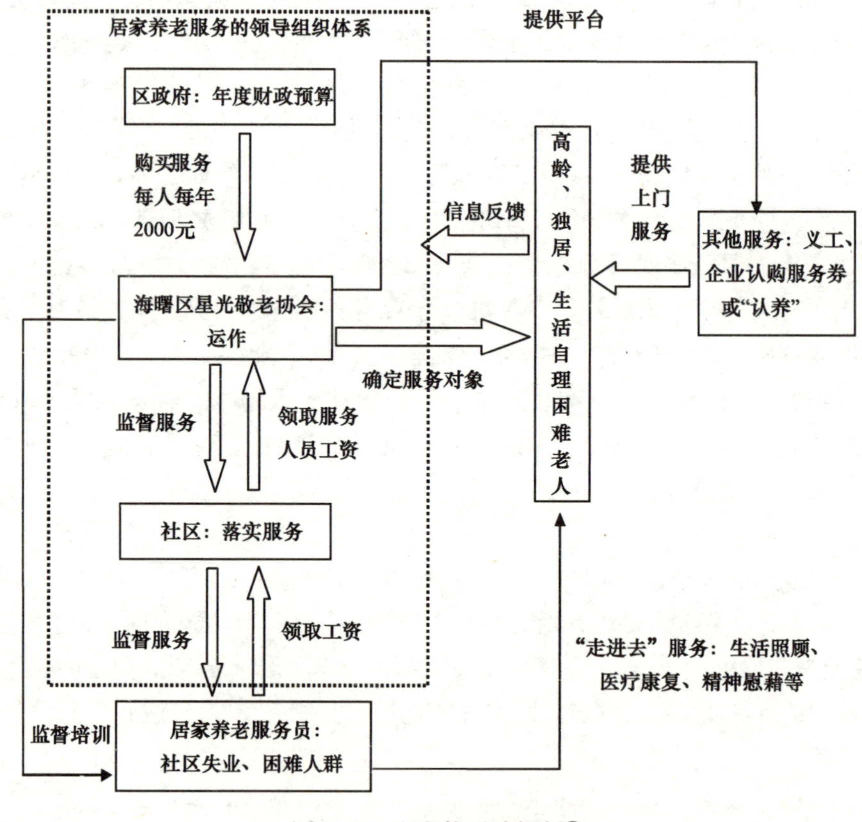

图 7－2　主客体互动机制①

① 吴玉霞：《政府购买居家养老服务的政策研究——以宁波市海曙区为例》，《中共浙江省委党校学报》2007 年第 2 期，第 53—55 页。

（六）实施效果

2005 年 11 月 3 日在北京召开的两岸四地社区服务交流会上，宁波市海曙区荣获全国唯一的“居家养老示范区”称号。

2006 年 10 月 16 日、17 日在英国驻华大使馆、英国文化交流协会等主办的社会创新国际会议上，海曙区政府购买居家养老服务作为中国社会创新的典型项目得到专题介绍。

截至 2010 年年底，宁波市城乡已有 94% 的城市社区和 30% 的行政村开展了居家养老服务，239 个社区和 780 个村建有居家养老服务中心和居家养老服务站，设置了生活照料、家政服务、康复护理和精神慰藉等各类养老服务项目，有 2400 多名专兼职居家养老服务人员和 3 万多名长期结对助老服务志愿者，服务覆盖约 50 万名城乡居家老人。

2010 年年底，宁波市居家养老服务体系入选“浙江省 2010 年度十大民生工程”。

四　大连市“一站式”社区居家养老模式

（一）人口概况

第六次全国人口普查数据显示，大连市 60 岁及以上的人口数量为 105.7 万人，占总人口的 15.8%；其中 65 岁及以上为 71.6 万人，占总人口的 10.71%，与 2000 年的第五次人口普查相比，60 岁及以上人口的比例上升了 3.18 个百分点，65 岁及以上人口比例上升了 2.01 个百分点。平均每个家庭户人口为 2.63 人，比 2000 年第五次人口普查的 2.99 人减少了 0.36 人，呈现出家庭小型化和居住离散化特点；独居老人达 30.6 万户，占总人口比例比 2000 年提高了 10.6 个百分点。①

（二）发展历程

大连市的居家养老模式发展的典范是沙河口区，其雏形是在 2002 年 7 月由中山公园街道首创的。当时的街道有 13 户 17 位 80 岁以上的孤寡老人和 165 位空巢老人，他们身边没有子女，日常生活得不到及时照料，生活艰辛的程度可想而知。同时街道辖区内有大龄失业女工近 300 人，她们大多数是上有双亲老人需要供养、下有子女需要抚养，生活困难，急需找一份能够谋生的职业。能否将这两个难题合并解决呢？对此，中山公园

① 大连市统计局网站，http：//www. stats. dl. gov. cn/。

街道进行了积极的探索，他们先将一部分大龄失业女工组织起来，请来专业人员对她们进行培训，然后，以养护员的身份到老年人家中提供服务，养护员的报酬由街道和地区慈善会每月给予补贴。这种做法巧妙地将两个弱势群体的利益点结合起来，既解决了老人的扶养问题，又解决了失业女工的再就业问题，可谓一举两得，开创出一条不设围墙的家庭养老模式。

这种创新立即引起区政府高度重视，2003 年沙河口区的居家养老院获得了区长特别奖，以此为契机，沙河口区对全区的老年人和享受“低保”的失业职工资源进行了全面的调查摸底。经查全区 60 岁以上老人近 11 万人，其中享受城市“低保”的老人 2000 余人，大部分高龄老人由于收入偏低“未富先老”，一些想入住养老机构的老人因价格等原因只能“望寓兴叹”；还有一些经济条件较好的老年人，但他们不愿改变自己的生活习惯，因而不愿住进养老院。同时全区享受“低保”的失业人员 7600 余人，其中，有劳动能力、无工作岗位的大龄女工 1800 余人。

针对上述两个特殊群体的调查，区政府决定以兴办居家养老为载体发展辖区的养老事业。为此，区政府采取了一系列措施：一是财政每年拨出 120 万元专款，购买公益岗位，专门用于居家养老养护员的补贴；二是出台居家养老补贴政策。根据老人的家庭收入及身体状况，制定三类补贴标准，对符合不同补贴标准的老人，每户每月分别给予 300 元、200 元、100 元不等的财政补贴；三是政府出资对养护员进行专业培训，合格后才能上岗；四是建立体系，规范管理。区政府对各街道的居家养老服务中心一次性拨款 15 万元作为启动资金。

由于居家养老费用低、服务周到、家庭氛围浓、适合老人生活习惯、符合中国国情，故受到不同阶层老人的普遍欢迎。因此，居家养老在大连迅速发展起来，经过近五年的发展，今天的大连市已经在全市由上至下推行出一套较为成熟的居家养老体系。

第一，各区成立居家养老院管理办公室。办公室设在民政局社会福利科，负责行业审批、各项管理制度的制定及福利养老人员的审批，把居家养老院纳入社会养老机构重点指导、服务和管理范围。

第二，街道成立居家养老院管理中心。管理中心负责街道和社区的居家养老日常管理工作，院长由街道主管民政工作的副主任担任，副院长由街道办事处社会事务科科长兼任。管理中心的主要职责是：研究确立家庭养老院的工作计划、措施的实施；入户摸底调查；制定各项工作制度和管理办法；确定居家养老院的养护对象和养护员；负责签署养护员协议；养护员的调配、管理、考核和培训；发放养护员的工作补贴；协调相关部门的工作关系；募集慈善资金等。

第三，社区居委会成立居家养老服务站。站长由居委会主任兼任，主要职责是：调查、采集家庭养老需求信息；上报社区需要增加的养护对象；定期征求老人意见，改进服务；负责养护员的管理；业务学习；考核和业务讲评；为有家庭养老需求的老人选派养护员；负责居家养老院的设施建设与维护；传达部署养老院工作任务。

第四，居家养老院。每个居家养老院由一名养护员和一户被养护对象组成，养护员与老人签订协议书和服务承诺，养护员必须遵守职业道德，爱心奉献，热情服务；必须每天到老人家中提供服务、清扫卫生、买菜做饭、和老人谈心、带老人看病等；有病、有事需要到居委会请假，居委会派人接替；养护员每日填写日记和家庭财务收支账，经常征求老人意见；居委会月考核、季评议等。如果老人不满意可提出更换养护员。

第五，社区医院。社区为每户居家养老院选派家庭医生，为每个老人建立健康档案，详细记载老人的身体健康情况，开展有针对性的治疗和预防，每周一次为老人体检并做好记录，为每个老人发放一个急救卡，老人可享受免费就诊，定期对养护员进行日常护理培训和老年人常见病例护理以及各种急救常识的培训。

第六，派遣监督员。监督员由街道老龄委、退管站和部分老党员组成，负责养老院各项制度的检查落实，对养护员工作实行监督、检查，征求养护对象意见。

有了以上这样完善的居家养老体系，大连市率先在全国树立了“居家养老”服务新模式样板，吸引了国内外学者和领导的高度重视。

（三）主体

大连市“一站式”社区养老服务体系以政府为主导，同时鼓励社会力量，如非营利组织、企业和志愿者通过与街道合作的形式参与。

居家养老院是在区居家养老管理办公室的指导下，由街道居家养老管理中心、社区居家养老服务站以及养护员和养护对象组成的家庭居家养老院三级服务网络构成。资金方面，在成立阶段，区政府拨付5万元作为启动资金，随后又成立慈善基金会，争取了68个单位的加入，共筹集15.8万元，为居家养老院的开张提供了资金保障。同时，每年还有2万—5万元的不定额补贴，用以支付场所费用和服务人员的工资。另外，区政府还对“三无”老人及贫困老人的居家养老服务费用给予补贴。

托老所的经营管理主体可以分为三种：社区、其他养老设施及非营利组织，大连市甘井子区的托老所大多数为社区管理。托老所还利用退休老人作为志愿者开展保健、医疗、法律和书画等各种讲座。

社区养老服务中心的经营管理方式是结合了居家养老院及托老所的做法，可概括为三种：一是由街道和居民委员会共同管理的“行政主导型”；二是由政府投资，委托民间组织管理的“公设民营型”；三是由非营利组织提供服务设施，政府给予补贴的“民设公助型”。市政府对已建成并达标的社区养老服务中心通过“以奖代补”的形式给予补贴，每所社区养老服务中心每年补贴30万元，用于服务中心内部装修及设备添置。

在服务人员方面，各服务均以失业人员为优先雇佣对象，以志愿者为补充对象。《大连市城乡社区养老服务中心建设标准》规定，要有一支稳定的居家养老服务员队伍，专门为居家养老老年人提供上门的有偿低偿服务；建立相对固定的志愿者队伍，定期组织开展各类无偿为老服务活动。并且所有服务人员均要持证上岗，包括健康证和培训证。

（四）客体

大连市各种居家养老服务的对象均是从“三无”老人扩展到低保老人、贫困老人及一般老人的。居家养老院的服务对象中，“三无”老人每月可得到政府补贴500元，因而可享受免费服务；贫困老人每月可得150元或300元的补贴，剩余的服务费用由自己承担；有一定收入的老人则自己支付全部服务费用。托老所实行会员制，会费根据老人的经济收入而定，“三无”老人可免费享受服务，低收入老人依实际情况降低费用，对于一般老人则正常收费。《大连市城乡社区养老服务中心建设发展三年规划》实施以后，不论是困难老人还是一般老人，其享受服务的数量都进一步增长了，服务内容也丰富了。

（五）主客体互动机制及内容

大连市“一站式”社区养老以政府为主导，鼓励社会力量通过与街道合作的形式参与。服务设施由原来的居家养老服务中心、托老所、膳食指导中心等分散式变成“一站式”综合性服务设施。服务内容上将原来各区特色化服务比如沙河口区的居家养老院、甘井子区的托老所等服务整合到社区居家养老服务中心，这样既减少了设施的运营成本，也为老人提

供了更多的选择。(见图 7 – 3)

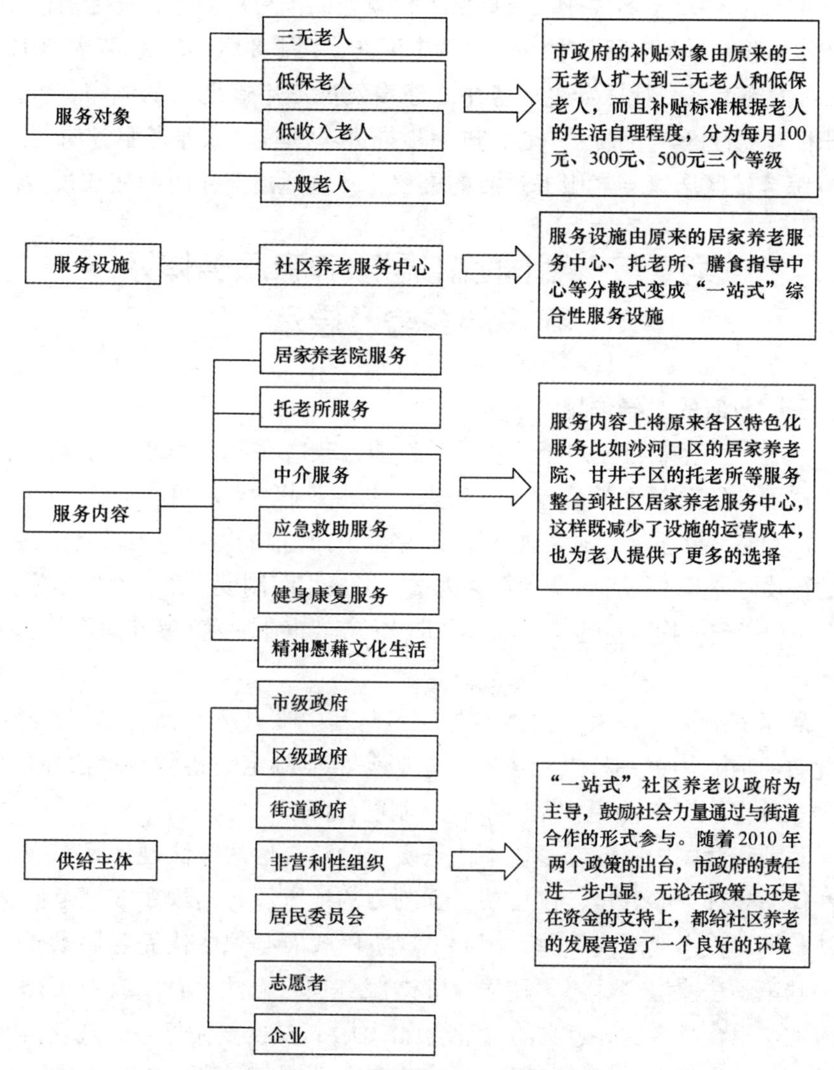

图 7 – 3　大连市居家养老服务机制①

（六）实施效果

居家养老院自 2002 年成立运营时的 13 户“三无”老人发展到 2008 年

① 邵文娟、刘晓梅、奚伟东：《老年养老服务的现状和问题——以大连市为例》，《长春大学学报》2012 年第 7 期，第 774—776 页。

已覆盖大连市3747位特困老人及3000多位自费老人。2009年，居家养老院的项目已为3000多名失业人员提供了再就业的岗位。同年，托老所的服务对象数量仅在沙河口区和甘井子区两个区就达到了8000多人。随着2010年4月《大连市城乡社区养老服务中心建设发展三年规划》的颁布，各区纷纷积极建立社区养老服务中心，进一步推进了零散居家养老服务向“一站式”综合社区居家养老服务过渡的进程，计划通过三年时间完成过渡。

第二节　我国城市居家养老服务体系建设的经验及启示

一　政府的主导作用

基于居家养老服务的公共物品的性质，政府在居家养老服务事业中必须定位于一个总领性的位置，对居家养老事业起主导作用，且在“责任担当”的同时又要注意“抓大放小”。只有确立了政府的主导作用，充分发挥政府的行政力量，才能有效调动社会力量，形成组织制度保障，夯实居家养老服务事业必需的物质基础，为顺利推进居家养老事业的发展奠定坚实的基础。

（一）政策支持

居家养老服务是由多主体参与的，但其中唯有政府具有强制性特征，因此政府应利用这一特点为居家养老服务事业制定完备的政策法律环境，为居家养老服务事业提供重要前提和制度保障。

目前，我国居家养老事业不论是宏观的综合性法律法规还是微观的单项法律法规都不够健全，仅靠缺乏强制力的地方和部门规章或规范性文件无法长期、根本地解决问题。因此，现阶段政府必须尽快完善居家养老相关的政策、法律法规体系，使居家养老服务项目有法可依、有章可循。首先应加快出台具有指导意义的《社会保障法》；其次要做好各微观政策间的协调工作，加强其衔接性，同时应对不符合现状的政策作出动态调整。

（二）财政投入

根据国务院有关规定，社会福利支出不应该低于财政支出的10%—20%。居家养老服务事业是社会保障的一部分，也是未来养老方式的大势所趋，因此政府必须建立一个长效的居家养老资金投入机制，并随着居家养老需求的增长，扩大对于居家养老项目的财政投入，建立并完善居家养老项目的财政预算制度，并做到以不低于国民收入的增长率逐年上涨，从而逐渐将“政府购买”模式转化成一种制度安排，纳入社会保障体系中。

政府对居家养老服务事业的财政支持可表现为多种方式，可以通过为困难老人购买服务、发放津贴和提供养老服务基础设施的“软硬兼施”的方法保证居家养老服务的福利性。然而这并不意味着政府被期望为所有老人的居家养老服务买单，政府的购买服务及津贴发放要视老年人的经济条件和健康状况等具体而定，目前全国各地均不同程度地对老年人提供无偿、低偿及有偿服务。

（三）指导规范

居家养老服务事业需要的不仅是政府的统领，更需要引入非政府机构和社会各界力量的参与，对此，各级政府应加强指导和规范，提高社会力量参与居家养老服务事业的积极性，营造有利的参与环境，使其更好地为老年人提供服务。

二　鼓励非政府组织参与

居家养老事业是一项系统性的工程，单靠政府的主导还远远不足以维持其顺利运转，还需要社会组织的加盟支持，其中非政府组织的参与是为居家养老服务事业注入活力的重要组成部分。

非政府组织参与居家养老，是指在居家养老服务保障体制中，非政府组织依法通过相应途径，并以多种方式，结合其优势特长，充分发挥其独特的功能作用，参与居家养老管理并提供相关服务，协助家庭、政府等主体共同推进新型居家养老服务工作，完善居家养老服务体系，从而不断增进社会和公众养老服务的行为，为广大老年人群体创造并提供良好生活状态的一种方式。

（一）鼓励非政府组织参与到居家养老服务中来

非政府组织参与居家养老服务事业有其独特的优势：首先，作为独立于政府管理体系之外的组织，非政府组织具有更透明的管理和运作体系，也更注重履行对社会责任的承诺，同时其提供服务的方式更具弹性。因而，非政府组织对居家养老服务的参与有助于弥补政府在提供居家养老服务方面的不足，促进养老保障社会化的实现。其次，由于受“非分配约束”制约，非政府组织在提供居家养老服务时，尽管有可能降低服务质量，但其所获利润不能参与个人分配，因此在很大程度上减少了非政府组织在提供居家养老服务时机会主义行为发生的动机，进而保护了老年人的利益。这就一定程度上规避了居家养老服务提供过程中“契约失灵”风险的发生。最后，非政府组织在整合社会资源方面亦有着独特的优势。非政府组织是政府、市场和非正规部门的桥梁，可以为不同部门提供合作机会，优化和整合社会福利资源。鉴于以上优点，政府必须鼓励非政府组织参与到居家养老服务中来。

（二）与政府构建合作关系

政府与非政府组织在居家养老服务中扮演的角色分别是资金提供者与服务提供者，因此两者应是互相补充的合作关系。政府在认清此种关系的同时，要加强对非政府组织资金的支持力度，营造有利于非政府组织发展的政策环境，并适当让权于非政府组织。唯其如此，两者才能共谋合作，促进居家养老服务事业的发展。

（三）加强自身组织建设

非政府组织切不可对政府产生严重的依赖思想，避免消极“等、要、靠”思路。一方面，非政府组织要强化自己的可持续发展能力和自主管理能力，提高参与居家养老服务的积极性和自主性。另一方面，非政府组织还应增强筹资能力，除了依靠政府的财政拨款外，还可以通过挖掘社会各类资源，在与社会各方的互动中拓宽资金来源渠道，延长资金链条。

三　深度挖掘及广度扩展服务人员队伍

（一）提升服务人员的专业化水平

与居家养老的服务对象直接接触的是服务人员，因此服务人员的专业化程度是居家养老服务水平高低与否的最直观体现。为切实提高居家养老服务质量，政府必须建立一支数量大、素质高的具有专业水准和稳定性的服务人员队伍。

根据我国目前的人力资源状况，最合适的方式是将居家养老服务员队伍建设同再就业项目相结合，以失业群体作为居家养老服务员队伍的主要人力储备库。居家养老服务员享受再就业政策的各项优惠，因而聘用失业人员为居家养老服务员等同于利用政府的基础补贴，从而使服务人员领取的补贴产生了叠加效应，符合老年人福利服务低收费、低补贴和低成本的要求。

为提高居家养老服务的质量，管理部门还要对服务人员进行专业知识和技能的培训，实行持证上岗，按培训后考试等级从事相应等级的服务。从短期来看，应为现有的社工提供定期基础培训项目，使其边工边学，不断提高自身职业素养；从建立长效机制来看，应提高社会工作、社区服务或老年护理等专业在教育体系中的地位，形成从专职学校到研究生教学一整套的社工培养体系，为居家养老服务事业输送掌握专业知识的高级人才，充实养老服务队伍，满足社会日益增长的专业社工的需求。

（二）扩大志愿者服务队伍

除了专业服务人员为老年人提供服务以外，实现居家养老服务的另外一个渠道是志愿者服务。为此，社会应大力营造激励社会各阶层参与到居家养老服务的志愿者活动中来的氛围，建立健全各级志愿者组织，形成市、区、街道和社区的各级志愿者服务网络。以服务困难老人为重点，构建志愿者与老人“一助一”的长期结对服务计划，为老年人提供定时、定点的经常性服务。对此，相关部门应通过建立招募机制、运作和表彰机制、激励机制以及登记注册制度，构建完善的志愿者管理体系，使志愿者成为居家养老服务事业中强有力的服务主体。

（三）倡导民间互助服务

由于现代社会人们健康水平的提高，有一个群体同时成为养老服务的潜在需求者和潜在提供者，他们就是准老人或者低龄健康老人。现阶段，他们尚不需要接受服务，但是为了在将来某个时间更好地接受服务，他们可以将现阶段闲置的时间和精力储存起来，以便日后取出，这便是“劳务储蓄”或“时间储蓄”制度。目前全国许多地方已进行这方面的实践，如江苏省姜堰市的“时间储蓄银行”、山东省青岛市的“社区互助养老点”。这种服务形式是调动低龄健康老人积极参与高龄老人的居家养老服务，并进行“记账”，日后再享受其他低龄健康老人提供的服务。如此形成了社区互助模式，在一定程度上缓解了居家养老服务供给不足的矛盾，也实现了人力资源和时间资源的优化配置，同时更缓解了政府的财政压力。

四　提高服务的有效性和多样化

我国各地通常把60周岁及以上的老人归为居家养老服务的对象，然而这种以年龄决定的服务客体其实是不科学的，因为不论其年龄大小，老年人的养老需求是因人而异的，这就需要根据不同需求确立相匹配的多样化的服务项目。

当前，我国老年人对居家养老服务的需求主要体现在以下方面：第一，生活照料，主要包括日常饮食、家政服务、文体活动等；第二，医疗服务，主要包括医疗护理、按摩保健等；第三，精神慰藉，据统计，截至2011年，我国60岁以上的老年人有1.85亿人，占全国总人口的13.7%[①]，其中空巢老人6200万，独居空巢老人约为1824万人，生活中只有夫妇的老年人户数约为2189万户。这些老人和老人家庭中，很大一部分其精神需求得不到满足。然而，实际上我们的服务供给大多偏重甚至是仅仅停留在生活照料方面，并且大多是补救性的，预防性和发展性的服务严重缺乏。为提高居家养老服务的有效性和多样化，有必要建立一个全方位、多层次的服务体系。

（一）调整服务内容的比重

对于老年人来说，身体健康是安享晚年的首要前提，老年人对医疗照顾的需求量丝毫不亚于对生活照料的需求量。因此，居家养老服务的供给方应加大医疗照顾在所有服务内容中的比重，应派专业护理人员为老年人提供常规医疗护理，针对有特殊需求的还应提供相应的专门护理服务。除了身体健康，老年人的心理健康也不容忽视，对此，社区应开设老年心理咨询室，安排专业人员定期上门了解老年人的心理状况，排解其心理困扰，这在一定程度上又满足了老年人的精神慰藉需求。

（二）实现投入多元化

要实现居家养老服务的可持续发展，需要多方面的合作支持，故此应打破条条框框的限制，整合多方资源，统筹谋划居家养老服务，实行产业化经营，充分发挥市场在福利资源配置中的优势，使居家养老服务的需求与供给达到相对平衡。服务主体可根据老年人的经济承受能力，实行合理收费、有偿服务，在实现政府购买服务的同时也满足不同层次老年人的需求，有利于提高服务的有效性，有利于居家养老服务产业的良性循环。

为了弥补目前我国居家养老服务只侧重补助性服务的缺陷，完善居家养老服务网，应注重服务的预防性和发展性，因此在修补生活照料服务和医疗卫生保健服务的同时，还要提供社区紧急救助服务、文化娱乐服务等全面的居家养老服务。

五　完善监督与评估机制

我国许多地方开始推行政府购买居家养老服务，并探索出了各式各样的模式，如资金补助、服务券、代金券等。然而这些地区普遍缺乏对政府

① 全国老龄工作委员会办公室网站，http：//www.cncaprc.gov.cn/news/19932.jhtml。

购买服务的监督和评估机制。虽然个别地区对政府购买居家养老服务运作实行监督，但也缺乏稳定的长效机制。

建立居家养老服务监督体系主要有两个原因，第一，以社会弱势群体为对象、以关怀弱势群体为主要目标是社会服务的特点之一，而社区居家养老服务作为社会服务，必然要保护作为弱势群体的老年人，维护并保障其权利的实现；第二，政府或其他服务提供机构作为居家养老服务的提供者，一定程度上具有自利性，这就难免令其在履行居家养老服务的“合同”中产生“契约失灵”。

因此，为了保证服务质量，使老年人享受更优质、更公平的服务，建立和完善居家养老服务监督机制就显得尤为必要。

（一）监督主体

监督主体在社区居家养老服务监督体系中扮演着重要的角色，对居家养老服务运作的监督有着至关重要的影响。在居家养老服务监督体系中，不论是服务主体还是服务客体都充当着监督主体。

第一，政府主管部门。政府主管部门将服务通过契约的形式委托给特定的服务机构，并给予资金和政策支持，自然就会关注服务机构提供的服务质量。

第二，服务机构。服务机构作为监督主体的时候，主要是对于自身的自律，即对服务人员各方面的服务指标进行监督。同时，服务机构也要对政府的资金分配、政策执行进行监督。

第三，服务对象。服务对象是居家养老服务的接收者，对来自服务主体的服务质量有着最直观和最权威的感受。除了对服务机构所提供的服务进行监督外，出于维护自身利益的角度，服务对象还对政府资金的分配情况进行监督。

（二）监督方法

监督方法包括定期监督和实地探访，当然各地还可根据自身情况对监督方法进行创新。定期监督包括两方面：一方面，由政府部门和专家对服务机构的运作进行监督；另一方面，通过调查和访问服务对象来检测服务满意度。实地探访是指不定期地对服务机构及其人员和服务对象进行抽查，通过这种“突击性”检查，往往容易得到最真实的情况。

（三）监督内容

确定居家养老服务监督的内容主要是建立一套监督指标体系，对此可从服务形成阶段、服务输送阶段和服务接收阶段三个阶段来考察（见图7－4）。

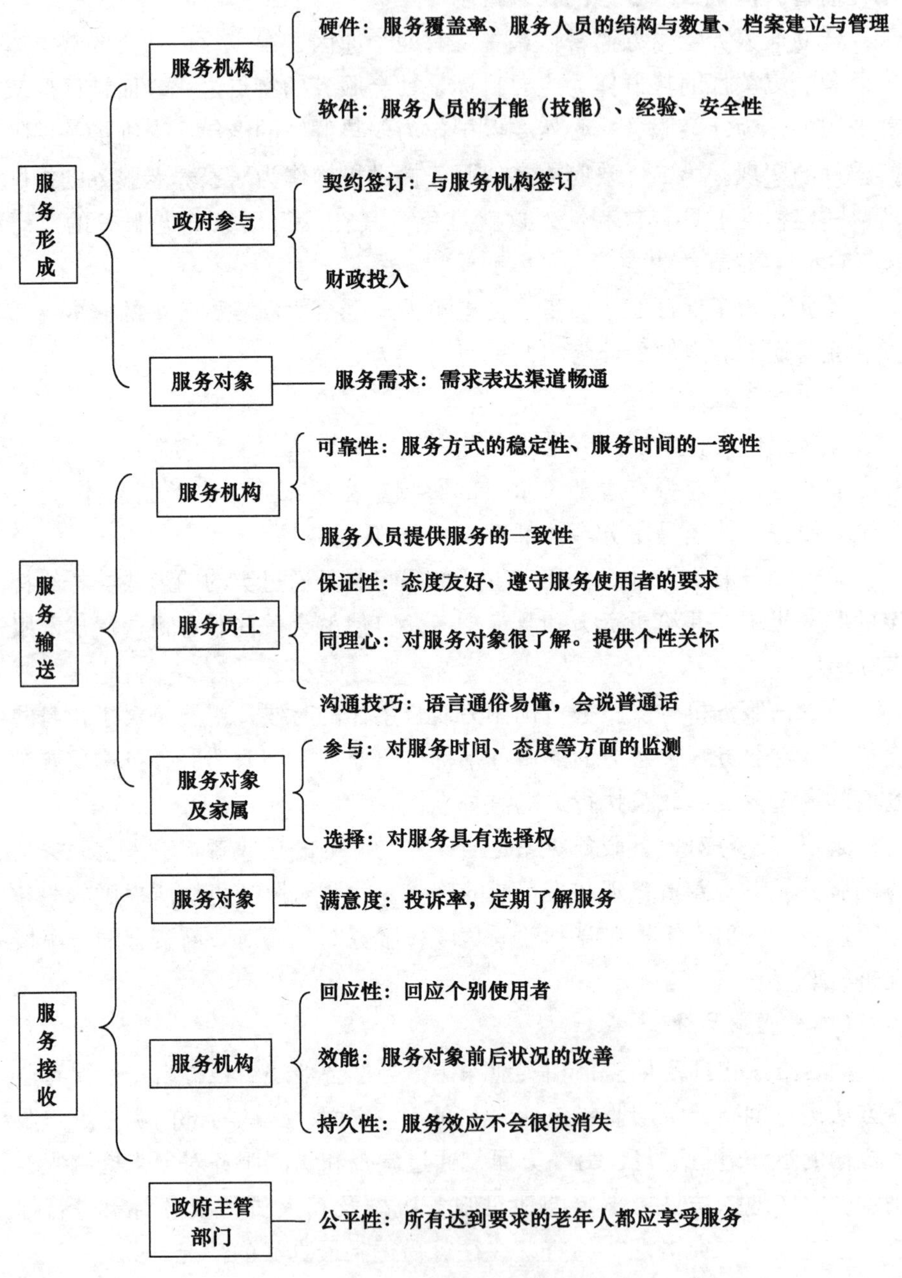

图7－4　居家养老服务监督的指标体系

（四）监督结果

政府主管部门应及时公布定期监督的结果，对于监督中发现的问题，对应的部门要及时进行改进。而对于实地探访中发现的不合格的服务机构，要采取措施，给予相应的惩罚，如降低服务资质或减少资助额度。

第三节　我国农村居家养老服务体系建设的初步探索

在城市居家养老服务体系建设轰轰烈烈开展的同时，我国部分经济条件较好的农村地区也进行了农村居家养老服务的试点工作。下面，结合我国东部、中部和西部地区居家养老服务的实践，介绍我国农村居家养老服务体系建设过程中吉林省、浙江省、甘肃三省的基本做法。

一　吉林省农村居家养老服务大院

（一）产生背景

吉林省现有60周岁以上人口370万，占全省人口总数的13.52%；其中农村老年人口208万，占老年人口总数的56.22%；生活贫困、高龄、失能和空巢农村老年人数量超过120万，约占农村老年人口的60%。[①]

中共十七届三中全会作出的《中共中央关于推进农村改革发展若干问题的决定》中提出“发展农村老龄服务”，为贯彻落实这一要求，吉林省开展了农村居家养老服务大院试点工作，利用村屯集体闲置房舍等资源改（扩）建成居家养老服务大院，为本村屯老年人提供以生活照料、精神慰藉、健康保健、文化娱乐为主要内容的服务。为推进农村养老服务大院建设，2009年，吉林以省政府名义召开了“全省农村居家养老服务工作现场会”。2010年，省民政厅、老龄办、财政厅、文化厅、卫生厅、体育局六部门联合印发了《关于开展农村居家养老服务大院建设工作的意见》。2010年农村居家养老服务大院建设工作在全省普遍展开，每个地区抓1—2个县（市），每个县（市）抓2—3个乡（镇），探索经验，由点到面，逐步铺开，力争用3—5年时间，覆盖所有行政村，实现农村居家老年群体困有所助、难有所帮、需有所应，使农村居家养老服务工作做到服务到位、管理科学，老人受益、群众满意。2011年，省政府出台的

① 吉林统计信息网，http://tjj.jl.gov.cn/。

《关于加快推进全省老龄事业发展的意见》和省老龄办等13个部门印发的《吉林省老年社会保障和服务体系建设3年推进计划（2011—2013年)》，对农村养老服务大院建设工作作出了部署，并提出明确要求，使养老大院建设工作步入了正规化、系统化的轨道。

（二）基本做法及主要内容

1. 建设原则

（1）坚持以人为本、分类服务的原则。要顺应老年人的客观需求，将农村居家老年人，尤其是空巢、失能、高龄、贫困等老人最关心、最迫切的服务需求作为服务的重点与突破口。在此基础上，要不断扩大服务对象，丰富服务内容，逐步满足不同层次居家老年人的多元化养老服务需求。

（2）坚持政府主导、社会参与的原则。要切实发挥好政府、村委会、基层老年群众组织和社会志愿者的作用，共同营造老年人居家养老服务的良好社会环境。

（3）坚持客观实际、循序渐进的原则。区分不同类型和经济社会发展水平的地区，确定试点单位，实行分类指导，待总结经验后逐步推开。

（4）坚持自愿共享、整体联动的原则。有关部门和单位要注重工作综合、自愿整合和政策聚合，集合农村文化大院、农家书屋、农村基层组织建设等惠民工程，加强工作联动，合力推动农村居家养老服务大院建设。

2. 服务设施

吉林省要求各地整合及盘活资源，利用农村集体闲置房舍或原有的活动设施，在此基础上适当投入改造和添加必要器材，因地制宜地建设居家养老服务大院。并规定居家养老服务大院活动室的使用面积不应低于60平方米，有基本的取暖设备，并配有书柜、桌椅、电视等音响设备和图书报刊资料。日间照料所要配置数量适当的床位或卧具。室外应建有不少于100平方米的活动场地，并配有常规健身器材。

3. 资金投入

居家养老服务大院的建设要求拓宽资金投入渠道，建立多元化的资金投入机制。这就要求政府发挥主导作用，现各地已陆续将养老服务大院的建设纳入“惠民工程”、“富民工程”、“利民工程”，资金拨款纳入每年的财政预算。同时福利彩票的公益基金也有部分用于居家养老服务大院的建设，另外养老服务大院还得到了社会各界的支持以及村民的自愿捐助，村级组织对养老大院的日常运作支出给予适当补助，形成了政府划拨、各部门支持、乡村自筹、社会各界赞助的多元化资金投入格局。目前，吉林省已建成居家养老服务大院约1650个，平均建筑面积达300多平方米。

4. 服务主体

居家养老服务大院以村委会和村老年人协会为依托，协调乡镇和村的其余为老服务组织，动员商业、餐饮等营业服务点构建服务网络及卫生所，合力构建全方位的服务网络。服务队伍以村干部和老年协会会员为主体，中小学校、党团组织和部队组织等为志愿者，建立一支专职人员和义工相结合的农村居家养老服务队伍。与此同时，还成立各类老年文体组织，以实现老年人的自我管理和自我服务。

5. 服务客体

居家养老服务大院以空巢、失能、高龄、贫困和"五保"老人为重点服务对象，针对其不同需求，提供不同的服务。对经济状况差的老年人，主要以政府购买服务的形式来为其提供生活照料、医疗保健和精神慰藉等服务，除此以外的服务更多的是通过社会力量为其提供公益性服务，如组织志愿者以结对帮扶的形式定时定点向老年人提供无偿服务。对健康状况良好且有一定经济支付能力的老年人，则主要通过居家养老服务大院为其提供养老服务。

6. 服务内容及方式

在服务内容上鼓励因地制宜、因人而异，形成各村的特色。总的来说，养老大院能为老年人提供生活照料、精神慰藉、健康保健、法律咨询、学习教育、文体娱乐六大类近百项服务。同时，养老大院利用节假日和农闲时节，组织开展丰富多彩的老年人文化娱乐活动，不仅丰富了老年人的精神生活，也营造了全社会关注老年人、支持老龄事业的良好氛围。

针对空巢、失能、高龄、贫困老人以及分散供养"五保"老人生活中遇到的困难，养老大院采取结对帮扶、上门走访、包户护理等方式进行生活照料和康复护理，使他们不出村屯就可以享受到周到的服务。各试点村在养老服务方式上也不断进行创新，形成了"请出来、走进去"的居家养老服务方式。"请出来"，就是把低龄健康老年人请出家门，在养老大院里享受日间照料、就餐、文化娱乐等服务，使他们更多地融入社会，感受社会的关爱。养老大院都配备电视机、录像机、棋牌、图书、健身娱乐器材、食堂和医疗卫生设备等设施，配备专兼职服务人员提供各项服务，并组织老年人学习时事政治、老年法、科普知识和保健知识，开展社会公益活动和文体娱乐活动。“走进去”，就是针对高龄、失能或半失能的老年人，采取“服务送上门”的服务模式。公益性岗位服务人员和志愿者根据老年人的不同需求，上门为老人提供各项服务。

7. 考评机制

吉林省老龄办制定了《农村居家养老服务大院考核评估办法》，细化和量化了考核标准，据此对居家养老服务大院的建设进行定期检查，对设施完善、组织健全、服务规范、活动丰富的单位进行表彰奖励，使吉林省农村居家养老服务大院向科学化、规范化、制度化的方向发展。

（三）取得的成效与评价

农村居家养老服务大院是吉林省探索农村养老模式建立的重要成果，各地在试点工作的基础上，把农村养老服务大院建设作为老龄工作的一个重要品牌来抓，使养老服务大院建设取得了初步成效。农村居家养老服务基础设施日臻完善，农村养老服务的组织化程度不断提升，农村社会的养老助老意识和氛围日渐浓厚。吉林省现已建成 2034 个农村养老大院和 466 个农村幸福院，占农村行政总数的 26.8%，居全国第 13 位，东三省第一位。[①] 吉林省率先开辟的农村居家养老服务大院工作，是一条做好农村居家养老工作的崭新的、有效的途径，值得在全国范围内进行宣传和推广。

二　浙江省农村居家养老照料中心

（一）产生背景

截止到 2013 年年底，浙江省已有 897.83 万老年人口，占全省总人口的 18.63%，高出全国近 4 个百分点。浙江老龄化问题十分严峻，存在“未富先老”、“空巢老人”等现象；且农村的空巢化水平不断提高，达到了 60% 左右。[②] 在整个社会养老服务体系建设中，与快速推进的城市化速

① 2013 年吉林省养老服务业发展报告，http：//www.jldrc.gov.cn/zdzt/cjfwykysfz/dytl/201408/t20140813_ 4782.html。

② 浙江省民政厅社会福利与老年服务处：《浙江大力推进农村居家养老服务设施建设》，《社会福利》2013 年第 4 期。

度相比，农村居家养老服务工作相对滞后，主要存在覆盖面较窄、基础设施较差、服务项目较少、服务质量不够高、长效运行比较困难等问题。对此，省委、省政府高度重视，2011 年 12 月省政府出台了《关于深化完善社会养老服务体系建设的意见》（浙政发 2011 年〔101〕号），明确提出统筹城乡发展居家养老服务，要加大力度，整合资源，加快居家养老服务体系建设。2013 年 3 月制定了《浙江省农村居家养老服务设施建设三年推进计划》，提出到 2015 年，实现 1/3 以上的农村社区建有居家养老服务照料中心，其他地方建有居家养老服务站的目标任务，农村居家养老服务基本覆盖。根据民政部、省政府有关文件和《社区老年人日间照料中心建设标准》（建标〔2010〕193 号）、《居家养老服务与管理规范》（DB33/T837—2011），2013 年 11 月颁发了《浙江省农村社区居家养老服务照料中心规范化建设指导意见》，进一步规范农村社区居家养老服务照料中心的建设与管理，建立完善长效运营机制，推动农村养老服务事业发展。

（二）基本做法及主要内容①

1. 建设原则

（1）坚持村级主体、社会参与的原则。市、镇乡、街道要加大投入、强化保障、统筹推进；村（社区）发挥主体作用，抓好基础设施建设、服务管理、长效运行等各项工作。积极引导社会力量参与，充分发挥各类养老服务组织和中介组织的专业化服务优势，有组织地向老年人提供社会化养老服务。

（2）坚持因地制宜、就近便民的原则。根据老年人养老需求开展就近便民、经济实惠的服务，增强农村社区居家养老服务可持续发展的活力。

（3）坚持资源整合、服务共享的原则。整合卫生服务中心（站）、农家书屋、文化礼堂、机构养老等各种资源，结合农村住房改造，充分利用社区服务中心、闲置校舍、办公楼、大会堂、祠堂等房屋，将其改扩建为居养中心，不断提高照料中心硬件设施和软件服务水平。

① 浙江省农村社区居家养老服务照料中心规范化建设指导意见，http：//www. zjmz. gov. cn/flycs/il. htm。

（4）坚持政府购买服务贴补、个人自费自愿接受的原则。对城乡最低生活保障家庭中的失能、失智老人，以及低收入家庭中的失能、失智、高龄、独居等养老困难老年人，经过评估认定后，政府给予养老服务补贴。养老服务补贴由民政部门支付给相应的养老服务机构（照料中心）。接受照料中心服务，必须经本人及其子女同意，自愿申请，村委会审核批准，费用自负。

2. 服务设施

农村社区居家养老服务照料中心（以下简称照料中心）是指在农村社区建设的，为有需求的老年人提供集中就餐、托养、健康、休闲等服务，上门为居家老人提供照护服务，开展老年人信息登记、身体状况评估的专用场所或服务机构。在选址时应考虑方便多数农村老人，并以现有的农村社区服务中心为基础，充分利用老年活动室、文化室以及闲置办公服务设施，布局调整后的村校、卫生院等改造或新建成为农村社区居家养老服务照料中心。针对“几村一社区”的情况，在社区建立一个照料中心的基础上，将在所覆盖的其他行政村建立服务点或居家养老服务站，从而打造“20 分钟养老服务圈”。目前已有的农村“星光老年之家”或居家养老服务站，也将积极通过设施改造，增强服务功能，转型为居家养老服务照料中心，进一步提升社区照护与居家养老服务能力。照料中心建筑面积在 200 平方米以上，其中提供全托服务的建筑面积应不少于 500 平方米。此外，浙江省还就农村居家养老照料中心和服务站的主要功能、服务形式、配置标准和运营方式等做出了相应的具体规定。照料中心应根据老年人实际需要，合理设置生活服务、健康服务、文体娱乐及辅助用房，并配备相关设施设备。

3. 资金投入

加大财政和社会力量的运行资金投入，整合养老服务补贴资金、慈善资金等弥补农村居家养老服务资金的不足，建立村集体经济支持居家养老服务机制；统筹安排居家养老建设资金，每年安排专项资金，通过以奖代补的形式，重点用于照料中心建设和日后运行的补助。照料中心应有能够确保日常运营的资金，经费主要由各级财政资金、村集体经济以及社会捐赠等构成。同时，多方筹措资金，积极引导社会力量广泛参与居家养老服务机构建设，接收社会慈善捐助。各部门、单位要支援结对共建村（社区），共同推动此项工作。

4. 服务内容和形式

照料中心的服务对象为居住在本社区需要服务的老年人，重点是高龄、空巢、独居、生活困难的老年人。照料中心服务内容包括：①老年人口信息登记。老年人基本信息采集、整理和档案管理。②养老服务需求评估。协助评估老年人的身体状况、收入状况及服务需求。③生活照料。为老年人提供托老、用餐（配、送餐）、家政服务等一般照料和陪护等服务。④健康保健服务。提供健康教育、疾病防治、康复训练、心理卫生等服务。⑤文体娱乐服务。为老年人提供有益身心健康的文体娱乐活动，包括知识讲座、上网阅览等服务。⑥精神慰藉服务。为老年人提供聊天谈心、心理疏导、协助交友等服务。⑦法律维权服务。提供法律咨询、法律援助，维护老年人赡养、财产、婚姻等方面的合法权益等服务。⑧志愿服务。为老年人提供无偿、有组织的志愿者服务和邻里、老年人互助服务。

照料中心主要提供集中式的日托照料服务和分散式的上门服务。日托服务是为在照料中心接受服务或委托服务的老年人提供生活照料、休闲娱乐、健康护理和精神慰藉等日托服务。上门服务是由经过专业培训的服务人员上门为居住在家中的老年人提供照护服务，为失能、空巢老人提供定期上门查看、定期电话查访等安全服务。照料中心提供的服务，以无偿和低偿为原则。为老年人提供的休闲娱乐、图书阅览、知识讲座、聊天谈心、法律维权、志愿者服务等公益类项目以及健身、康复器材设备使用等实行零收费。为老年人提供的日托、就餐、送餐、家政等服务，可根据服务成本制定合理的收费标准，服务项目和收费标准应在照料中心醒目位置公示。有条件的照料中心应采取信息化服务方式，可依托“96345”、“81890”等社区公共服务信息平台，为照料中心服务延伸进家庭提供信息化支撑。

5. 运行管理

照料中心按省级地方标准《居家养老服务与管理规范》实行星级管理。照料中心应配有与其业务范围相适应的管理和服务人员，且专（兼）职管理（服务）人员不少于 2 名，其中提供全托服务的应不少于 5 名。工作人员可以由社区居委会成员、公益岗位人员、志愿者队伍及其他聘用的专业服务人员等组成。各级政府应建立购买服务制度，为照料中心运行提供资金支持。照料中心应增强自身运行能力，积极承接政府购买服务项目。

居家养老服务照料中心（站）由养老机构、社会组织或社区组织（村委会）承担日常照料中心的运营管理。村两委委托村老年协会，建立照料中心管理组织，明确专人负责，配备专职炊事（管理）人员；建立党员结对队伍、志愿者服务队伍，经常性地开展助老活动。建立健全财务制度，设立单独账户，独立核算，专款专用，规范管理。

加强农村居家养老服务队伍建设。将农村居家养老服务人员统一纳入全省养老护理人员教育培训体系，提升服务队伍的专业化水平。综合运用市场化养老机构、“银龄互助”组织活动网络、老年协会、“家院互融”等资源和机制，有效整合资源，使居家老人能够享受到养老机构多样化、专业化的照料与服务。

（三）取得的成效与评价

近些年来，浙江省居家养老服务工作已从城市延伸到了农村，在统筹城乡发展背景下，农村居家养老服务体系建设工作得以有序开展，政策法规建设不断完善，工作组织网络建设稳步推进。在县（市、区）、镇（街道）、村（社区）三级的共同努力下，成立了居家养老服务指导中心、居家养老服务中心、居家养老服务照料中心（站）三级管理服务体系，基本形成了党政主导、民政负责、部门协作、基层运作的运作机制。各级政府每年对新建的村（社区）居家养老服务站给予启动补贴和运营补贴。各地农村居家养老服务照料中心（站）大多有固定的活动场所，建有一定的文体娱乐设施。在保障居家养老服务照料中心长效运营机制方面，应建立以“政府投入为主、适当收费与社会捐助相结合”的长效运行机制，通过优化财政支出结构，用好增量，盘活存量，不断增加公共财政预算资金和福彩公益金对养老服务体系建设的投入。

老年人日间照料中心作为一种新型的养老服务模式，它的产生和发展为我们解决老年人的养老问题提供了一个最优选择。但在我国，这种新型的养老模式还存在一些不足和问题，需要不断改进和完善，如观念落后、意识不足；政府职能不清，资金投入不足；日间照料中心设施不完善，日间照料中心人员专业化水平低、流动性强；志愿者队伍缺口较大。老年人日间照料中心作为一种新型的养老模式，它的发展需要从我国的具体国情出发，改进和完善社区居家养老服务从而更好地服务于老年人。

三　甘肃省农村互助老人幸福院①

（一）产生背景

甘肃省是农村劳动力输出大省，也是未富先老的省份之一。目前，全省农村老年人已达226万人，占全省325万老年人的69.5%，尤其是农村留守、独居空巢老人占农村老年人的比例已高达35%，今后一段时间还会大量增加。关心农村老人生活问题已迫在眉睫。为破解农村养老服务难题，满足农村老年人的养老服务需求，2012年7月26日，甘肃省民政厅印发了《甘肃省民政厅关于建设农村互助老人幸福院的意见》（甘民发2012年〔86〕号），决定在全省推进互助老人幸福院建设，探索建立具有甘肃特色的农村养老服务模式。

按照省委联村联户领导小组办公室和省民政厅关于建设农村互助老人幸福院的意见和实施办法，提出在"十二五"时期，每年建设农村互助老人幸福院"千院万床"计划，根据村人口数，建设10—30张养老床位，为农村空巢、高龄、困难老人提供日间照料服务。2012年，省民政厅利用福彩公益金为126个村安排建设资金1000万元，向民政部申报了103个互助老人幸福院建设福彩公益金补助。力争利用5年时间，在全省农村建设5000个互助老人幸福院和5万张日间照料床位的目标。《意见》要求以村为单位，2012年均须成立养老服务互助协会，全面建立关心关爱农村老人的结对帮扶工作制度和工作机制，把互助老人幸福院建设纳入基本养老服务体系建设总体规划，力争到"十二五"末，30%以上的行政村实现"四个一"目标，即建成一个互助老人幸福院、配备一套为老服务设施设备、建立一套日常活动管理制度、形成一个正常运行的长效机制，为留守、独居等老人提供养老服务，创建符合当地实际、具有甘肃特色的农村养老服务新路子。

（二）基本做法与主要内容

1. 基本原则

（1）村级主办。农村幸福院定位在农村社区，应充分发挥农村基层组织的核心作用，其建设和管理的主体为村委会，村党支部书记或村委会

① "甘肃省民政厅关于建设农村互助老人幸福院的意见"，http：//liangzhou.mca.gov.cn/article/zcfg/cssy/201310/20131000534438.shtml。

主任是第一责任人。农村幸福院建设和管理要广泛征求群众意见，尊重老年人意愿，管理方式要符合村民自治和村务公开的要求。

（2）政府支持。在实行村民自治、民主管理的前提下，各级人民政府给予资金扶持，制定优惠政策，提供公共服务，组织开展培训，进行管理服务指导等。

（3）社会参与。鼓励外出务工经商者回报乡亲，支持社会力量及志愿者自愿参与农村幸福院建设和管理，把农村幸福院建设成汇聚爱心的纽带、传递亲情的桥梁。

（4）协会组织。充分发挥农村老年协会在化解社会矛盾、维护老年人权益、开展文体活动、参与社会发展、促进农村社会和谐稳定等方面的作用，使政府的行政推动与民间的养老需求形成良性互动，促进农村养老服务工作健康发展。

（5）自主互助。坚持“自我管理、自我服务、互帮互助、共建共享”的理念，坚持自主参与、自愿搭伙，不搞硬性摊派和行政命令。

2. 服务设施

按照要求，村内老人少于20人的，幸福院建筑面积不低于120平方米；超过20人的，不低于200平方米。院内设有日间照料室和床位、老年活动室、夕阳餐桌。日间照料所需床位按各村老人实际人数设置，所占面积不低于建筑面积的70%。床位可采取固定床、简易床和躺椅等灵活多样的方式进行配置，餐桌场所与活动场所可合并利用，尽量避免闲置。幸福院要有一定面积的室外活动场所。

第一，用好“五保家园”。已建有五保家园或敬老院的，加挂“互助老人幸福院”和“老年人日间照料中心室”牌子，在满足五保供养需要的基础上，向留守独居老人开放。第二，利用好公益设施。利用村上现有文化活动室等活动场所，采取合理划分时段、优化配置设施等方式，为留守、独居等老人日间交流聚会等提供活动时段和相应服务，可加挂“互助老人幸福院”和“老年人日间照料中心室”牌子。第三，利用村民资源。留守、独居等老人愿意提供自家院落和房屋，主动为本村老人提供交流聚会、文化娱乐活动场所的，当地民政部门给予支持，配备必要的设施，可加挂“互助老人幸福院”和“老年人日间照料中心室”牌子。第四，整合村内场所。利用本村闲置的校舍、厂房等场所进行改建或扩建。建设规模和方式尊重群众意愿，不搞一刀切。第五，新建。以村为单位自主筹资，积极争取联村单位资助、社会帮扶进行建设。

3. 资金投入

互助老人幸福院作为公益性项目，在审批时争取纳入绿色通道优先安排，所需建设用地争取从农村集体所有土地中采取划拨方式优先解决，所需的水、电、暖等费用按照居民用户最低标准收取。市县两级要将本级留成的福利彩票公益金按不低于30%的比例，用于互助老人幸福院建设。省级福彩公益金将由以往按项目资助的方式改为“以奖代补”，对建设资金落实到位、工作成效显著的地方给予重点支持，对达不到上述比例和要求的地方，将不予资助。要落实优惠政策，引导和鼓励企事业单位、社会组织、慈善组织和爱心人士资助、兴办或参与互助老人幸福院设施建设。

4. 服务内容和方式

建设互助老人幸福院，重点是关心农村因子女长期外出务工经商或长期在外、身边无人照料的农村留守、独居老人和其他老人。无子女即无法定赡养人的孤寡老人，应按五保供养条件全部纳入“五保供养”范围，享受“五保供养”政策。

进入互助老人幸福院，坚持本人自愿的原则，所需的衣被等生活用品由本人自带和子女保障。互助老人幸福院的水、电、暖、有线电视、固定电话等日常运转费用，由村集体与入院老人家庭共同承担或村集体承担。积极探索建立村上资助、社会捐助、邻里帮助、志愿者义助、老人互助、子女依法养助的扶助机制和院内老人自治、自助的办院模式，鼓励互助老人幸福院创新互助内容和形式，逐步提高民主管理和互助服务水平，实现可持续发展。

以村党支部为核心、党员干部为骨干、志愿者和社工为依托，动员社会各方力量，大力开展关心照顾、扶助服务老人的活动。既为互助老人幸福院的老人开展日常照料、情感交流、应急服务、文化娱乐、法律援助等服务，又为零散居住在村内的老人开展“定人定点定时”探视帮扶照料活动。积极倡导多种形式的孝亲敬老助老活动和民间慈善活动，努力营造和丰富农村精神文明建设的氛围。对于农村居住比较分散的留守、独居等老人，以及不愿离开自家院落的老人，要发挥好养老互助协会的作用，建立管用的联系方式、设定具体的探视时段、明确相应的帮扶内容，采取党员干部“一对一”结对帮助、志愿者和社工扶助、老人互助、邻里互帮等多样化的帮扶方式，靠实责任，对他们独居期间的日常生活予以帮助。

5. 管理与监督

甘肃省民政厅把建设互助老人幸福院作为民政工作的一项重要指标，对市州进行绩效考核，对任务落实情况进行通报。各级民政、老龄工作部门精心制订实施方案，落实责任分工，明确进度时限和服务要求；规范项目和资金安排程序，自觉接受财政和审计部门的审计检查；鼓励和吸纳社会各界对建设互助老人幸福院情况进行监督，切实推进农村养老服务事业顺利发展。

（三）取得的成效与评价

2012 年以来，甘肃各地认真落实《甘肃省人民政府办公厅关于加快推进全省社区老年人日间照料中心建设的通知》（甘政办发〔2012〕189 号），创新思路、强化措施，推动城乡社区老年人日间照料中心（农村互助老人幸福院）建设取得了明显成效，现已覆盖 45% 的城市社区和 21.8% 的建制村，为实现老年人老有所养、老有所乐发挥了积极作用。[①] 幸福院以关心农村老人生活为目的，以建设互助老人幸福院为重点，坚持从实际出发、尊重群众意愿的方针和统一政策、多种形式、进出自由、整体覆盖的原则，采取成立协会、结对帮扶、改建扩建新建等方式，不断完善农村社会养老服务设施，为农村留守、独居等老人创造一种相互帮助、相互关照、消除孤独、改变短时孤立无援的环境，达到子女安心、政府放心、老人开心的效果；为社会关心、邻里互助、大家关爱老人开通一条敬老助老通道。但是，各地也不同程度地存在部门职责不清、经费投入不足、项目选址不够科学、设施配备不够合理、财产登记不严等问题，影响了社区日间照料中心的可持续发展。因此，今后要进一步规范社区日间照料中心建设和管理工作，确保其持续运营、发挥好作用。

第四节　农村居家养老服务的典型案例

一　浙江省金华市金东区“统分结合”农村居家养老模式

（一）产生背景

金东区于 2001 年建区，由原金华县东部乡镇组成，农村人口比重大。

---

① “关于进一步规范社区老年人日间照料中心建设管理工作的通知”，http：//www. yanglaocn. com/shtml/20150217/142416605440588. html。

至2012年年底，全区32万户籍人口中有农村人口26.7万人，占84.2%；其中60岁以上的老年人口58018人，占户籍总人口的18.24%；80周岁以上的高龄老年人有7984人，占老年人总数的13.76%。[①] 金东区现有乡镇敬老院11家，床位1304个，但以集中供养“五保”老人为主，根本无法满足数量庞大的农村老人的养老需求。针对如何解决老年人的吃饭、日常生活料理、基本医疗服务等问题，金华市金东区在试点的基础上，以“保基本、广覆盖、可持续”为主要思路，探索出一套以“就地养老”为原则的农村居家养老新模式。

（二）服务对象与服务内容

将农村老年人最基本、最关心、最迫切的服务需求作为重点和突破口，设定照料中心必备的三项基础服务功能：便民食堂、医疗保健、文化生活。具体而言，便民食堂提供中晚两餐，对五保老人提供无偿服务，对80周岁以上和城乡最低生活保障家庭老人每人每餐只收取2元的费用；对社区内70周岁以上老人，服务中心提供有偿服务，收费标准由村“两委”决定。在中心设置保健室，并利用村级社区卫生服务站、乡镇（街道）卫生院，提供“七个一”健康服务，即落实一个医疗保健责任人，随时提供一站式健康咨询服务，每日提供一小时医疗保健服务，每月开展一次慢性病随访，每季开展一次老年健康讲座，每半年组织一次集中义诊，每年开展一次免费健康体检，解决老人基本医疗保健问题；所有照料中心均配有电视、棋牌等娱乐设施，提供适宜的报刊图书和影视碟片，配置适合老年人的健身器材，满足老人精神文化需求。通过这些基础服务功能，努力做到让老年人“老有所养、老有所医、老有所乐”。

（三）资金来源

在资金的筹集保障方面，采用了财政出一点、上级部门补一点、社区集体筹一点、社会爱心助一点的“四个一点”方式。区财政设立居家养老专项经费，2013年投入资金2300万元，商会企业积极捐赠近1000余万元，加上省市财政的支持，村集体经济补贴和受益群众出资，足够支持和保障硬件建设以及今后的常态运行。具体的资金分配中，区财政向每家服务中心补助建设经费10万元，每年补助运行经费3万—5万元，同时，

① 郑为霜：《农村居家养老模式探析——以浙江省金华市金东区实践为例》，《人民论坛》2013年第29期。

按符合条件的无偿、低偿服务对象实际用餐人数予以每人每天 2 元的伙食补助，初步建立了资金来源的长效机制。

（四）管理体制与运行机制

2013 年年初采用统分结合模式推行了农村居家养老服务中心建设，形成了“统一领导、分级负责、批量建设、分散运营”的居家养老新模式——“金东模式”。该模式以农村居家养老服务中心为主要载体和服务平台，采用两个“统分结合模式”：一是在养老照料中心的服务功能方面，采取“日间统一照料、夜间分散居住”相结合。养老照料中心的建设主要采取改建和修缮村集体用房、闲置校舍、村庄旧办公楼等方式，一次性的投入少。由于老人夜间分散居住，运行的成本也大大减少。二是在其布局运营方面，实行“中心较大村统一布点、边缘较小村分餐配送”相结合。金东区有村子多、大村少的特点，32 万人口分散在 508 个行政村（社区）。根据计划，对部分人口不多、条件尚未成熟的小村庄，按照分步推进原则，发挥中心村的辐射功能，以中心村统一配餐、统一配送、统一托管的服务形式，满足小村老年人基本养老需求。

（五）基本评价

通过该模式，有效解决了老年人最基本、最迫切的服务需求，让每位老年人享受到最需要的基本养老服务。与新建敬老院相比，居家养老照料中心的最大优势在于以相对较低的成本服务更多的老年人，提高政府公共服务资金的使用效率。2013 年以来，金东区在居家养老服务中心成功试点的基础上，采用统分结合模式，积极构建以“居家养老为基础、社区服务为依托、机构养老为支撑，覆盖城乡”的社会养老服务体系，全面推行村（居）养老服务中心建设。截至 2014 年 10 月底，已经建成养老照料中心 288 家，服务老年人 3 万余人，其中就餐老人 7400 余人，实现了以小投入办大好事、以小成本惠大民生，努力让每个农村老年人都“老有所养”，城乡社区居家养老服务中心建设基本实现了全覆盖。① 金东区在实践探索居家养老模式方面取得的成效和做法，得到了中央电视台《新闻联播》和新华社等媒体的竞相报道，社会反响强烈。

今后，要进一步规范区级养老服务指导中心、乡镇养老服务中心、村

---

① “省人大领导来我区调研社会养老服务工作”，http：//www. jindong. gov. cn/news/JRYW_10862/201411757751. html。

（居）养老服务照料中心的职能，依托三级组织，提高整个养老服务的社会化和组织化水平；加快制定居家养老服务模式标准化实施方案，充分考虑高、中、低收入各阶层养老服务需求，保基本、低门槛、广覆盖、可持续；努力探索医养结合的养老服务模式，因地制宜，充分利用当地农村医疗卫生服务资源，保障老年人医疗卫生服务需求；在标准化服务基础上，加强日常管理和个性化服务，落实工作人员职责，及时提供老人生活所需。积极探索居家养老服务中心食品原料配送模式，统一调配采购物资，加强食品安全保障。

二　河北省邯郸市肥乡县互助幸福院

（一）产生背景

河北省肥乡县地处河北省东南部，是邯郸东部平原农业县之一，下辖2镇7乡，265个行政村，总面积502平方公里。2012年，全县生产总值73亿元，全部财政收入完成4亿元，农民人均纯收入达到8560元。全县总人口37.4万，其中60岁以上的老年人有4.39万人，占其总人口的11.7%，其中无儿无女的“五保”老人、鳏寡独居的空巢老人、因子女常年外出打工等原因留守的老人共计1.3万人，占全部老年人口的30%。为解决农村老年人的养老问题，肥乡县自2008年以来，结合农村实际，尊重传统习惯，探索了“集体建院、集中居住、自我保障、互助服务”的农村互助养老模式。[①]

（二）服务对象与服务内容

肥乡县在互助幸福院的建设中，以村级主办、互助服务、群众参与、政府支持为原则，统一规划，划定标准，将互助幸福院分为示范型、标准型、普通型、合作型四种类型来建设。本着子女申请、老人自愿的原则，凡年满60周岁的本村老年人，由其子女与村委会签订协议后办理入住手续。孤寡老人和失独老人等特殊群体提出申请，村委会研究同意后入住。肥乡县充分整合利用农村卫生、文化、教育等各种公共服务资源，开展互助养老服务，最大限度地发挥现有资源在互助养老服务中的作用。服务内容贴近实际需求，以满足老年人生活照料、食宿供应、文体娱乐、精神慰藉等基本需求为主，配置相应的基本设施、设备。

---

① 摘自肥乡县政府网，http：//www.feixiang.cn/。

（三）资金来源

肥乡县互助幸福院在建设阶段的资金主要是由政府支持，主要是通过四种渠道进行筹集：一是“一事一议”，整合农村资金，用于互助幸福院建设；二是新民居配建，在有新民居建设任务的村，在新民居中规划建设互助幸福院；三是财政补贴，按照交通状况、村级重视程度、管理、建设、入住等因素，县互助幸福院指挥部确定了县级重点村和乡级重点村，县财政按照县级重点村平均每村 1 万元标准和乡级重点村每村 0.3 万元的标准进行补助，这些资金由乡镇政府统筹使用；四是部门帮扶和社会捐赠，除资金之外，按一定标准给予的物质配备也是由县民政局统一采购，乡镇统一发放。这些保证了互助幸福院在筹建阶段的顺利进行。

肥乡互助幸福院开始正式运转之后，老人个人的穿衣、吃饭、看病等日常费用主要由其子女来负担；互助幸福院的水费、电费、取暖费以及日常各种设施的维护、更换等支出份额较大的费用按照规划主要是由村集体经济来提供。

（四）管理体制与运行机制

肥乡县县委、县政府相继发布了一系列文件，整体上对农村互助幸福院建设、推广、管理以正式的指导性文件形式提出了任务目标、建设管理意见等；成立了县农村互助幸福院建设工作指挥部，主要负责组织协调、督导考核等工作；明确乡镇政府在各负责村建设中的具体领导指挥任务、各县直单位的帮扶村和帮扶任务（相同值物品或现金）；颁布了《肥乡县农村互助幸福院建设和管理工作督导考评实施方案》，明确督导考评时间、组织领导和考评内容；同时，制定《农村互助幸福院自助物品（县级）管理办法》规定了资助物品（县级）的标准、申请程序、使用管理等内容。

村级组织是农村互助幸福院建设和管理的主体，是农村互助幸福院的直接责任人，各乡（镇）政府为主要责任人，县有关部门为行业管理责任人。在互助幸福院运行中实行院长负责制，一般是由村干部兼任（党支部或者村委会指定、委托一名享受补贴的成员代表村“两委”对农村互助幸福院实行管理，这种管理主要是整合运行所需要的资金、资源来保证其正常运行），不定期地到互助院来查看一下老人的生活情况等；同时从住院老人中推选一名常务副院长，负责幸福院具体工作的管理，比如调解老人间的矛盾纠纷、组织大家参加文体活动等。互助幸福院中没有专门的服务人员，老人们自己做饭、生活照料自理；卫生清理、冬天烧锅炉等这些服务都是老人们制定的不成文的分组轮流制度或自愿服务。

（五）基本评价

肥乡县农村互助幸福院是整合政府、村集体、家庭、社会的资源，统筹建设、集体出力，通过家庭、老人、村委会共同达成协议，由子女提供老人个人的吃穿，由村集体经济提供取暖、水电等公共资源，将老人集中起来实现老人自我管理、互助服务的一种养老载体。在这种养老载体下，实现的是一种集体建院、集中居住、自我保障、互助服务的运行模式。这种养老模式最大的特点是让老人在熟悉的社区环境内，既能够解决社会转型过程中面临的养老问题，同时还能够从社区的层次上整合社会资源，实现社会资本的最大优化，满足老人养老需要的物质资源、精神资源和照顾资源，改善农村老人的生活环境。而受益主体——老人们，因为并没有离开他们熟悉的村落环境，周围的人都很熟识，在心理适应和接受上，并不需要漫长的过程，入住的满意度高。可见这种养老模式不论是从其建设运行的过程来看，还是对于老人以及老人的家庭来说，其都具有自身独特的优势和可行性，适于在农村推广和普及。①

以目前互助幸福院的资金筹措方式来看，除政府有限的运行补贴外，村集体和社会捐助是保证其运行的主要经费来源，但是村集体注资以及依靠社会力量支持的资金筹措方式并不具有绝对稳定性，所以可能会出现资金链“断缺”的情况。注资主体的缺失不利于农村互助养老模式的发展，没有稳定的资金链支持，互助养老模式很难长久维持和发展。从服务对象来看，目前，肥乡农村互助幸福院限定入住的对象是村中60岁以上、生活能够自理的丧偶老人。在农村，除丧偶老人之外，还有很多高龄老人、生活不能自理的老人，他们在农村的老年群体中也占有相当大的一部分，他们对照顾需求比这些生活自理的老人更为迫切，他们的养老问题也需要及时解决。但由于互助幸福院的资金、规模、床位以及相关配套设施有限，很多符合条件的老人也无法入住，幸福院无法满足村中全部符合条件的老人，养老服务项目、内容及服务形式也都比较单一。调查发现，互助幸福院中老人的生活基本上是在聊天、看电视或者打牌中度过。幸福院中

① 马昕：《农村互助养老模式研究——以河北肥乡互助幸福院为例》，河北大学硕士学位论文，2014年5月。

没有专门的服务和管理人员，基本上全靠老人的自我管理和服务，这在一方面确实节省了建院成本，但同时也相对减少了服务的专业性和科学性，长此以往下去，不利于老人自身发展和健康的老年生活。

三　山西省阳曲县侯村“爱晚之家”农村老年日间照料中心

（一）产生背景

目前山西省全省60岁以上的老人有411万，其中农村老人有280余万。以太原为例，全市60岁以上的老人有49万，其中约有13万老人留守在农村，农村留守老人的养老面临养老公共设施少、服务资源缺等问题。①

随着经济社会发展，农村劳动力大量向城市转移，多数农村成了空巢老人和留守儿童村。如何解决农村空巢、高龄老人的实际生活困难，成为当前破解农村养老问题的一项紧迫任务。对此，山西省按照国务院《关于加快发展养老服务业的若干意见》（国发〔2013〕35号）和财政部、民政部《关于中央专项彩票公益金支持农村幸福院管理办法》（财综〔2013〕56号）文件精神，把全省农村老年人日间照料幸福工程作为惠民众、解民困的民生工程来抓。

城市居家养老主要是采取“一对一”的社区服务和上门服务。但是，农村老人居住分散，理念落后，生活保守，搞一家一户的上门服务不现实。为此，山西省针对农村居家养老的特点，尝试新的模式，采取“阵地式”服务，依托利用闲置的学校、卫生所、敬老院等，建立起农村老年日间照料中心——“爱晚之家”，为老人提供午餐、午休、娱乐、保健等服务。2012年6月12日，太原市民政局出台了《太原市农村居家养老“爱晚之家”创建试点工作方案》，2012年11月2日，阳曲侯村乡侯村、大盂镇金家岗村“爱晚之家”挂牌，成为山西省首批正式运行的老年日间照料中心。该月底阳曲和娄烦两县的21个“爱晚之家”全部启动，有2500余名农村老人成为服务对象。

（二）服务对象与服务内容

“爱晚之家”日间照料中心是集洗衣、做饭、生活照料、文化娱乐、

---

①　胡晶：《探索农村居家养老新模式——以山西省阳曲县侯村为例》，《山东省农业管理干部学院学报》2013年第3期。

医疗保健、精神慰藉等服务为一体的乡村服务场所，内设休息室、保健室、老年人宿舍、厨房、餐厅、活动室、娱乐健身房、多功能室、储藏室等功能场所。面积一般应控制在150—500平方米，统一悬挂“×××社区老年人日间照料中心”牌匾。服务对象为农村60周岁以上需要服务的老年人，重点是高龄老人（80周岁以上）、空巢老人、孤残老人和失能老人。

（三）资金来源

资金投入方面，通过“政府出一点、社会助一点、村里出一点、老人拿一点”的创新机制，确保农村老年日间照料中心长期办下去。为切实解决好农村空巢、高龄老人的实际生活困难，根据省政府办公厅《关于加快推进全省养老服务体系建设的意见》（晋政办发〔2012〕52号）要求，山西省民政厅、山西省发展改革委、山西省财政厅颁发了《关于做好全省农村老年人日间照料中心建设工作的通知》（晋民发〔2013〕61号），文件要求补助每个农村老年人日间照料中心维修改造资金10万元，其中财政部、民政部补助3万元，省级福利彩票公益金补助1万元，省发展改革委补助3万元，市财政补助3万元。每个农村老年人日间照料中心每年2万元运行费用由县级财政部门承担。经济条件较好的村级组织，也可参照民政部《社区老年人日间照料中心建设标准》自行新建，自行承担费用。

（四）管理体制与运行机制

太原市农村居家养老服务日间照料中心实行“村级主办，政府扶持；社会支持，群众参与；家庭负担，老人互助；日间照料，生活服务”的基本模式，主要提供白天生活照料，晚上不宜留宿。参加日间照料的老人以自我保障、自我服务为主，在试点期间，立足自愿参与，其在中心的餐饮费用由老人家庭或自行缴纳，药品费用自理，其他费用视情况分无偿、低偿两种。对于生活困难的失能老人，由市县民政局予以补贴，尝试政府购买的形式，提供相应的服务。对于除五类重点服务对象以外的老年人，如有一定经济实力，同时也希望能得到“爱晚之家”照料的，可以视情况为其提供有偿或低偿服务。

县民政局参照《社区老年人日间照料中心建设标准》等建设标准，对各个项目给予功能设置、服务管理、设施标准、人员配备等各个方面的业务指导，促进养老服务标准化建设。

（五）基本评价

太原阳曲县“爱晚之家”农村老年日间照料中心是山西省首批农村老年日间照料试点之一，县委、县政府把农村日间照料中心建设工作提升到为全县人民办的七件实事之一，加强组织领导，发挥政府主导作用；坚持因地制宜，整合资源量力而行；依托村级主办，拓宽日间照料服务内涵；抓好质量评估，推进日间照料深入开展。建设“爱晚之家”小院旨在以小院为阵地提供服务，使农村老人“离家不离村”享受公共养老服务，让老人们活得愉快一些，解决他们的孤独问题、平常互相交流的问题，也对一些特困的、无人照料的老人解决生活问题。实践证明，阳曲县侯村乡侯村的“爱晚之家”居家养老新试点取得了阶段性的成功。在阳曲县和娄烦县21个试点村启动农村“爱晚之家”老年日间照料中心，惠及2500多位老年人。目前，试点正在全省推广。全省除阳曲和娄烦外，还有16个县、区已被纳入试点，农村居家养老服务试点工作逐步开展。到2015年，山西省将争取有一半的农村覆盖居家养老。

目前“爱晚之家”日间照料中心提供的服务主要集中在午餐、日间休息等生活照顾服务和棋牌麻将等简单的娱乐功能，很多精神关怀、保健养生和金融保险服务等还没有完全开展起来。老年人普遍反映服务人员的数量太少，小院提供的服务项目应该更加丰富，可利用农村的闲置场所进行改造建设。日间照料中心解决了老年人生活中的不少困难，但是，持续运营经费的紧张却成为老年日间照料中心发展中遇到的最大难题，其中，工作人员的工资和冬天的取暖费是各中心最大的支出费用。目前“爱晚之家”小院的资金支持缺乏明确的制度安排，村集体经济的补贴和个人捐赠等方式都不能保证小院稳定运营的资金需要。目前每个小院配备了1—2名专职的烹饪、家政人员，其余的服务人员主要是党员和团员志愿者及其他热心的村民。这些服务人员基本上没有接受过专业的培训。①

① 关星煜：《太原市农村居家养老服务的研究分析报告》，对外经济贸易大学硕士学位论文，2013年5月，第31—32页。

第五节　对我国农村居家养老服务体系的基本评价

在许多城市社区实施居家养老服务的同时，一些地区将居家养老服务推向农村，并制定相关政策，展开农村试点，建成一批居家养老服务站或服务大院等形式的服务中心，为农村居家养老服务体系发展初步积累了一些经验。实施地区采用专业服务与义务服务相结合，政府与市场相结合，综合服务中心服务与上门服务相结合，无偿、低偿与有偿相结合等多种形式提供农村养老服务，收到一定成效，打开了农村养老新局面。

一　我国部分农村地区的实践和探索积累了宝贵经验

从以上试点地区居家养老服务的特殊性可知，农村居家养老服务发展良好的势头并不适用于全国所有地区，因此各地区在规划农村居家养老服务的同时要学会从先进经验中提取有益启示，因地制宜地应用于自身，唯此才能在探索居家养老服务的道路上避开可能出现的问题，更顺畅地构建居家养老服务体系。

（一）顶层设计对农村居家养老服务起着至关重要的作用

农村居家养老服务体系发展的好坏，政策起着决定性作用。从以上地区的案例可以看出，政策制定，宏观战略决策是推动居家养老服务体系发展的关键。试点地区地处我国东部、中部和西部地区，经济发展水平差异大，但由于都制定了适合本地区经济特色和水平的居家养老服务政策，因此，无论是经济发达的东部地区，还是经济欠发达的中部和西部农村地区，居家养老社会化服务都有起色，政策决定居家养老服务工作的发展，决定了居家养老服务的对象、内容和手段。关注民生，关注农村老年人的居家社会养老服务，精心规划设计，同样的资源，同样的条件，可以产生不同的结果。上述典型案例地区居家养老服务政策的具体内容不同，没有一刀切的整齐规划，但是，都在用心满足当地农村老年人的养老需求。

（二）建立服务平台依托服务载体开展适合农村老年人需求的养老服务

通过新建、改建和整合资源等方式，上述案例地区都成功建成了设施较完备的居家养老服务阵地，改善了农村养老服务的基础设施，为农村空巢、独居、高龄老人文化生活搭建了平台，形成居舍相依、邻里相伴、兴趣相投、冷暖相知，更具特色的浓厚氛围。

（三）通过充分整合和利用各种资源促进农村居家养老服务的系统化构建

这里的资源有两种，一种具体的不同物质种类资源。如资金、医疗服务、法律援助等；而另一类是通过整合得到的资源，如通过整合政府的，民间的，家庭的，企业的资源，形成服务于居家养老服务的各种不同物质各类资源，来满足不同层次不淶的不同需要。资源整合的手段和方法越多，用于居家养老服务的各种物资资源也就越丰富。

通过组建领导小组或工作小组开展的农村居家养老服务把历来分散、不成体系的农村家庭养老有序组织起来，通过建设养老服务公共平台为老年人提供形式各样的养老服务，有效提高了老年人的生活质量，使农村养老服务在制度层面有了质的飞跃。

二　我国农村居家养老服务体系建设的难点及其突破

居家养老在全国各地陆续展开试点以来，至今已经十余年了，在这短短的十余年里，我国居家养老工作取得了巨大的成就。居家养老对于缓解人口老龄化给国家带来的养老压力以及为老年人提供更优质的服务都具有积极意义。但是，我们也要清醒地看到，目前我国居家养老依然还处于一个实践探索阶段，尤其在农村地区，还处于少数发达地区试点阶段。农村居家养老服务工作开展的覆盖范围还是有限的，并且发展水平也不高，许多急需服务的农村老年人还无法享受到居家养老服务，我国农村居家养老服务体系还没有完全建立起来，面临着诸多难点。

（一）居家养老的法律法规不完备

我国在有关养老的制度设计上主要遵从了家庭养老的思想，换言之，家庭养老思想是我国养老政策的法律基础。我国《宪法》第 49 条明确规定：“成年子女有赡养扶助父母的义务。”在这一思想的指导下，我国于 1996 年颁布了《老年人权益保障法》，其中第 11 条进一步明确规定我国老年人赡养责任主体是家庭。居家养老尽管也涉及家庭层面，但是在服务主体、服务方式等方面又不同于家庭养老，各级政府、各地区实行的居家养老政策，其制定依据是以社会福利化思想体系为指导。[①]

目前我国还没有颁布专门关于居家养老的法律，各地区、各级政府所制定的政策和下发的文件基本上都是以2008年教育部、民政部等十部委联合下发的《关于全面推进居家养老服务工作的意见》为指导思想。因此其法律效力上并不高；从地域上来看，一般都是针对各地方所制定的，不具有普遍的约束力，因此，在顶层设计上还有待进一步加强。

（二）居家养老的社会支持系统不健全

居家养老服务体系的建设离不开社会支持系统，换言之，完善的社会支持系统是居家养老服务体系的重要组成部分。目前我国居家养老的社会支持系统还不够健全，尤其在居家养老的提供主体上，表现为过于单一。从全面推行居家养老模式至今，各级政府几乎无一例外成为唯一主导者。尽管各地政府在提供居家养老服务上的具体做法各异，但其主导地位一直没有改变。当然，居家养老服务作为一种准公共产品的投入，政府理应成为履行基本责任的应然主体，但是随着公众对于公共服务需求的增加，政府在提供公共服务中会产生政府失灵问题。[②]

在实践中，一些地方政府也试图实现居家养老提供主体的多元化，如引导和鼓励非政府组织参与到养老服务供给中，然而效果却并不明显。在老年服务志愿者队伍的建设上存在志愿者群体不固定、志愿参与程度低、缺乏常态参与等问题。此外，在居家养老社会支持的客体上也存在非均等化问题。从理论上来说，居家养老的社会支持应该涵盖所有需要提供支持的老年人，但实际上目前我国居家养老的覆盖群体还十分有限，并没有达到“按需提供”的状态。

（三）资金匮乏是制约居家养老发展的最大瓶颈

我国推行居家养老的最初阶段，资金来源主要是发行福利彩票的福利金。在实施居家养老的过程中，由于各级政府高度重视，资金来源渠道不断拓宽，增加了政府财政拨款、慈善组织和爱心人士的捐助等。尽管如此，从各地的居家养老工作情况来看，资金匮乏依然是制约居家养老发展

① 官玉琴：《居家养老政策法规研究》，《福建教育学院学报》2009年第2期，第15—19页。

② 俞贺南等：《我国社区居家养老模式的出路研究》，《河南社会科学》2011年第1期，第202—205页。

的最大瓶颈。

由于这项工作带有很强的公益性和非营利性特征，加之服务成本较高，而利润空间狭小，因此在具体实践过程中，社会力量参与居家养老服务的积极性不高，参与的程度化较低；慈善组织和爱心人士的捐助带有很大的主观随意性，这就大大增加了政府的财政压力。目前我国居家养老所需资金投入的主体主要是各级政府，大部分地区的居家养老资金是靠省市一级的财政支出，而很多地方政府并没有把居家养老服务经费列入财政预算。地方财政拨款的有限、社区自身筹资的难度较大以及老年人的经济困难都造成了居家养老的资金缺乏，影响着居家养老事业的发展而部分地方政府并没有将服务投入纳入政府的财政预算中来，导致政府的资金投入严重不足，[①] 这直接导致居家养老所需的硬件设施建设困难、政府在购买居家养老服务上支付乏力、支付服务人员的薪酬困难。

（四）居家养老服务项目不齐全

我国居家养老虽然经过十余年的发展取得了令人瞩目的成就，让万千老年人足不出户也享受到比较贴心的养老服务，然而，客观地来看，目前我国居家养老还依然处在起步的阶段，特别是在养老服务项目上还不尽齐全，主要表现为偏重于老年人生活上的照料，在精神慰藉等方面还比较缺乏。许多居家养老机构的服务项目仅仅偏重于老年人的日常生活照顾和家政服务，更多的是关注他们物质方面的需求，如买菜做饭、打扫卫生、料理家务等，而在医疗保健、精神慰藉等方面还存在一定的缺失。全国老龄办2008年发布的《我国城市居家养老服务研究》指出，当前，我国城市居家养老服务需求总的满足率只有15.9%，其中家政服务满足率为22.61%，护理服务满足率为8.3%，聊天解闷服务满足率为3.16%。[②] 由此可见，在居家养老服务项目上由于供需不均衡导致老年人需求与居家养老机构服务提供上存在较大的差异，这一矛盾在农村高龄老人、空巢老人以及生活无法自理的老人身上表现得尤为突出。

---

① 祁峰：《一种新型社会养老模式：居家养老》，《辽宁师范大学学报》2005年第3期，第18页。

② 秦勃：《我国居家养老服务体系建设的难点及其突破》，《中南林业科技大学学报》2012年第6期，第63页。

（五）专业工作人员缺乏，志愿者队伍不足，中介组织发展滞后，无力承接居家养老服务工作

人力资源是推动事业发展的最重要因素，是工作顺利发展的前提。目前从事养老助老服务工作的大部分人员都是一些仅凭人道主义和经验而工作的人，接受过相关专业教育或有关老龄人口服务知识培训的专业人员很少，这不仅影响了养老助老服务的质量，也制约了养老事业的发展。根据发达国家和地区的经验，居家养老助老服务工作除了专业工作人员之外，还应有相应数量的志愿者服务队伍作为支持，由他们提供无偿的和非营利性质的救助和服务，降低家庭和政府用于支付有偿服务的投入，减轻家庭和政府的压力。但目前我国社区中的志愿者服务队伍普遍不足，而且志愿者的服务行为一般呈现出偶然性的特点，不能成为一种持续性行为，有的社区甚至没有形成志愿者组织。没有社区公众的广泛支持与参与，居家养老助老服务工作开展的难度就会增大。①

（六）缺乏有效的运行机制

组织的构建、权责的分配、机构的运营、政府的政策、社会的投资等，这些方面都有其自身的规律，居家养老服务体系的建设需要遵循各种规律，需要通过各种有效的运行机制来推动居家养老服务体系的建设，提高资源的配置效率，促进居家养老服务市场的发展。但是，在当前居家养老服务体系的建设中缺乏有效机制的考虑，导致政府大包大揽、社会机构裹足不前、养老服务市场难以发展，等等。

（七）居家养老服务资源有待整合

目前，居家养老服务资源比较分散，众多部门和单位都拥有不同程度的居家养老服务资源，如民政部门拥有养老机构、卫生部门拥有老年人康复治疗医院、公安部门拥有老年人相关信息、劳动部门拥有老年在岗信息等，许多资源没有被有效地利用。同时，机构养老服务体系和居家养老服务体系之间有许多资源投入的重叠，需要对其进行整合和重新分配。

---

① 冯文娟：《当前中国居家养老方式的现状、问题及对策》，《湖北师范学院学报》2009年第2期，第104页。

第八章

我国农村居家养老服务体系的建构

农村居家养老服务体系是一个复杂的系统工程，居家养老服务体系核心、居家养老服务体系运行机制、居家养老服务体系支持系统等方面构成了居家养老服务体系的基本结构和框架，共同保证了居家养老服务体系运行的可持续性和为老年人提供服务的长久性，以及服务的功能和效率。本章分别从农村居家养老服务体系的建设目标、原则、结构、运作机制和支持系统几个方面分别进行论述。

第一节　农村居家养老服务体系的建设目标

一　农村居家养老服务体系的目标定位

2013 年 8 月 16 日，李克强总理主持召开国务院常务会议，确定了深化改革加快发展养老服务业的任务措施。会议指出，到 2020 年全面建成以居家为基础、社区为依托、机构为支撑的覆盖城乡的多样化养老服务体系。这符合中国的国情。根据我国经济社会发展的战略和农村人口老龄化的发展现状及未来发展趋势，结合我国社会养老服务体系发展规划，我国农村居家养老服务体系是以政府为主导、社区为依托，通过市场机制和各种优惠政策引导、激励社会各方面的力量参与，面向所有老年群体，提供基本生活照料、护理康复、情感关怀、紧急救援等服务，使老年人老有所依、老有所养、老有所助、老有所医，并使其享有一种有尊严、有质量的生活方式。我们要不断提高城乡居家养老服务的统筹水平，逐步实现城乡居家养老服务体系的一体化运行，把农村居家养老服务体系建设成为目标明确、规划科学、运转高效、监管得力的公共服务体系。

农村居家养老服务体系目标内涵包括以下几个方面。

（一）服务对象覆盖所有的老年人

居家养老服务体系所涵盖的服务对象是所有有养老需求的老年人，以实现人人享有社会化养老服务的目标。这意味农村居家养老服务对象要从“三无”老人扩大至中低收入和特殊困难的高龄老年群体，同时向所有农村老年人提供价廉物美质优的老年服务产品和老年服务市场，满足整个老年群体养老服务的基本需求。在确保每一个农村老年人都能够享受“适度普惠型”居家养老服务的同时，政府保障的重点是失能和半失能老人、高龄老人、孤寡老人和空巢老人的居家养老服务需求，以及中低收入和特殊困难老年群体居家养老服务需求。

（二）适度普惠型的居家养老服务体系

“适度”是指某种程度的、一定范围内的普惠，也可以理解为有弹性的普惠。从需要的角度看，适度福利就是通过提供福利在一定程度上（而不是充分地）满足福利对象的需要。从资源供给的角度看，适度福利就是基于有限的福利资源而向人们提供有限福利，这是谨慎的量体裁衣式的福利。如果从政策发展的角度来看，适度福利则着重于福利项目及水平的积极而谨慎的拓展，这种积极是相对于补缺式福利而言的，福利范围是扩展的，但这种扩展又是有限的或适度的。

适度福利是一种“底线公平”的福利。底线公平的实质是重点保障大多数人的利益，优先满足基本需要，重在雪中送炭，而非锦上添花。在存在巨大社会差距的情况下，底线公平最有利于保障占人口大多数的中低收入者的利益，保障他们的基本需要。就社会福利的有效性来说，占人口大多数的中低收入者的基本需要属于弹性小的福利需求，因此，重点保障占人口大多数的中低收入者的基本需要，福利效益最大。这就是政府的福利责任。

（三）保障老年人的基本养老服务需求

居家养老服务可分为基本服务和非基本服务，“适度普惠型”居家养老服务体系保障的是老年人基本养老服务需求，即满足居民生存性和基本生活需求方面的，如日常生活照料、疾病和高龄护理、家政服务等衣食住行，这些需求是农村老年人养老服务方面基本的公共服务需求。而且这些是适度满足他们的基本需要的，也就是说是满足他们生存型和部分发展型的需要，而不是主要满足他们的享受型的高级需要。基本养老服务的重点是政府对无生活来源的困难老年人最起码的保障型服务，即政府对无能力养老的老年人给予基本生活所需的服务。基本养老服务是福利性养老服务，此服务是无偿的、较低水准层次的服务。基本养老服务还包括社会组织或个人或企业承担的对老年人提供的非营利性有偿服务。非营利性养老服务属于公益性服务，形式多样，享受政府的优待或补贴。

相对于基本养老服务，非基本养老服务是一种选择服务，即除基本养老服务以外的保健、教育、娱乐、体育、人际交往等养老服务内容和项目。一般而言，非基本养老服务是指企业或个人在工商部门登记的、对老年人提供的以营利为目的的有偿服务，主要由市场提供保障，属于营利性的养老服务，此服务以市场需求确定价格，其服务水准有高有低。因此，国家首先要明确基本居家养老公共服务的全国项目和最低标准，这是基础性的，在这些基础上，地方政府可以根据区域经济发展的水平，增加一些具有区域特色的居家养老公共服务内容。很多地方兴建了社区老年（家政）服务公司，为居家养老老年人提供市场化有偿服务。如江苏省江阴市申港街道一民营企业家出资 80 万元建造了村居养老服务中心，福建省莆田市成立了沙龙养老服务有限公司。

（四）要缩小城乡老年人福利差距，推进城乡居家养老服务协调发展

要实现适度普惠型居家养老服务目标，必须建设城乡一体化的居家养老服务体系，一方面要继续加大对农村居家养老服务的投入，保证供给、基础设施、资金、人力等各方面条件充足，并利用城市居家养老服务体系的发展带动农村老年福利服务体系的建设；另一方面必须依托于城乡经济社会环境和福利资源的差异，根据差异性原则有针对性地采取措施，充分利用农村福利资源特色，推动城乡基本养老服务体系从结构上协调发展。

二 具体目标阶段

（一）近期目标（2016 年前）

在 2016 年以前，在城乡逐步建立标准有别的居家养老中心，依托农村村、社区开展社区服务为主的多元化供给主体的居家养老服务。按照城乡一个制度、两个标准，统一管理、协调发展的思路，把城市的基本做法和经验改造扩展至农村，逐步建立城乡标准有别的标准化居家养老中心，建立政府购买居家养老服务制度，依托农村村、社区结合自身的实际情况灵活多变地开展养老服务项目。在经济发达地区全面建立居家养老服务管理机构、服务阵地、服务队伍和服务制度。

（二）中期目标（2016—2020 年）

2016—2020 年，再用 5 年左右的时间，有计划、有步骤、有重点地在全国全面建立农村居家养老服务体系。随着经济的不断发展和城市化进程的加快，农村老年人数量不断减少，到 2020 年在中部地区和有条件的西部地区，农村老年人能够享受基本的居家社会化养老服务和社区生活照顾。农村敬老院全面走向社会化，农村居家养老服务网络全覆盖，管理体制不断完善、服务内容不断丰富、服务质量不断提升，基本建成城乡统一的居家养老社会化服务体系。

（三）长期目标（2021—2050 年）

2021—2050 年，用 20 年左右的时间，形成较为完善的农村多元化供给主体的居家养老服务体系，实现居家养老服务社会福利国民全覆盖、城乡老年服务福利项目和内容趋向一致化，以及较高的福利给付标准，建立一个不分城乡、城乡居民共享的符合社会主义市场经济要求和国际惯例的城乡统一、均衡、公平、公正、平等合理的社会保障和社会化基本养老服务体系。

第二节　农村居家养老服务体系的构建原则

建构中国农村居家养老服务体系是一项复杂的系统工程，也是一项惠及亿万老年人、影响深远的历史性德政工程。在这方面，虽然有国外的经验可资借鉴，也有一定的国内实践基础，但总的来看还没有现成的成功模式可遵循，只能摸索前进，用创新的思路建构具有中国特色的农村居家养老服务体系的基本框架。

农村居家养老服务体系的构建原则是农村居家养老服务体系建设过程必须遵守的指导思想、价值理念和行动纲领。构建农村居家养老服务体系和基本原则主要有以下几个方面。

一　政府主导原则

在居家养老服务体系建构中，政府居于主导地位，要发挥主导作用，这是由居家养老服务的性质决定的。居家养老基本服务是面向绝大多数老年人的、保障其基本生存或生活需求的公共产品或准公共产品。公共产品理论告诉我们，政府是公共利益的代理人，政府的作用在于弥补市场经济的不足，向全社会成员提供公共产品。全社会成员能够平等地拥有和享用公共产品，不会因经济收入、社会地位、社会身份、教育程度，甚至是年龄、性别、健康等方面的差异而有所不同。在这一点上，政府作为公共利益的代理人，确保社会产品分配的平等性是其不可推卸的社会责任。从世界各国的普遍做法来看，政府作为公共物品的最大提供者，也是向公民提供适度福利的主要责任人，政府的作用主要表现在规划者、决策者、投入者、生产者与监督者等。

我国的《宪法》和《老年人权益保障法》，以及关于老年人福利的政策文件都有政府提供公共产品和公共服务福利责任的要求和明确的规定，因此，居家养老服务体系的建设，政府要发挥主要的作用。从我国城市养老服务体系建设来看，政府是制度的主要建设者和相关政策的制定者。由于我国政府掌握着绝大部分社会福利资源，掌握经济、政治、社会等方面的主要信息，因此，政府有可能、有责任去制定适宜的社会政策，并建构起相应的养老社会福利制度。适度普惠型的农村居家养老服务体系是城乡一体化发展的必然要求，建设城乡一体化的居家养老体系，关键在于政府的主导作用的发挥。政府要在工商、税务、土地等方面制定相关优惠政策，从制度上给予鼓励和扶持，并采取一些特殊政策，适当向农村地区倾斜，动员企业、社区、家庭、民间社会机构等一起投入居家养老服务体系建设。而且不仅要建设，还要进行科学的管理和维护，保证健康和可持续发展。中央政府与地方政府要进行合理的分工，明确各自的职责；政府、市场、社会也要进行合理的定位，明确各自的角色。这对政府主导作用的发挥提出了较高的要求，对各级政府的社会福利管理和服务能力也提出了较高的要求。因此，需要各级政府和相关政府职能部门在农村居家养老社会化服务体系建设的实践中，加强学习、善于总结，不断提升工作的能力和水平。

二 满足需要的原则

人的需要，特别是老年群体的需要结构是居家养老服务体系建设需要研究的最重要的课题之一。马斯洛的需要层次论对人类需要的结构（在某种意义上也是优先次序）给出了一般性解释，它对理解老年群体的需要结构是有参考意义的。老年群体对居家养老服务的需求是多种多样的，并且不同类型的老年人有不同的服务需求，不同经济状况的老年人所能接受的服务方式也不同。所以，居家养老服务体系的构建应坚持以老年人的居家养老需求为核心，合理地设计服务项目和服务方式，最大限度地满足不同层次老年人的养老需求。养老服务需求体系的构建模型是一个基于需求层次理论的系统分析框架，作为一种探究养老服务需求内容、解决养老服务需求问题的思维方法，它具有一定的完整性、明确性和关联性。同时应考虑到的是，不同历史时期、具体国情、区域差别、经济基础、社会文化以及人口特征等因素会引起差异性的存在，因此需要在应用此构建模型对养老服务需求进行探究时，结合具体的现实境况进行具体的分析。美国人本主义心理学家马斯洛指出，在需要问题上，必须明确的是“人与人之间的差异是一切差异中最重要的差异”，满足需要不是“填充空洞”，尤其不是“由其他人从外部填充的”空洞，满足的本质是“整合的”，“帮助人形成生活方式”，是“作为社会存在、社会一员的生活方式”。[①]

三　坚持社会化的原则

居家养老服务体系不是一个封闭的系统，而是一个面向社会开放的系统。社区养老社会化服务体系建设内涵包括以下几个方面：一是居家养老服务供给的主体不仅仅是政府，或者市场，还有一个重要的力量就是社会，包括家庭、老年人本人、社会组织、民间团队、志愿者等社会力量，社会力量的积极参与和广泛参与，可以有效地弥补政府和市场的不足，实现政府、市场和社会之间的优势互补、合作共赢。二是投资渠道多元化，通过优惠政策吸引和鼓励社会各界走社会化、市场化、产业化的道路，加快社区养老社会化服务的配套建设。三是管理方式社会化。逐步实现管办分开，将政府包管的部分服务设施交给民间社会服务团体去运作和管理，政府通过政策法规进行监督和指导，实现社会服务社会办。四是服务对象社会化。社区养老服务和老年设施应面向社区内所有有需要的老人。社区、单位及企业为老年服务的设施要面向社区所有老年人，实现资源共享。五是服务人员社会化。专业人员服务和志愿者服务相结合，广泛发动社区居民和辖区单位为社区内老年人提供义务、低偿或有偿服务，并着力打造一支专业化、职业化的社区老年护工队伍，提高专业化服务的水平。

---

① ［美］马斯洛：《存在心理学探索》，李文恬译，云南人民出版社 1987 年版，第 33—34 页。

四 提升能力的原则

居家养老服务体系建设的目的是什么？解决老年人的生活困难、满足老年人的生活需要、提高老年人的生活质量，诸如此类等，当然是其直接的，也是重要的目的；但更高层次的目的是什么呢？即居家养老服务体系建设的宗旨是什么？从世界卫生组织2002年提交联合国第二届世界老龄大会的两份文件《积极老龄化——政策框架》和《2002年老龄问题国际行动战略》中我们可以得到启示。两份文件指出，老年人不是一个与众不同的群体。我们不能把老年人看成我们以外的人，而是未来的我们自己。老年人的潜力是未来发展强有力的基础，是家庭、社区与社会的重要资源，老年人应该享有充实的生活，包括健康、安全和积极参与他们所在社区的经济、社会、文化、政治生活及公益事务。老龄工作的终极目标就在于把老年人纳入整个社会的发展进程，确保老年人不断融入社会并赋予老年人参与社会的权利，支持老年人在一生中自始至终都能发挥自己各方面的潜能，帮助老年人“享有安全而尊严的生活”，进而“建立一个不分年龄、人人共享的社会”，其中包括促进老年人有机会参与社会活动、增进其健康和福祉、构建具有包容性的有利的支助性环境等建设要素。

从中不难看出，居家养老服务的最高目标是支持和帮助家庭，使家庭获得维持照顾老人的能力。这需要建构一张大于家庭保护能力，又以保护家庭为使命的福利网络。居家养老服务体系建设的主旨即在政府的主导作用下，通过有效政策和一系列改善性措施，激励社会各方通力合作，充分发挥各自的主体作用，为老年人创造一个平等、参与、发展、健康和支持性的社会环境，努力维护老年人生活的完整性和独立性，努力避免老年人偏离或过早偏离正常生活轨道（离开家庭住进医院或养老院），降低老年人的生命风险，提升老年人的幸福感，使每一位老年人在人生的这一特定阶段都能够安全而有尊严地生活，进而实现全社会的和谐发展。这就是居家养老服务体系所要达成的终极目标，亦即建设主旨。

五 依托社区的原则

民政部在社区建设的相关政策中明确提出了要建立社区组织、发挥社区组织在公共服务中的作用，以化解矛盾、发扬民主、提高居民的社会福利水平。社会转型导致社会问题社区化，社区成为农村居民获取公共服务的重要场所，成为解决居民问题的中心。社区有其天然的优势，具有巨大的社会资本存量，它上联政府、下联居民，利于将政府与市场结合起来，优化公共服务。以血缘、地缘、亲缘为纽带的社区已经成为一个介入国家与家庭的公共空间，社区组织是承接公共服务的重要载体和平台。社区组织以社区为平台统筹公共服务、配置公共服务资源，让农村居民就近享受公共服务，以实现城乡基本公共服务均等化的目标。

改革开放经济的快速发展，导致农村社区出现了社会分层，原有的农村公共服务由同质性需求转化为异质性需求。这种公共服务需求的多样性必须改变原有“自上而下”的供给机制，实行“自下而上”供给机制。社区是不同阶层农民群体表达自己公共服务需求的较好平台，社区机制是解决多样化需求的较好机制。依靠社区机制，通过社区居民的参与，提供信息，配置资源，可以最大限度地满足居民的需求。

转型期我国家庭小型化，核心家庭得以形成，伴随人口的老年化，养老的任务越来越重。传统的家庭养老模式难以行得通，一对夫妇没有能力赡养几个老人，即便可行也会降低生活质量，因而，家庭功能弱化。但是，机构养老超出了我国的国力，也不现实。同时，受传统文化的影响，农村老人不愿离家养老，而且养老机构也不能满足需要。社区合作是一个很好的解决路径。由政府出资支助，在社区成立服务机构，老人住在家里，调动家属、邻里、朋友以及各种志愿者等改革力量共同照顾老人。

六　城乡统筹发展的原则

党的十七届三中全会通过的《中共中央关于推进农村改革发展若干重大问题的决定》，对中国的新农村建设提出了一系列的规划，同时指出，要建立促进城乡经济社会发展一体化制度，尽快在城乡规划、产业布局、基础设施建设、公共服务一体化等方面取得突破。

改革传统城乡二元、救济型社会福利的模式，逐步实现城乡公共服务均等化，保障城乡居民公平享受居家养老基本福利服务是一项长期的战略任务，加强农村居家养老服务体系建设也是一项长期的战略任务，各级政府对社区居家养老服务设施的建设和农村养老机构和发展要统筹考虑、整体规划。中央制定全国总体规划，确定建设目标和主要任务，制定优惠政策，支持重点领域建设；地方制定本地规划，承担主要建设任务，落实优惠政策，推动形成基层网络，保障其可持续发展。具体可分两步走：第一步，确保欠发达地区、农村和弱势群体都能享受到最低标准的基本居家养老福利服务，解决“从无到有”问题；第二步，随着政府财力增加提高最低标准，逐步缩小城乡间、区域间基本公共服务水平的差距，提高居家养老福利服务的公平程度。在城乡基本公共服务均化的财政政策选择上，应加大政府财政转移支付力度，把更多的财政资金投向农村基本公共服务领域，这是实现均等化的重要手段。当然，均等化不是均一化，而是制度的一体化，在承认存在城乡老年人福利待遇客观差异前提下，将这种差异控制在社会可承受的范围内，并随着经济的发展不断缩小这种差距。

七　均等化与差异化模式相结合

公共服务均等化是指政府要为社会公众提供基本的、在不同阶段具有不同标准的、最终大致均等的公共服务。尤其是在基本公共服务的供给上，应当建立相应的转移支付机制，使农村和落后地区享受与城市和发达地区较为均等化的公共服务。从中国目前的情况看，公共服务在城乡之间的差距已经相当严重，如果不及时采取措施，差距还会继续扩大。但同时也应当看到，中国农村经济社会发展严重不均衡，各地区经济发展和公共服务的差距都较大，因此，在公共服务的供给上，应根据各地经济发展和公共资源具体情况，采取差异化模式，不能“一刀切”，并强调均等化和差异化模式相结合的原则，统筹兼顾。

改革传统城乡二元、救济型社会福利的模式，逐步实现城乡公共服务均等化，保障城乡居民公平享受居家养老服务。推行居家养老服务工作在城市社区全面铺开的基础上，积极向城镇、农村延伸，逐步实现城乡一体化。推进社会福利城乡一体化要注重公平，在承认存在客观差异前提下，将这种差异控制在社会可承受的范围内。

第三节　农村居家养老服务体系的结构分析

居家养老服务体系的构成可以分为三个方面：居家养老服务体系核心、居家养老服务体系运行机制、居家养老服务体系支持系统。

一　农村居家养老服务体系构成

居家养老服务体系构成的三个部分如图 8－1 所示。

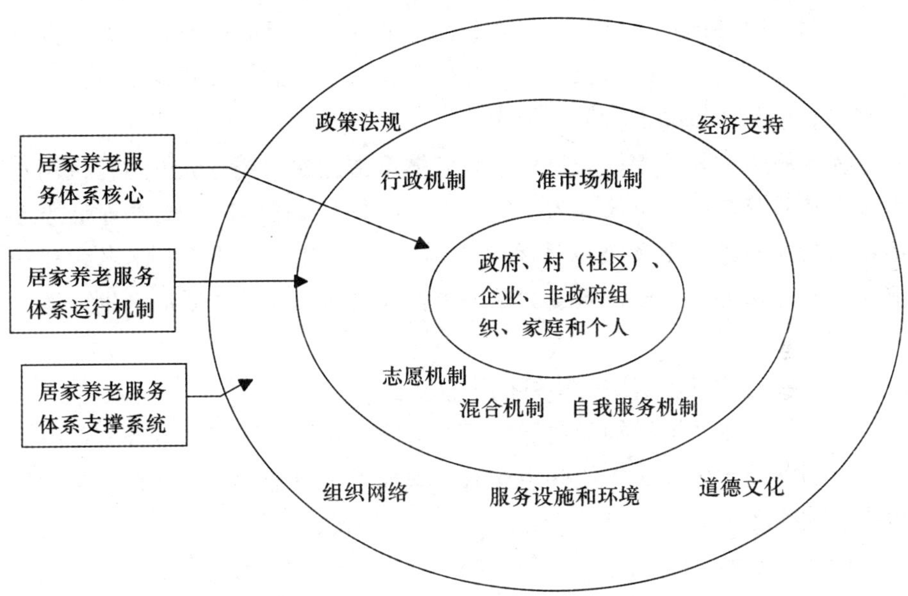

图 8－1　居家养老服务体系的构成

（一）居家养老服务体系核心

居家养老服务体系核心是居家养老服务体系中直接向老年人组织各种服务的部分。它主要由政府、村（社区）、企业、非政府组织、家庭（个人）五大主体组成。

（二）居家养老服务体系运行机制

居家养老服务体系运行机制是居家养老服务体系建设和运行过程中所遵循的一些原理，这些原理是居家养老服务体系可持续运行的基础。它包括行政机制、准市场机制、志愿机制、自我服务机制和混合机制五大组成。

（三）居家养老服务体系支持系统

居家养老服务体系支持系统是居家养老服务体系运行过程中的外部环境支持，它是居家养老服务体系运行的外部环境保证，包括政策法规、经济支持、组织网络支持、服务设施和环境的支持、道德文化支持和监督管理系统的支持六大支持系统。它们是居家养老服务体系运行物、人、财、政策制度的有力保障。

根据上述三个组成部分，可以将居家养老服务体系进行进一步的定义。居家养老服务体系可以分为狭义的服务体系和广义的服务体系。狭义的居家养老服务体系由居家养老服务体系的核心和居家养老服务体系的运行机制构成，而广义的居家养老服务体系则由狭义的居家养老服务体系和居家养老服务体系的支持系统构成。

综上所述，我国农村居家养老服务体系由五大主体、五大运行机制和六大支持系统构成，可简称为“5—5—6”体系。我国农村居家养老服务体系虽然在理论体系和结构体系上与城市基本相同，但其主体内涵和功能、机制运行方式及支持系统的保障等方面与城市有着本质的区别。

二　农村居家养老服务体系的主体类型

要素是组成系统结构和功能的基本单元。农村居家养老服务体系由执行一定功能的主体构成，这些主体有：政府、村（社区）、企业、非营利组织、家庭和个人。

（一）政府

主要包括各级政府和国家事业单位。政府是指中央、省、市、县（区）、乡镇（街道）的五级政府以及其所辖的各个职能部门。国家事业单位包括由各级政府设立的养老机构及养老服务机构。

（二）村（社区）

这里的“村”既包括农村行政村，也包括自然村，还包括由若干行政村合并在一起，统一规划、统一建设，或者是由一个行政村建设而成，形成的新型社区。村（社区）虽然是村（居民）自治组织，不属于一级政府，但在我国，社区常常扮演类似政府的基层组织角色，这一点具有一些中国特色。

（三）企业

这里的“企业”包括两类，一类是在工商行政部门登记注册的商业性企业，这类企业是典型的营利性企业。如商业性的养老机构、家政服务公司、老人护理机构、餐饮机构等。还有一类为“公益性企业”，居家养老服务中的公益性企业是指为居民提供公共产品或服务的，如面向普遍老年人的养老机构。公益性企业是居家养老企业中的重要力量。

（四）非营利组织

居家养老服务体系中的非营利组织指的是各类参与居家养老服务的、非营利的、依法设立并在民政部门登记的社团、民间组织、民办非企业单位、基金会、慈善机构等。非营利组织包括各类社会组织和中介组织，也称为非政府部门，居家养老非营利组织在农村主要包括各级老年协会、志愿者组织等。

（五）家庭（个人）

指老年人本人及其家庭成员。老年人本人是居家养老服务的第一责任人，老年人配偶、子女及其他亲属是家庭照料的重要力量。

三　农村居家养老服务体系主体功能

（一）政府

政府是居家养老服务体系建立健全并健康运行的关键角色。政府主要扮演托底与掌舵的角色。第一，需要对老年人群最基本的居家养老需求托底，保证居家养老不可或缺的最基本的养老服务供给，这需要有良好的财政保障，确保基本居家养老服务供给稳定、完整、连续。第二，考虑到农村老年人群抗风险能力较弱的缺点，需要设立面向全体老年人口的应急居家养老基金，建立面向困难老年人群的政府购买居家养老服务制度，以备为遭遇风险的老年人群设定保障，保障困难老年人居家养老服务的基本需求。第三，需要在老年人群与市场之间搭建桥梁与平台，促进居家养老服务产业的健康、快速发展；加强居家养老服务市场监管，对市场提供居家养老服务的质量、价格、市场秩序，以及双方的权益维护等加以监管，促使居家养老服务市场真正往个性化服务、体系化供给方向健康发展。第四，需要支持和培育有关居家养老服务的社团组织和社会团体，并且确保此类团体的独立性和自治性，尽可能减少其行政性质。

从国外社会福利服务体系的建设经验可以发现，政府机构作为公共物品及服务的唯一提供者的垄断地位已经动摇，但政府在社区照顾、机构养老、家庭护理津贴等老年人福利服务中责任并未发生改变。政府的作用主要表现在：①制度供给者。即制定老年福利的法律、法规和政策，给人们提供一个行动的准则和规范，起到引导、激励和约束作用。②决策者。即制定老年福利公共服务目标，选择达成目标的战略，选择实施这些战略的组织，测量这些战略和组织在目标达成过程中的运用情况并适时地做出调整。③监控者。目前，委托授权是公共服务市场化最常采用的方式。政府作为委托人必须对其代理人（公营的或私营的承包人）进行监督控制，促使承包人以最小的成本实现约定目标，降低风险，并且鼓励其创新和提高效率。④竞争的管理者。即将竞争和市场力量引入养老服务过程中，创造服务中的自由选择机会，完善竞争环境。⑤组织协调者。在寻求养老服务问题的解决方案过程中，当出现数名竞标者势均力敌、难分伯仲时，政府要把合格的竞标者组织到谈判桌前进行磋商和谈判，或作为协调者促成公共服务问题的解决方案。⑥筹资。由于养老服务行业是个微利行业，政府要承担主要投资主体责任，政府投资除了拨款以外，还可通过税收优惠政策鼓励民间资本进入居家养老服务领域。

相对于城市，农村居家养老服务设施欠缺、资金匮乏、人才不足、基础薄弱，农村居家养老服务体系建设急需政府的角色归位、责任到位，以及主导作用的发挥。相对于城市老年人，农村老年人收入少、生活水平低，困难人员多，政府的福利性服务提供的是他们老年人居家生活的基本保障。因此，政府更应该加大对农村居家养老服务的资金投入、政策支持和人力资源建设。

（二）企业

居家养老服务体系中的企业指的是提供居家养老产品和服务，满足老年人居家养老服务需求，实行自主经营、自负盈亏、依法设立并在工商部门登记的相关养老机构、服务机构、生产机构以及各种营利性经济组织。以营利为目的的居家养老服务机构，如各种形式家政服务公司、餐饮机构、老年康复中心，可为居家老人提供家政、送餐、日托等服务。企业提供的是市场化服务，由于居家养老服务的特殊性、复杂性和经营的薄利，大多数企业不愿参与其中，因此政府要采取合适的支持措施来提高企业的参与意愿，同时加大政府购买力度，让更多的专业化的企业组织加入其中，来提供各项居家养老服务，这样才能扩大服务范围，提高服务质量；要不断完善市场体系建设，构建公平的竞争环境，给私人部门发展和参与市场竞争提供优质的环境；要制定税收优惠政策，鼓励动员工商企业、个体业主及社会各界兴建社会化养老服务项目。

由于农村老年人消费能力低下，农村老年服务市场分散，利润微薄，很难吸引企业主动进入农村市场，因此，要通过政府政策的优惠，鼓励城市一定规模的公益性老年服务企业到农村去，开设品牌连锁店和分店，实行连锁经营、连片发展，推动养老服务产业化经营、专业化发展。农村社区企业与所在社区有一种特殊的地缘关系，企业领导与社区居民还有一种特殊的亲情关系，企业对居家养老服务的慈善捐赠是企业履行社会责任的重要体现，因此，要善于利用和动员农村社区企业支持农村养老服务事业。

（三）村（社区）

村（社区）是农村居家养老服务的重要载体和依托。社区居家养老服务的发展与农村集体经济发展程度关系密切，集体经济越发达的地区，给农村社区居民提供的居家养老社会化保障待遇越高。村（社区）不仅为农村居家养老服务提供一定的经济支撑，而且还为农村居家养老服务提供组织资源，组织资源包括村党支部、村民委员会、村敬老院、村卫生室、村养老社（站）、村老年活动中心、村小学等村（社区）级组织。社区（村）是农村社会化居家养老服务的依托和载体，社会化养老服务的信息要通过社区这一平台进行传递，社会化养老服务资源要通过社区这一平台进行整合。除此之外，比较成熟的村（社区）管理运作机制、村老年人协会、友善互助的民风村风等非正式养老资源都是影响农村居家养老服务的制约因素。

根据奥斯特罗姆的多中心治理理论，政府是公共服务一个重要的参与者，和其他主体一起参与公共服务、解决社区公共问题。社区组织不再是政府的管理系统中的一个子系统，两者之间是一种并存关系。它们都是公共服务的参与者，两者不能互相替代，而是一种合作伙伴关系。

社区提供居家养老服务的优势在于，在居家养老服务公共产品的选择上社区能够更方便地显示个人偏好。通过自愿协商和产前契约，社区当中的个人偏好能够比较方便地显示出来；而个人和政府之间的多对一关系，使得个人偏好很难真实地显示，往往出现政府所提供的养老产品与具体社区的需求不一致的现象。而社区供给有相对较强的针对性。在对居家养老服务的消费上社区具有灵活性。居家养老中，老年人的很多需求要由就近、方便、人际关系熟悉的社区来提供，社区服务既能使老年人生活在熟悉的环境中，对国家、社会和家庭来说也是最优的选择。居家养老社区化的目的正是依靠社区内部的力量，使居民更便利地获得养老服务公共产品。全国已有大量例子证明，通过社区自治委员会的协调，积极调动非营利组织和个人的力量可以更有效地为社区居民提供各种具较强针对性的居家养老服务，其具体内容涉及居民生活的方方面面，比如大众娱乐、家政服务等。因此，开拓和完善社区对老年人的服务，是居家养老服务体系不可或缺的组成部分。

（四）非营利组织

非营利组织也称为非政府组织或民间组织。由于社区组织已作为居家养老服务体系的一个独立组织，故这里的非营利组织不再包括社区组织。非营利组织和社区居民是社区内提供公共产品的主要来源，两者的活力直接决定了社区内居家养老公共产品的数量和质量。非营利组织在贴近基层、灵活多样以及对市场和政府的有益补充方面与社区有着一种天然融合性。国外的成功经验证明，非营利组织是社区居家养老服务体系一支主导的活跃力量。公民社会团体以公共组织的身份出现，可以弥补政府与市场的不足，提供一些公共服务。非营利组织提供公益性和互助性服务，这一方面很好地弥补了政府提供居家养老服务资源不足、服务效率不高等缺点；另一方面也弥补了完全由市场机制运作的私营养老机构收费过高的不足，满足了很多老人的养老需要。

在农村社区中，老年人的经济与生活保障已经不再是家庭、国家或社区任何单方面的问题，农村内生社会力量和外延社会力量也将成为辅助农村老年人生存和生活的重要因素。对村民来讲，除了可以通过邻里互助来帮助老年人，还可以通过村民组织，如老年协会等来整合村民力量，以最经济有效的方式满足老年人居家养老的需求。如很多地区开展了时间银行互助养老社区的试点，会员通过为他人提供服务来储蓄时间，当自己需要帮助时，再从银行提取时间以获取他人服务。时间银行的实质是通过时间银行这个中介，将服务用时间来量化，实现劳动成果的延期支付，从而在社区达到互助共济之目的。时间银行模式下的互助服务，既符合人们“善有善报”的传统理念，又满足了人们对养老服务的需求。

（五）家庭（个人）

1982 年《维也纳老龄问题国际行动计划》提出，应设法使年长者能够尽量在其自己家里和社区独立生活，应以社区为基础，向老年人提供预防性、补救性和发展方面的服务。1991 年《联合国老年人原则》强调“老年人应该得到家庭和社区根据每个社会的文化价值体系而给予的照顾和保护”。

家庭是农村居家养老服务体系的基础和立足点。家庭是社会的细胞，它是以婚姻和血缘关系为基础组成的，因而最具有亲和力和凝聚力。无论是现在还是将来，家庭都将始终是农村居家养老服务的基石，是不可或缺的重要力量。农村老人对家庭的依恋心理比城镇居民更重，我们更应该支持农村老人把家庭作为晚年生活的立足点，鼓励子女和亲属把老人留在家中尽赡养义务。家庭的责任主要体现在三个方面：一是经济方面，由于目前农村养老金水平较低，家庭依然是老人晚年时最可靠的经济来源。随着社会经济的发展，农民养老金制度进一步完善，老年农民的经济水平会有所改善，但家庭的紧密关系决定老人晚年时子女亲属必须给予经济上的帮助，以确保老人接受或购买服务。二是日常照顾方面，由于老人主要生活地在家中，家庭成员除了出钱，还要“出力”，即进行照顾护理，把尊老爱老付之于行动，并通过参加社区专业培训等途径提高护理质量。三是精神慰藉方面，家庭成员要在精神上给予老人关心，农村老人文化层次相对较低，兴趣爱好相对较少，晚年时进行自娱自乐、开展文娱活动等比较困难，因此家庭成员平时陪老人聊天、嘘寒问暖，为老人解闷也是家庭必不可少的责任，尤其是高龄老人、患病老人，他们由于行动不便等原因，接触的范围越来越小，更容易产生孤独感寂寞感，家庭成员要通过交谈、进行家庭娱乐活动等予以安慰，给予温暖。

老年人个人不仅是养老服务的接受者，也是养老服务重要的提供者。老年人身体健康状况越好，对居家养老服务的需求就越小。农村老年人只要具备劳动能力和生活自理能力，一般就不需要子女的供养和照顾，他们具有很强的自立意识，反而会想方设法帮助子女做一些力所能及的家务，有些经济状况好的老年人甚至能够在经济上帮助子女。老年人还是居家养老服务的重要参与者，农村老年协会、农村老年互助组成员基本上都是老年人自身，年轻的老年人帮助年老的老年人、健康的老年人帮助需要照料的老年人，老年人积极参与居家养老服务不仅体现中华民族互帮互助的传统美德，同时，对老年人自身来说，适当的锻炼、适量的社会活动更有利于老年人的身心健康。

国际经验表明，市场组织和公民社会组织等都可以和政府形成各种形式的“伙伴关系”而成为政府为社会成员提供福利的工具。在居家养老服务体系中，不同主体所供居家养老服务公共产品具有互补性。居家养老服务离不开政府、社会组织、社区、家庭及市场的多方主体协作。要为老年人提供高效率、多层次的差异化服务，以及全面长效的发展，离开这五个供给主体的任何一个都是不可能的。居家养老服务的效果和效率来自各主体之间的良性互动。只有各主体之间形成和谐、统一，又分工明确的功能结构，才能够真正实现主体为农村老年群体居家养老服务的目标。因此，居家养老服务的各个供给主体应该取长补短、相互配合，要以政府为主导，将政府提供的托底保障性服务和市场提供的商业化服务以及社会组织和家庭邻里给予老人的补充性服务结合起来，形成有效的多方供给主体整合模式，满足农村老年人多层次的居家养老需求，为农村老年群体安享晚年提供切实的保障。

第四节　农村居家养老服务体系的运行机制

根据公共服务机制的理论，农村居家养老服务体系的运行机制主要有五种：行政机制、准市场机制、志愿服务机制、自我服务机制、混合机制。下面分别阐述这五种机制。

一　行政机制

行政机制是指政府机构自上而下地建立自己的生产单位，与生产单位之间建立垂直性、依附性的权利关系结构，并通过等级命令制供给社区公共产品。行政机制亦称为政府包办模式。这种模式是由政府出资投资建设，并直接经营管理居家养老服务机构和服务设施，由这些居家养老服务机构和设施直接向符合一定条件的老年人提供居家养老服务。政府出资并提供该模式下运行的服务体系，主要面向“三无”、“低保”等生活困难的弱势老年群体和对社会做出特殊贡献的老年群体。符合条件的老年人能从政府包办的养老服务机构那里获得无偿的福利性居家养老服务，这些无偿的服务主要是维持老年人基本生活所需要的生活照顾服务。行政机制供给的特征是：政府建立自己的生产单位，与生产单位之间建立垂直性、依附性的权利关系结构，并通过等级命令制供给社区养老服务公共产品。行政机制的优点是由于行政方法具有权威性，便于意见的集中统一，在处理问题时一般能做到快速、灵活。政府包办的居家养老服务福利模式往往会导致财政困难、效率低下，同时，会助长国民惰性，削弱企业和国家的竞争能力。

二　准市场机制

根据西方公共产品（服务）供给的理论与实践经验，公共产品（服务）有效提供适宜通过准市场机制方式，而不是完全的市场机制。因为完全的市场机制适用于完全竞争的商业市场，而不适合公共产品（服务）领域。准市场机制是政府控制与市场自由运作间的中间道路，也称为政府—市场合作型或伙伴关系模式。准市场机制是一种新的公共服务提供机制，它寻求打破以往由政府垄断性提供公共服务的单一格局，通过多元服务供应者的参与，将市场竞争理念引入公共服务提供中，形成服务供应的多元参与和竞争格局，以求实现公共服务的有效供给。在居家养老服务领域引入准市场机制的目的是要打破以往由政府垄断性提供居家养老公共服务的单一格局，通过出台各种法规、优惠政策，引入新的供应者（无论公共的还是私人的、营利的还是非营利的）和市场竞争理念，形成居家养老公共服务供应的多元参与和竞争格局，即构建准市场制度环境。当公共部门放弃对生产服务的垄断和等级制方式而将自己的服务生产开放给其他生产者时，准市场就产生了。准市场机制的本质是实现居家养老公共产品的供应者与生产者分开，供应者可以在多个生产者之间选择并采用合适的连接方式，最终的目的是提高居家养老公共产品供给效率，提高公共产品供应者对公共产品需要的“回应性”程度等，以求实现居家养老公共服务的有效供给。

三　志愿服务机制

志愿服务是指通过志愿者的劳动或支付向那些需要帮助的人提供居家养老公共产品与服务。志愿者扮演了服务的安排者角色（往往也伴随着政府的引导和表彰），他们可以自己直接提供服务，也可以通过雇用和付费给私人企业来提供服务。社区志愿服务是社会组织和个人自愿用自身的时间、技能等资源，在社区为居民和社区居家养老慈善事业、公益事业提供帮助或服务的行为。社区志愿服务具有服务对象与领域的多样性和贴近生活的特点。

从古到今，志愿供给是社区公共产品供给机制中的一种，志愿体现了社区公共产品供给主体意志的自由性和行为结果的利他性。志愿供给主体可以是个人也可以是组织。社区志愿服务是我国居家养老志愿服务的重要内容，随着我国政府职能的逐步转变，社区志愿服务正逐渐演化为社区居家养老服务的一种重要组织形式，日渐成为社区服务和社会自治的一个重要内容。

四 自我服务机制

自我养老被视为与家庭养老、社会养老相并列的一种重要的养老服务模式，在居家养老服务中，自我服务是首要的，也是最为重要的一种服务方式，自我服务机制是居家养老服务体系运行的重要机制。这里“自我服务”有两层含义：首先指老年人自己提供的自我照顾和护理；其次还可包括老年人配偶和子女提供的照顾和护理，也可以理解为广义的家庭提供的服务。自古以来，老年人自身以及老年人家庭始终是养老最基本的力量。尤其是在居家养老服务中，健康老年人和生活能够基本自理的老年人是自己生活的主要照顾者，只有当一个人不能或不完全能进行连续、有效的自我护理时，才需要护理照顾和帮助；失能老年人生活照顾的第一责任人是其家庭和子女。

对老年人而言，自我服务是一种低成本、低科技和低复杂性的初级健康照顾方法，将其融入日常生活中，不仅可以有效节约医疗成本，同时也降低了人口老龄化对家庭及社会服务机构的压力。因此，在居家养老服务中推广自我服务机制将成为目前适合我国国情的较为理想的养老服务方式。

五 混合机制

居家养老服务体系的混合运行机制是指行政机制、准市场机制、志愿服务机制和自我服务机制等在居家养老服务主体运行中的综合运用。居家养老服务体系主体的多元化决定了其居家养老服务主体运行的多元化。

混合供给模式有利于发挥不同主体优势，减轻政府负担，减少不必要的重复建设，引入竞争机制，提高服务质量。居家养老服务的发展，不仅体现在居家养老服务机构数量上的增长上，更重要的是合理有效配置服务资源、优化结构。理清多元模式共存机制、各模式内部运行机制，可以优化各相关要素，协调利益关系，完善居家养老服务体系。各不同模式供给主体结构和相应制度运行设计是驱动居家养老服务差异化供给产生的原因，只有全方位协调这些要素，才能促进居家养老服务均等化。

居家养老方式的核心是强调多种社会力量广泛参与，在政府供给的基础上，逐渐形成政府、市场（企业）、社区（村）、居民（家庭）等多元主体供给的局面；从制度层面上看，社区居家养老服务的供给机制也日益形成了以行政机制为基础，以准市场机制、志愿机制、自我服务机制、混合机制等多种机制共同作用的趋势。这不仅满足了老年人的物质需求，而且满足了老年人多元化的精神需求；不仅弥补了我国社会保障体系不健全带来的养老漏洞问题，而且弥补了我国财力不足带来的服务缺陷问题，是符合我国现阶段国情的新型养老模式。从我国社区居家养老服务的实践情况来看，居家养老服务的多元供给机制促进了社区居家养老服务的发展，加快了和谐社区的构建，受到了广大居民的好评，其必将成为未来我国农村居家养老服务体系运行机制的主要发展趋势。[①]

第五节　农村居家养老服务体系运行的目标模式

促使居家养老服务组织运行机制发育成熟是发展居家养老服务体系的关键所在，任何一个事物的良性运行和协调发展都有它自身的合理运营机制。居家养老服务在中国农村作为一个欠发展的事物，它的成长也不是一蹴而就的，要想在中国特定的国情下健康、稳步、协调发展，必须构建“政府购买服务、社会组织运作、市场推动、各方参与”的模式。

一　政府购买服务

政府购买居家养老服务是政府为符合一定条件的老人出资向第三方购买老人所需的居家养老服务。购买的方式，可以是政府通过招投标、协商等方式确定第三方的资格后，由第三方通过向老人提供服务，服务费用由政府给予第三方，至于结账的服务凭据可以是政府制发的养老服务券或其他凭据；也可以是政府把居家养老服务所需的费用直接补贴给老人，由老人自己请第三方提供居家养老服务。第三方原则上是专业养老服务机构，包括营利组织和民办非企业法人，但是也允许家庭式养老机构甚至个体服务人员，如家庭式养老院、老人的邻居、其他个人。老人接受养老服务的

---

① 郭风英：《社区居家养老服务供给机制研究——以宁波市江东区社区服务为例》，《新疆社科论坛》2011 年第 1 期，第 55 页。

地点，可以是在家里，也可以是在社区公共设施或社区养老服务机构。

近年来，随着我国市场经济建设的深入和政府职能转型的需要，部分地方政府已不同程度地启动了居家养老政府购买服务的实践。由于社会组织的公益性目标、社会组织提供公共服务的传统和居民对社会组织的信任等原因，推进向社会组织购买公共服务明显成为各地的政策重点。目前，政府购买居家养老服务还处于探索初期，从各地实践探索来看，政府在向社会组织购买服务的过程中仍存在着较强的路径依赖，目前仍以政府向居委会或官办 NGO 组织购买公共服务为主。政府购买服务还缺乏相应的法律制度、财政资金等方面的保障，在购买模式、程序、监督等方面有待完善，在政策的配套、部门间的协调等方面有待提高。①

二 民间组织运作

目前，从世界范围来看，政府与非营利组织合作趋向加强。当前，“政府购买，民间养老组织运作”模式是政府购买居家养老服务主要的组织管理模式。民间组织运作的优点是：由于民间养老组织建立了扁平化的组织结构，有利于老人、服务投递者和基层管理者更便捷地反馈建议和意见，为各自的决策或向福利行政者建言提供了方便，使其决策与管理更贴近实际，为提高该项服务的质量与水平提供了组织保障。从居家养老服务的组织管理者与服务投递者的关系来看，在“政府购买、民间养老组织运作”模式中，民间养老组织与福利行政者，以及民间养老组织与服务投递者的权、责、利关系相对明确。民间养老组织可以有目的、有系统性、有步骤、自主性地开展服务投递者的招聘、录用、培训、引导、考核、辞退等方面的工作，以加强组织服务输送能力建设。在“政府购买、民间养老组织运作”模式中，组织的管理层与服务投递者面对面接触、交流的机会相对较多，有利于服务组织的文化建设。从服务的效率来看，容易发挥规模经营、集中管理的优势，政府以项目购买服务的方式使用资金，硬件投入所占的比例相对较少，有限的资源被真正用到了刀刃上。

当然，“政府购买、民间养老组织运作”模式对政府的管理、问责、合法性等都提出了挑战，也对民间养老组织服务输送能力建设、服务质量监管等提出了更高的要求，需要合作双方从制度的规范、服务伦理建设等

① 亚洲开发银行：《中国政府购买公共服务研究终期报告》，2009 年。

多个方面予以完善。

三　市场推动

引入市场竞争机制，让服务对象享有获取公共服务的主动权，可以在多元的供给者之间进行选择，有助于获得更多个性化和多样化的服务。从20世纪70年代开始，许多发达国家和地区开始转变居家养老服务体系的建设策略，实行市场化的运行机制，政府并不直接为社会群体提供服务，而是交由市场化运作的专业养老服务机构来直接提供服务，国家则通过成立中立性的评估机构发挥监管的作用，从而建立起居家养老服务供给的新体系。现在，国际社会也普遍认识到发挥市场的积极性解决养老问题的重要性，开始将政府工作的重心转移到为各方创造条件上来，“小政府大社会”已经成为许多国家的共同选择。

目前我国养老服务产业发展严重不足，使得农村居家养老服务的市场化供给处于一种失灵状态，难以发挥其应有的作用。一方面是市场的有效需求不足，农村老年人收入较低，花不起钱来消费居家养老服务；另一方面是市场的有效供给不足。由于养老服务是微利产业，加之政府的扶植政策力度不够，民间资本参与养老服务事业的积极性不高。正是由于“有效需求不足”和“有效供给不足”同时存在，且二者之间相互作用形成恶性循环，使得居家养老服务的市场化供给在很大程度上处于一种失灵状态，严重制约了居家养老服务事业的发展。通过有效的制度安排来尽可能消除“有效需求不足”和“有效供给不足”促使供需双方形成一种相互促进的良性循环，是解决这一问题的关键。

四　各方参与

在农村居家养老服务中，政府并非直接的承办者，也不是唯一的公共服务供给者。农村老年人是居家养老服务的直接消费者，因而在居家养老服务的需求等方面最有发言权。居家养老服务体系建设，是一个社会公众、政府以及其他各种公共服务供给者之间互动的过程。社会公众的合法性支持与资源性支持是完备的居家养老服务体系建设所不可或缺的，私人部门和第三部门也要加入公共服务供给的主体当中。

应对人口老龄化是全社会共同的责任，完善的居家养老服务体系建设同样是一个社会公众、政府以及其他各种公共服务供给者之间互动的过程。不断扩大社会养老，推进社会养老服务事业，是今后解决养老问题的一个必然趋势。因此，要大力构造社会广泛参与机制，积极培育为老年人服务的各种社会组织和养老机构，按照“社会事业社会办”、“谁投资谁受益”的原则要求，大力推进投资主体、投资方式多元化；鼓励和引导国家、集体、民营、个人等多种所有制投入发展养老服务事业，注重通过合资、合作等形式，引进外资发展养老事业，兴办不同经济成分和不同服务层次的养老服务经济实体，形成能满足各类老年群体多层次、多样化服务需求的养老服务新格局。

第六节　农村居家养老服务体系的支持系统

支持保障系统是支持居家养老服务体系运行的外在环境，是居家养老服务体系有效、可持续运行的保障，也是广义居家养老服务体系的组成部分。农村居家养老服务支持保障体系是整个体系的支撑点，是居家养老服务体系有效、可持续运行的保障。农村居家养老服务体系构建过程必须获得来自支持保障子体系的物、人、财、政策制度的有力保障。

由于居家养老在形态上兼具家庭养老和社会养老的特征，因此其社会支持系统也具有两重性：一方面，需要道德、舆论和法律等的支持（如家庭养老所需）；另一方面，也需要社会保障、养老和休闲设施、服务等的支持（如社会养老所需）。因此，概括起来说，居家养老社会支持系统的理论框架主要由以下六部分组成。

一　政策法规支持

有法可依是老年维权工作的基础，老年法规政策是保障老年人合法权益的基石。居家养老作为主要养老方式被纳入法律体系，居家养老服务体系建设需要相应的法律法规作为支持。党和政府高度重视养老服务体系建设，先后颁布和实施了一系列法律法规和政策文件，为养老服务体系迅速发展提供了法律基础。《宪法》将养老服务规定为公民的基本权利，《老年人权益保障法》要求将以养老服务为主的老年事业纳入国民经济和社会发展规划，并将其视为政府的基本职能之一。《社会福利机构管理暂行办法》等文件对养老服务机构的性质定位、服务内容、建筑标准和管理制度进行了详细规范。《关于加快发展养老服务业的意见》和《关于全面推进居家养老服务工作的意见》是全面指导居家养老服务体系发展的具体文件，具有较强的实践意义。中国目前已经基本形成了一套涵盖养老、医疗、生活和照料服务、权益维护、精神文化生活等多方面内容的养老服务政策法规体系，养老服务体系建设有了较好的制度保障。但目前尚没有专门针对居家养老的政策法规。

今后完善居家养老政策法规的重点是对政府的角色进行重新定位，使政府的作用转向规划养老服务发展目标、通过政策倾斜和资金补贴培育和引导民间组织发展、在行业发展中发挥监管作用等。加快养老服务体系的建设，需要规范化的环境，进行规范化的管理。而进行规范化管理的核心工作是制定相应的标准。需要制定的标准包括：老年人健康评估标准，老年人入住养老服务机构的标准，老年人服务设施建设的标准，政府对老年人个人补助补贴的标准，政府对服务机构政策优惠的标准，政府购买养老服务的标准，养老服务机构资质评定的标准，养老服务从业人员资格认证的标准，以及各项服务的质量标准等。

国家出台的养老服务优惠政策和规范性管理文件，由于涉及范围广、制约因素多，真正落实起来较为困难。地方政府应根据自身特点，在强化部门协调和配套落实措施上下功夫，从实际出发，多层次分类构建，将政府对社区居家养老服务福利事业的税收优惠政策和规范性管理文件等细化、量化、具体化，研究制定系统性、操作性更强的养老服务事业的相关优惠政策和规范性管理文件。要应对人口老龄化挑战，“十三五”期间还要继续加大居家养老政策研究力度，围绕居家养老与社会支持，制定包括鼓励、优惠、服务标准及法律责任等相关政策与规定，加强对社会支持行为的激励、规范与引导，丰富完善居家养老的政策法规体系。

二　经济支持

养老的内容包括经济保障、生活照料、精神慰藉三个方面，在养老社会保障体系中，经济保障是老年人享受社会养老服务的物质基础和资金保障，农村居家养老服务的供给离不开经济支持，一定的经济基础是农村居家养老服务体系建设的必要条件。从老年人生活照顾体系的发展规律来看，居家养老社会服务是社会保障制度发展到一定阶段的产物，福利服务制度是在社会救助制度、社会保险制度基础上，对老年人生活更好层次的一种满足，发达国家社区照顾体系离不开较为完善的社会保障制度体系，特别是老年护理保险制度。老年护理保险制度的普遍建立从制度上解决和确保了稳定的财源，也使得依靠全社会的力量来解决老年人的护理问题成为可能，而且为养老服务产业的发展奠定了坚实的基础。居家养老服务还取决于老年人的经济收入。居家养老服务不全部是政府买单，还包括低偿服务和有偿服务，政府买单只是面向特定的对象和特定的项目，如困难群体；保障的也是最基本的需求，大部分项目要老年人根据自己的需要购买相应的服务，如果老年人购买老年服务的需求不足，老年服务的市场就很难形成，老年服务的产业也无法建立，更谈不上多元化服务市场。

目前，虽然我国相继建立了针对农村居民的一系列社会保障制度，如新型农村养老保险制度、农村合作医疗保险制度和农村最低生活保障制度，农村老年人的最基本生活有了保障，但是不少保障制度刚刚起步，覆盖率在不断地提高，整体水平较低。尤其是城乡二元差距还十分明显，我国社会保障总体投入还比较低，有限的资源主要投向了城镇居民，且这种差距呈进一步扩大的趋势，农村老年居民主要还是靠家庭经济保障。目前条件下农村居家养老服务体系的经济支持还十分薄弱和缺乏，这对农村居家养老体系的发展十分不利。在此背景下，农村居家养老服务体系的建设水平和发展程度有赖于国家、地方二级公共财政的支持，应加大对社区居家养老事业的投入。按照财权和事权相对应的原则，中央和地方各级政府合理分担养老经济保障和养老服务保障公共财政的投入比例，并在具体支出项目上有所侧重，中央政府投入以养老基础设施建设为主，并对部分设备购置给予补贴，地方政府投入则以养老设备购置和运营补贴为主，二者相得益彰。在继续完善农村社会养老保险、合作医疗保险制度的同时，积极推动建立和完善政府补贴制度，包括完善农村“五保”老人的政府供养制度；建立高龄津贴制度；建立养老服务补贴制度，支持低收入且高龄、独居、失能等养老困难老年人入住养老机构或者接受社区、居家养老服务；建立民办公助制度，对于民办养老机构、居家养老服务设施或组织，给予建设补贴或运营补贴等，引导各种社会力量进入养老服务行业。

三 组织网络支持

我国农村老年人的养老支持网络主要来自家庭，这与中国几千年的文化传统——以家为中心是有关的，然而随着我国家庭规模的小型化、空巢化，以及现代社会中养老功能的社会化，传统的家庭支持越来越难以满足现代老年人的养老需要。因此，加强社区功能、完善社区服务，给老年人提供一个更广阔的社会支持网络是个亟待解决的社会问题。

居家养老服务是以社区为平台，整合政府、社会和社区本身资源，为社区内的老年人口提供全方位照顾的支持体系。社区养老的主要网络支持体系包括三个方面：首先，初级群体的网络支持，主要是指家庭中亲人的支持体系，包括子女及其他亲属；其次，政府公共服务的正式网络支持，主要指政府相关的行政部门，包括民政、劳动保障、卫生等部门；最后，公益组织和非营利性的第三方非政府组织网络辅助支持网络体系。

在发达国家，家庭和个人的非正规养老服务要占到老年照护服务80%的份额。非正规照顾是指由家人、亲友、邻里、同事或其他社区志愿者提供的照顾。非正规照顾可以较好地执行正规照顾没有的功能，它一方面成本低廉，提供的服务快捷灵活，提供服务者又多为熟悉的邻里朋友，所以较容易为老人所接受；另一方面，非正规照顾能增加社区的关怀感、安全感和归宿感，能培养社区成员相濡以沫的互助精神。然而长期以来社会政策很少涉及非正规照护服务，通常把它置于社会保障体系之外，致使非正规照护服务面临许多问题。为了充分发挥非正规照护服务的作用，发达国家制定了新政策：向非正规服务提供补贴或津贴；对提供非正规照护的人进行培训和咨询服务，并提供临时性、应急性照护等其他形式的帮助；实行老年照护休假制度和弹性工作时间制度等。

在居家养老社会支持系统建设过程中，需要认真研究的是，老年社会福利怎样实施才能在实现成本最低的情况下，使社会效益、经济效益实现最大化，这就需要引入包括社会中介组织、服务组织以及监管组织等网络，而且要正确认识组织网络的地位和作用，发挥其便捷、高效、优质服务的保障作用，实现服务对象全覆盖、服务内容全方位、服务时间全天候。居家养老服务的经办和运作尽可能依靠组织网络，着力扶植和发展社区内老年人自我服务、自我管理的群众组织，积极鼓励居家养老服务组织发展连片辐射、连锁经营、统一管理的服务模式。需要注意的是，在组织网络没有发展起来时，政府应该担负开展居家养老服务的责任。根据国外的经验，做到管办分开，政府办社会组织经营，或者向社会机构购买养老服务，政府负责监督。如澳大利亚的做法对我们有很大启示。澳大利亚政府不直接参与服务，全部由社会福利服务组织来开展形式多样的服务。目前全澳大利亚为老人提供居家照料服务的机构达3000多个。①

居家养老的实现需要大量人力资源的支持，应该建立一个由社会工作者、专业家政人员、专业护理人员等构成的居家养老服务队伍。养老人力资源分为两大类：养老专职工作者和社区养老志愿者，目前，由于这一行业社会地位和经济收益都不高，对就业人群并不具有太大的吸引，尤其是专业的医护人员很难进入。人员不足是社区老年服务领域中普遍存在的问题。在社区中从事高龄或患病老人看护的有限的人员主要是专业知识缺乏的下岗妇女。而社会工作者作为组织和提供社区老年服务的主要专业群体则更为缺乏。如果服务人员较少、素质不高、队伍不稳定，就会影响居家老人的养老质量。

如果农村全面实行普惠型居家养老，则专业服务人员大量缺乏，该如何解决这一问题，杨团的观点是：用农村的过剩人口构建农村所需要的老年照料服务产业的劳动力大军，建立一支专业化、职业化的农村护理员队伍，就能够推动青壮年与老年人——服务的供给者和服务的消费者这两大人群实现人力资源的供需对接。这样做的好处，一是在农村构建新的劳动密集型产业，为过剩人口找到了一条稳定、长期、可持续的生产性出路；二是用服务性消费促进商品性消费，可拉动农村的内需；三是给人气衰微的村庄注入新的活力，调动农村社区的各类积极因素活跃起来，实现农村社会内部经济和社会发展的良性循环。总之，这种做法是用人力资源培育社会的内动力，让农村社会充分依靠、充分发挥自身的潜力和能量搞好新农村建设。要培育这种内动力，构建好农村的人力资源政策，组织和培训好这支农村护理员队伍是根本、是关键，资金的需求还在其次。

四 服务设施和环境的支持

居家养老的完善，必须通过一定的服务设施来完成，无论是上门服务还是日托服务点，抑或社区服务中心，都必须以社区公共服务设施为物质基础。包括生活服务设施、文化娱乐设施、医疗康复设施、紧急救助设施等；这些设施的设计、建设、使用，要充分体现以人为本的理念，并适合老年人的特点、满足老年人的需求。社区老年服务设施应由政府纳入统一规划，如多少人的小区必须有多大面积的公共建筑、多大规模公共服务机

① 高利平：《为居家养老建立社会支持》，《红旗文稿》2007年第11期，第24—25页。

构，这些都应纳入民政局的直接管理，都应以政策形式固定下来。

一个理想化的社区居家养老服务网络，其结构上应主要包括以下几项：①老人家务服务中心，主要提供家政服务，到老人家中提供各种服务，诸如给老人做饭、送饭、个人清洁、料理家务、帮助购物、维修等。②老人日间护理中心，主要为白天缺乏家人照顾的体弱及行动不便的老人提供护理、生活照顾及社群活动，服务包括膳食、个人卫生、健康护理、护送看病等。③老人医疗保健中心，为老人提供体检、康复护理、心理疏导、健康跟踪及保健教育等方面的服务，可采取上门服务和中心门诊相结合的方式。④老人综合性社区服务中心，这是集文体、教育、社交与日常生活辅助于一体的服务场所。该中心除了为老人提供各种娱乐运动设施和开展一般性的文体活动外，还提供多样化的辅助服务，比如老人食堂、浴室、洗衣房等，此外还提供个人辅导及老年教育，比如举办养生保健讲座、养老权益的法律维权咨询等。⑤应急支援中心，主要是开通 24 小时老人服务热线，并建立事故预警机制，以便及时发现并紧急处理老人遭遇到的各种意外生活事故，有效地进行危机干预。此外，社区居家养老服务网络建设中应尽早考虑信息化管理的因素，以提高服务效率。⑥对老年住房的新建和扩建，从设计到改造都要充分考虑到老年人的特殊需求，为老年人提供无障碍设施和其他服务设施。

五　道德文化支持

居家养老的基础是家庭，居家养老强调社会化养老的作用，但社会化支持的落脚点还是在于家庭，即提升家庭社会化养老能力。由此，如何弘扬家庭养老的传统优势，并依靠社会化支持的手段赋予家庭养老的新活力是居家养老面临的重要内容。为此，居家养老需要道德文化的支持，这种支持包含两层重要的内容：一是发扬光大我国传统文化中有利于家庭养老的道德文化支持；二是要营造和培育有利于居家养老的社会道德文化，从而更好地支持以家庭为基础、社区为依托的社会化居家养老服务体系的建构。

中国传统文化的道德基础就是“以孝为本”、“百善孝为先”，传统文化以“孝道”为中华民族的美德。在一定意义上，孝是中国社会稳定、家庭和睦的基础，是中华民族区别于世界其他民族的重要文化特质。在当下农村，我们应该继承传统孝道的合理性因素，并赋予传统孝道新的内容，为农村居家养老建立以孝文化为基础的道德支持。新孝道在继承传统孝道的合理性基础上强调平等的亲情关系，在现代社会，父母与子女之间人格上是平等性，平等的亲情关系是社会平等、家庭平等的基础。父母爱子女，必须尊重子女的人格和尊严，尊重子女的需要和好恶。父母承认子女独立自主、自尊的人格，子女也了解父母整体的心境而给予父母以精神的依傍。这样父母与子女在相互关爱、相互尊重、相互帮助的关系中相互受益，相得益彰，感受亲情与爱。

道德作为一种行为规范，对人们的社会行为具有明显的控制作用。与法律不同，道德不是依靠国家强制力量来起作用，而主要是通过社会舆论来维持，要实现道德对农民养老行为的引导，必须充分发挥社会舆论的作用。通过社会舆论宣传尊老敬老的好传统、好风气，提倡并强调子女孝敬父母。通过社会舆论动员全社会都来关心和帮助农村老年人，多为农村老年人办好事办实事，广泛开展老年人生活服务。通过社会舆论表扬那些尊老敬老、孝敬父母、为老年人分忧解难的好人好事；批评、谴责那些不能善待老年人乃至虐待、遗弃老年人等“厌老”、“虐老”、“弃老”的丑恶行为。总之，要通过社会舆论褒扬“尊老”的道德观念，营造“敬老”的社会氛围，形成“养老”的社会环境，以促进农民养老问题的解决。①

六　监督管理系统的支持

这一系统主要功能是管理和调节居家养老服务体系的运行。居家养老服务体系的监督管理问题是牵涉到体系正常运转的核心问题，必须高度重视。对居家养老服务进行监督管理，这是政府的一个重要职责，因此，政府必须担负起对居家养老服务的监督管理责任。从目前我国行政体制看，全国老龄工作委员会是主管老龄事务的最高机构，同时具有协调 28 个成员单位共同推动老龄事业发展的优势，其下属的老龄委办公室是具体办事机构，应当承担指导居家养老服务发展的重要职责。牵涉到具体工作层面，目前各地实行的居家养老服务中心模式具有较高的推广意义，可由其在老龄办指导下，负责监督管理居家养老服务。②

① 曹洪香、赵立新:《农村居家养老需要强有力的道德支持》，《长春工业大学学报（社会科学版）》2009 年第 4 期，第 91 页。

② 孙慧峰:《中国城镇居家养老服务体系研究》，《兰州学刊》2010 年第 5 期，第 92 页。

居家养老服务的监控内容主要包括：第一，应探索建立居家养老服务的监督评估机制。聘请中介组织或专业机构作为第三方，对居家养老服务扶持政策的贯彻落实情况、政府和社会各界投入居家养老服务资金的使用效果进行监督。第二，对申请服务补贴的老年人生活自理能力的评估和经济收入的核定等方面进行检查监督。第三，应抓紧建立养老服务机构、服务人员的入行审核和养老服务人员实行持证上岗监督机制，监督居家养老服务质量，对不达标的机构建立严谨的、规范的淘汰机制，对考核优秀机构给予表彰和奖励。第四，应加强运行评估制度，建立老年人服务质量反馈系统，进行养老服务的质量评估体系、服务人员奖惩机制等制度建设。

第九章

推动农村居家养老服务体系发展的思路与对策建议

我国农村居家养老服务体系的发展虽然有一定的城市实践经验可供借鉴和参考，但城乡在经济发展、社会保障制度、文化程度总体水平等方面存在很大的差异，照抄照搬城市模式并不可行。因此，我们必须在探索中前进，随时总结经验和教训，用创新的思路发展农村居家养老服务。

第一节　基本思路

一　技术路径上进行整体化设计多元化切入

任何一个好的目标都必须以有效的实现方式作保障。居家养老服务说到底就是自觉、主动、积极地对老年过程施加影响。这种居家养老对老年过程施加的积极影响表现在三个方面：其一，弥补老年人由于社会和自身生理变化带来的种种不便；其二，提供老年人享有“安全而有尊严的生活”的有利条件；其三，满足老年人从生理到精神方面的需求。为此，居家养老服务体系建设的基本路径应从社会整体设计，多元切入：既有软件建设，又有硬件建设；既有物质服务，又有精神服务；既有健康方面的满足，又有自我价值实现的满足，覆盖老年生活的各个方面，让老年人全面受益。

参照世界卫生组织提出的《全球老年友好城市建设指南》，可以把居家养老服务体系建设的技术路径解析为以下六条。[①]

① 世界卫生组织：《全球老年友好城市建设指南》，江苏省老年学学会翻印，2009 年第 3 期。

第一，建立、健全良好的室外空间与建筑设施。具体包括：环境整洁，有随处可及的卫生间和休息座椅。交通规划合理，道路防滑，信号灯时间能保证老年人从容通过。公共设施标志明显，方便寻找。出入建筑无障碍，照明系统完善。公共安全有保障。

第二，提供优越的居住条件。具体包括：居住开销（包括水、电、燃气、物业和垃圾处理等项费用）在老年人可承受范围之内。房屋结构合理，地面平坦，走廊宽度方便轮椅通过，浴室、厕所和厨房设计合理，空间面积足够老年人自由活动。生活服务设施齐全，使用便利。

第三，鼓励广泛的社会参与。具体包括：建有包括老年人在内可供不同年龄和不同爱好者共享的空间和设施，如公园、娱乐中心、学校、图书馆、活动中心等，鼓励代际互动、相互交流。提供广泛多样的选择，吸引具有各种潜质的老年人参加类别不同的社会活动，发挥他们的聪明才智。创造各种参与社会经济、政治、文化的机会，包括志愿服务和就业机会。各级政府在制定社会政策特别是有关民生和老年政策时，吸纳老年人参加，让他们有机会能够为社会政策、方针、计划的制定做出贡献。

第四，倡导最大限度的社会包容。具体包括：加强公众教育，增进人们对老年人的了解和对尊老社会文化价值的认识，提倡尊老爱老。在公共服务机构如银行、商场、医院以及公交车上设有专为老年人考虑的服务和设施。在各项社会政策中增加为老服务的内容。

第五，给予强有力的社区支持。具体包括：为促进、保持和恢复健康向老年人提供充分的支持性服务，如卫生保健、生活料理、家政管理、精神抚慰以及代购和陪护等。自建或借助其他社会力量建设各种场地和设施，满足老年人的健身、娱乐、学习、社会交往以及自我价值实现的需要。定期访问孤独老人，在他们与社会之间建立联系。培训和管理服务人员及志愿者，使之掌握相应专业技术和沟通技巧。制定紧急预案，从容应对突发事件。

第六，开展优质的健康服务。具体包括：健全医院、卫生保健院、养老院、疗养院等为老服务机构及设施，医护人员专业水准高，敬业尊老。提供家庭护理，满足老年人的特殊需求。定期进行老年健康知识宣传，科学保健，科学用药，科学健身，提高老年人的科学健康素养。鼓励志愿者为老年人提供健康服务。

以上六条路径构建了一个从家里到家外、从物质到精神的服务框架。

这是我国居家养老服务体系建设指导思想，也是农村居家养老服务体系建设的指导思想。从中可以清楚地看到政府、社会、社区、家庭以及非老年人等在居家养老服务体系建设工程中所扮演的角色，即所担任的职责和任务，也就是明确了谁应该是居家养老的核心担当者、谁是组织实施者、谁是参与者。①

二　根据老年人对居家养老项目的需求差异，突出重点和急需问题，不断提高居家养老社会化服务的质量和水平

居家养老的内容是由一系列项目组成的，居家养老服务的项目是一个宽泛的概念，国家并无强制性规定，从居家养老工作实践看，居家服务项目包括生活照料、医疗保健、文化娱乐、体育健身、法律维权、精神慰藉等几大类，每个大类里面又涉及若干具体服务项目。根据农村特点，农村居家养老服务项目可按内容大致归纳为5类14项，具体如下：第一，生活照料。①帮助烧饭或送饭；②帮助洗衣服、打扫卫生；③帮助购买生活物品；④紧急情况下有人能及时救援。第二，精神满足。①村里提供老年人聚会娱乐场所；②定期电话探访、法律维权；③有人定期上门探访，精神慰藉。第三，医疗保健。①进行健康教育、建立健康档案；②陪伴就医、帮助配药；③健康咨询、心理疏导。第四，失能照料。①失能康复治疗；②行动不便后的长期照料。第五，法律维权。①法律咨询和法律援助；②便利的纠纷调解机制。

研究表明，农村老年人对居家养老服务项目的需求是分层的，不同居家养老项目的需求强度、需求大小、可舍弃性、不可或缺性、重要性、迫切性对老年人来说存在很大差。老年人对居家养老项目的需求差异，即需求弹性不同意味着不同的政策含义，政府部门推进居家养老工作时，在既定预算约束下，应根据居家养老项目的弹性确定不同项目实施中的轻重缓急，从满足老年人最迫切最重要的需求出发，稳步有序地推进居家养老工作。②

---

① 刘颂：《解析居家养老服务体系建设的终极目标及运作路径——基于南京市玄武区两个街道的调查》，《南京人口管理干部学院学报》2012年第1期，第12—13页。

② 郭竞成：《农村居家养老服务的需求强度与需求弹性——基于浙江农村老年人问卷调查的研究》，《社会保障研究》2012年第1期，第56—57页。

当下农村居家养老服务体系一定要立足于满足老年人的基本服务需求，优先满足需求强度最大的项目。如生活照顾和医疗服务是目前农村老年人比较集中的养老服务需求，农村老年人对生活照料类的强烈需求集中在生活照料类中的一个项目上，即“紧急情况有人及时救援”。居家养老服务体系建设要围绕上述要求，根据老年人对居家养老项目的需求差异，突出重点和急需问题，不断提高居家养老社会化服务的质量和水平。

三　按照老年人口不同的经济、健康、居住情况，实施分类分层服务推进的策略

从居家养老服务体系建设这个特定的角度，可根据老年人的经济状况、自理能力和居住情况把老年人分成三种类型。

一是经济收入中等及以上，并且有稳定的收入来源（退休金或养老金），身体健康，自理能力完备，与家人生活在一起，这类老年人，我们称之为“自理老人”。家庭是这类老年人获取照料的来源，家庭成员是老人照料的提供者。老年人依靠养老金和社会保障支付所需的生活和照料费用，政府无须提供额外的支持。政府所需提供的服务为支持性服务，如与社会发展同步增长的养老金、完善的社会保障，以及为老年人的活动提供场地、提供社会参与的机会，精神关爱，以及体育器械、开办老年大学、奖励义工和志愿者等。在这类服务上，政府投入低。

二是经济收入较低，自理能力有所减弱，但依然保持完整并未丧失，年龄偏大的老年人，他们与家人生活在一起（家庭能够提供基本照顾的），或者自愿独自生活在家里，这类老年人，我们称之为“扶助老人”。这类老年人的部分照料需求已经超出家庭的承载力，需要得到来自社区的帮助，因此，家庭和社区是这类老年人照料的共同提供者。由于其本身的缺失，在经济来源上，除了老年人自己的养老金和社会保障外，还需要政府提供适当补贴。政府向这类老年人提供的服务为增长性服务，服务的目的在于尽可能长时间地保持能力完整性，提高生活质量。服务内容如日托、康复、家庭护理、家务服务、健身运动、房屋改造、无障碍设施建设、“一键通”、“安康通”、助购助医、老年餐桌等。在这类服务上，政府需要做出较多的投入。

三是低保及低保边缘户、机体失能、照料缺失（独居），这类老年人，我们称之为“失能老人”。这里的失能老人，包括三种类型，一是经

济失能（低保及低保边缘户）；二是机体失能（多发于高龄）；三是照料缺失（独居）。由于这类老年人的特殊性，机构成为向这类老年人提供照料的来源，政府是照料开支的主要或唯一承担者，服务内容为医疗、康复、临终关怀等，他们中的许多人终身以机构为安身立命之所，因此将这类服务称为“赡养性服务”。这一类老年人属于政府兜底保障的人群，完全由政府提供养老服务。政府在这类养老服务上支持数额往往很高。失能老人应该是机构养老的主要对象，但是，从国外居家养老发展的趋势来看，失能老人在家生活，接受社区和机构的专业化服务，亦即失能老人依托社区居家养老也是一个重要的趋势。

这三类老人的区别是相对的，因为“自理老人”随着年龄的增长，生理机能的衰退会变为“扶助老人”，乃至“失能老人”，因此，要从可持续照顾的角度来考虑和设计老年人的居家养老服务体系。

四　在发展可持续的老年人长期照护服务体系的整体背景下开展居家养老服务

首先，居家和社区照护是不能孤立存在的，二者必须成为医疗和社会服务体系的组成部分。成功的一体化能够在满足失能老人需求的同时，提供一种相对广泛和持续性的服务，并令服务的使用者能够降低花费。但是与此同时，居家和社区照护的一体化对于服务的提供者而言，是一种较大的挑战，意味着服务提供者必须在知识结构、技能技巧和精力要求方面不断提升。

其次，长期照护应有效地融入医疗卫生体系。人口老龄化并不可怕，可怕的是没有任何应对措施。中国原有的健康服务系统层次单一，很难应对老龄化浪潮下老年人的健康需求。如果没有一个完善的多层次长期护理服务体系，老年人群的健康状况将非常堪忧。长期护理服务体系的完善有利于卫生资源的合理配置，因此，卫生体制改革不应该把长期护理服务排除在外，居家和社区型健康照护和生活照护服务尤其应得到有利的配套政策支持。原有的社区卫生服务机构应该利用自身专业化的硬件和人员配备更积极主动地为老年人提供灵活和人性化的健康照护。

基于长期照护的服务对象多为患有慢性疾病的高龄失能老人，他/她们对于医疗服务有较高的需求，因此，为确保长期照护体系的有效合理运转，如何将其有效地整合融入医疗卫生体系便成为一个重要的政府议题。

但是，这也会令政府面临几个难题：其一，长期照护的发展需要政府设置有效的金融机制来保障其融资渠道；其二，长期照护融入医疗卫生体系之后，如何避免医疗优先导致长期照护服务提供不到位也成为一个难题。

再次，建立去年龄化的整体居家照护一体化。政府应建立一种适当的监督机制，涵盖不同年龄层的群体，使其享受到完备的长期照护，避免因为失能老人由于接受不同类型机构的服务而被人为分割。中国作为发展中国家，要倡导建立居家照护一体化服务体系，不仅需要整合资源，还需要更多政策扶持和资源投入。

第二节　加快农村社会化居家养老服务体系发展的对策建议

一　加强规划和政策引导，强化组织领导

（一）制定农村居家养老服务体系的发展规划

目前虽然中国制定了应对人口老龄化的养老服务体系建设的宏观战略，但缺乏着眼于从中长期角度解决居家养老服务问题的中长期规划，更没有针对解决农村老年人居家养老服务问题的政策和制度安排，农村居家养老服务还没有摆上应有的地位和高度。这种战略性、长远性居家养老政策的匮乏，很可能导致国家丧失应对人口老龄化挑战的战略机遇期。

由于我国农村老龄化的严峻形势和农村养老福利的薄弱，国家应该加强对农村居家养老服务体系建设规划工作的重视。一方面，应制定积极稳妥的居家养老服务体系的推进步骤，选择某些省份的农村地区进行试点，待经验成熟，再全面铺开。同时也应注重深入开展调查研究，结合人口老龄化的实际情况，既考虑有效需求，又考虑潜在市场，立足当前，谋划长远，避免盲目发展和重复建设，造成资金资源的浪费。另一方面，应鼓励各级政府做好居家养老服务体系的发展规划，将其纳入当地的老龄事业发展规划和福利事业发展规划，把建设居家养老服务体系作为一个长期发展的重点，制订发展计划，促进居家养老服务体系建设工作的有序开展。同时，应鼓励各级政府，结合当地的实际情况，制定相关的扶持政策，促进居家养老服务业的快速发展，从而为进一步完善居家养老服务体系奠定基础。

各级地方政府尤其是市、区（县）政府应将其纳入国民经济和社会

发展总体规划，并从服务设施建设、中介组织培育、服务主体扶持、公共财政保障、服务队伍建设等方面进行总体设计，做到居家养老服务体系城乡兼顾、地区均衡发展。在新农村建设新村庄的总体规划中，统筹社会资源，加快农村养老机构设施建设，提高农村社区服务中心和社区服务站的覆盖率，推动公共服务向农村延伸；新建和改造老年人服务设施和活动场所，增强农村社会化养老服务功能。通过科学规划、合理布局，增大农村养老服务供给，提高养老服务设施的利用率和服务效益，避免重复建设造成浪费。

（二）制定规范发展的引导政策

政府应围绕农村居家养老服务体系的建设，制定包括鼓励、优惠、服务标准及法律责任等在内的相关政策与规定，加强对市场行为的激励、规范与引导。具体可从以下几方面入手：一是制定操作性强的居家养老服务业发展的税收优惠等配套优惠政策，吸引社会资金投入居家养老服务业，引导城市居家养老服务业向农村延伸，居家养老服务项目向农村覆盖。二是制定系列规范性法规文件，对居家养老服务企业（机构）的设置、管理、服务和退出机制做出明确规定。三是制定行业技术标准和服务标准，依法保障企业员工和服务对象双方的合法权益，形成社会监督和市场竞争，建立示范企业。鉴于农村现实，可根据城市居家养老服务的标准，以地级市为单位，专门制订适合农村居家养老服务特点的行业标准和服务标准。随着经济社会的发展，不断缩小城乡居家养老服务标准的差距。四是完善奖励制度，对取得良好社会效益的企业管理者实行嘉奖，吸引企业家开办居家养老服务公司和集团，推动居家养老服务规模化经营、集约化发展、品牌化运作。五是确定合理的居家养老服务的价格管理制度和办法，兼顾服务对象的支付能力和投资者的经济利益，实现社会效益和经济效益的同步增长。

（三）强化组织领导，形成工作机制

居家养老服务涉及民政、卫生、人社、宣传、财政等部门，各地要充分发挥老龄工作领导小组的作用，定期不定期地研究居家养老服务工作；要加强协调沟通，加强对规划实施的督促检查，确保规划目标的如期实现，为居家养老服务工作的顺利开展提供有力的组织保证。各级党委政府要把满足广大老年的养老服务需求、发展农村居家养老服务作为落实科学发展观的重要举措，摆上重要议事日程，纳入目标责任制考核范围，切实抓实抓好。

二　加大政府财政投资力度，拓宽资金的投入渠道，建立多元化长效投入机制

任何一项公共政策的实施都需要资金作为后盾，充足的资金是顺利开展农村居家养老服务工作的基本保障。目前各地开展农村居家养老服务的资金主要来源于各级政府拨款、村（社区）自筹以及社会各界捐助等，资金来源不稳定、资金规模偏少，已经严重制约了农村居家养老服务的开展。因此，政府及其相关部门必须采取积极有效的政策措施，在加大财政投入力度的同时，促进资金来源和投资的多元化，使居家养老服务走上社会化、市场化道路。

（一）加大财政投资力度

社会福利体系建设是国家社会发展的战略安排，公共财政支出的结构应随国家发展战略目标调整和社会福利体系的变化而调整。无论与发达国家还是与一些发展中国家相比，目前我国社会福利支出占财政支出的比例都明显偏低。发达国家社会福利支出占公共财政支出的比例较高，2002年英国、瑞典、德国、日本、美国此项指标分别为 32.4%、35.4%、55.9%、44.0%、33.6%，均高于 30%。转轨国家公共财政支出中社会福利支出比例与发达国家大致相当，2001 年俄罗斯该指标值为 35.8%，2002 年捷克、匈牙利该项指标分别为 35.4%、31.2%。我国在社会福利领域的公共投入不足，2005 年我国包括义务教育在内的财政性福利支出占 GDP 的比例只有 5%；2005 年我国含社会保险的公共财政支出中社会福利性支出仅为 27.1%，与发达国家相比，甚至与一些发展中国家相比，这些指标仍然偏低。①

近年来，经合组织国家大都将社会福利支出的重点放在了老年保障和健康保障项目上。2007 年，日本、法国、瑞典、美国、德国、捷克、匈牙利等国的老年保障公共支出占全部公共性社会支出的比重普遍超过 30%，日本的该项指标值高达 46.98%，法国是 38.93%，捷克是 36.73%；同年，前述这些国家的健康保障公共支出占全部公共性社会支

① 中国发展研究基金会：《中国发展报告 2008/09：构建全民共享的发展型福利体系》，中国发展出版社 2009 年版，第 28 页。

出的比重也大多超过25%，美国的该项指标值达到44.67%，日本是33.69%，德国是31.18%。可以说，经合组织国家社会福利支出重点的确定，与全球性的人口老龄化趋势以及政府对国家人力资源可持续性发展的关注不无关系。因此，我国应借鉴其他国家的经验做法，在全面推进社会福利各项事业协调发展的基础上，将公共财政支持的重点放在社会保障、医疗卫生上。①

就目前中国的社会经济条件和人们的思想观念来看，农村居家养老服务体系建设能否建成、其运行的效能如何关键取决于政府的财政支持，以及财政支持的力度。尤其是目前农村居家养老服务体系还处于初始阶段，更离不开政府财政支持作为推动力。

老年人是社会保障应该重点加以关注的弱势群体之一，居家养老又是未来养老方式的发展趋势和发展主流，并且政府对居家养老服务的补贴是实现老年人居家养老愿望的重要支撑力量。所以，政府应通过对居家养老服务体系的整体规划，建立起体系建设的资金预算制度，一方面保证一定比例的财政投入，拨专款用于居家养老服务体系及相关服务设施的建设，逐步形成制度化的财力投入机制；另一方面，建立居家养老经费不断增长的机制，在初步确保居家养老服务体系建设资金需要后，在现有投入基数上适当增加一定比例，做到逐年有所增长，使需要得到帮助而尚未得到帮助的困难老人都能得到帮助，从而使试行中的为困难老人补贴服务的措施成为一种制度性安排，并将其纳入社会保障体系之中。

（二）扩大对农村投入的比例

目前我国社会福利支出占财政支出的比例明显偏低，而农村社会福利支出占我国整个社会福利支出的比例更是少得可怜。早在20世纪，有学者研究认为，如果考虑社会福利差距，那么城乡收入差距不是统计局所公布的3∶1，而是6∶1，甚至更大（朱庆芳，1994）②。人大代表马力认为，城乡人均福利差距达到33万元，如果是大城市，与农村的人均福利差距在100万元以上③。近年来，农村社会福利水平总体上有了明显的提高。

---

① 王阳：《我国普遍型社会福利体系的公共财政支持研究》，《经济研究参考》2011年第65期，第4—6页。

② 朱庆芳：《我国社会保障制度的改革思路》，《社会科学研究》1994年第3期，第53页。

③ 《马力：户籍与福利挂钩严重，城乡福利人均差33万》，《山东商报》2011年3月3日。

但是，城乡之间的社会福利鸿沟并没有缩小，在很多方面仍然在扩大，甚至在一些社会福利方面仍然存在“死角”和“空白地带”。基本公共服务均等化问题的实质是公共财政的问题，其核心和关键是如何实现公共财政资源的公平分配。要缩小城乡社会保障支出差异，使城乡居民获得基本均等的社会保障服务，从长远来看有赖于实现城乡社会保障一体化。而当前最为关键的是政府要改变社会保障重城镇、轻农村的财政投入机制。居家养老公共服务支持资金更应该向农村地区倾斜，向贫困地区倾斜。

（三）政府要把养老服务项目经费纳入专项财政预算，加大财政投入，明确中央政府与地方政府在费用供给上的责任划分

政府投入资金作为服务开展的基础性经费主要用于以下几方面。首先，用于居家养老服务机构基础设施建设，此外，可以在充分利用农村社区空置校舍、村委会办公房屋、闲置住房等房屋基础上，添置所需服务设施，包括床位、电视、健身器材、娱乐设施、呼叫器、老年食堂、洗衣房等。其次，用于补贴特殊、困难老人的服务费用。针对农村老年人的身体和经济情况，按不同比例对其进行补贴，对生活困难和特殊老人实行全额补贴，也可以采取上海发放“服务券”的形式。上海市困难老人经社区助老服务社评估后，每人每月可享受的“服务券”分为300元、400元、500元三个等级。农村地区可从较低的补贴标准开始，在此基础上根据资金状况逐渐扩大补贴范围。宁波海曙区相关部门曾做过测算，政府通过购买服务，上门照料困难老人，每月仅需支付人工费用165元，全年不超过2000元，即使在社区利用闲置资源建立“居家养老服务中心”，所需投资也不过10多万元，这在经济上符合我们现有阶段的发展水平。再次，用于社区照顾服务的其他费用，包括社区服务工作人员工资补助和培训费用、日常管理费用，以及其他日常活动经费开支。

目前，要通过健全财力与事权相匹配的财税体制，着力解决县乡财政困难，增强基层政府提供养老福利服务能力。一是按事权归属整顿现行的专项拨款的使用方向，优化专项拨款的结构，将资金更多地投入县及县以下地区的义务教育、基本医疗卫生服务、养老服务等公共服务方面，缩小城乡之间在财政投入方面的差距。二是合理划分省、市、县、乡四级财政收入，完善县乡财政收入体系。根据各地社会、经济和财政发展情况，将房产税、城镇土地使用税、土地增值税、印花税、契税、耕地占用税等地

方税种收入主要留给县乡两级，或提高县乡财政分享的比例。

（四）出台优惠政策引导社会组织和个人参与投资

各级政府和相关部门还必须制定相应的优惠政策，创造良好的投资环境，逐步壮大农村居家养老服务的产业规模，营造全社会共同参与养老服务的良好氛围。具体说来，这些优惠政策应该包括以下几方面的内容：一是老年服务机构的水、电、气费应当参照当地居民生活类价格标准收取；二是电话及其他有关电信业务应当参照当地住宅电话资费标准收取；三是对于非营利性质的养老机构提供养老服务，要按照国家、省关于支持养老服务的相关政策提供税收优惠；四是对各类非营利性养老机构免征自用房产、土地的房产税、土地使用税等；五是对那些资金不足但具有偿还能力、有意开展农村居家养老服务机构的单位和个人，银行可以给予一定的低息贷款，为其提供一定的启动资金。

（五）鼓励社会力量进行捐赠

开展农村居家养老服务工作，单靠政府的力量还不够，还必须充分调动社会各界的积极性，促进资金来源的多元化。要完善社会捐赠管理制度，设立农村老年人福利捐赠专项基金账户，开展多种形式的募捐活动，鼓励企业、社会各界人士积极参与到老年人福利事业中来。鉴于老年人普遍比较有爱心和同情心，可以重点通过宣传引导，号召城市中生活较富裕的老年人向农村老年人帮扶，如专门创立“城乡共享晚年”之类的基金会。相关部门可以加大宣传力度，充分发挥党员干部的带头作用。对那些通过捐款捐物、修建养老服务设施等形式支持农村居家养老服务工作的单位、组织和个人，凡符合相关规定的，均应享受一定的优惠政策，鼓励更多的有条件的企业和个人参与到农村居家养老服务体系的建设中来。

（六）积极开展资金自筹

农村社区可以挖掘利用村集体资源，为开展农村养老服务筹集资金和物资。例如，可把农村集体留地专门划出一部分耕种或者租用农村闲置耕地，为困难老年人、老年食堂提供部分粮食。也可以按照自愿原则，把完全或部分丧失劳动能力、无法继续农耕的老年人拥有的土地收集起来，帮助其耕种，使其获得一定的食物来源。此外，可以适当发展一些农村老年人经济。组织老年人做些力所能及的事情，如发挥剪纸、刺绣、手工缝制品等艺术特长，喂养家畜，获得的经济收入用于本社区居家养老服务事业。这方面重庆市丰都县龙河镇福利院的“公社化管理”值得借鉴。该养老模式注重集体劳动，分工协作，挣工分、夺红旗，评劳动能手，不仅打破了长期束缚农村福利院发展的瓶颈，更让老人感受到了生命的意义和集体的力量。这样，让老年人也参与到福利事业建设中来，既可以缓解所需资金压力，又能够丰富老年人生活，锻炼他们身体的灵活度。

三　加强居家养老服务队伍建设，提高居家养老服务的专业化水平

居家养老服务体系的完善，在很大程度上取决于服务队伍的素质和服务水平。目前，我国农村居家养老服务人员匮乏、专业化水平低下严重制约了居家养老服务工作的开展，因此，加强居家养老服务队伍建设，提高居家养老服务的专业化水平已成为加快居家养老服务体系建设需首要解决的问题之一。

（一）从上而下建立一支较为规范的管理队伍

政府必须从宏观架构上明晰居家养老服务工作的管理与监督体制，理顺工作管理体制、明确各级主管部门的职责，建立监督评估机制，并在主管部门的领导下，成立一支规范的管理队伍，负责农村居家养老服务具体工作的开展。首先，完善管理队伍的人员构成。管理队伍的人员构成应该涵盖县、乡镇、村（社区）三级居家养老服务组织的相关负责人，并对各层级管理人员的工作职责、工作权限等做出具体规定。其次，提高管理队伍的业务水平。在管理队伍的业务水平方面，各层级管理人员不仅需要具备基本的管理学知识、社区管理的工作经验、良好的人际沟通能力，还必须对居家养老服务的相关政策制度有比较全面而深刻的了解，能够根据当地的实际情况，积极开展各项工作。在农村乡镇，居家养老服务组织可以设置在乡镇敬老院内，由敬老院业务院长兼任居家养老服务站负责人；村、社区一级由村主任或社区负责人担任居家养老服务室负责人。为节省人本，提高管理效率，在农村村级层面，可以重点抓中心村，通过以点带线、连线成面，推动整个农村地区居家养老服务工作。

（二）建立一支以农村妇女为主体的专职服务队伍

农村社区中有大量无业农村妇女，她们大多熟悉本村老年人的基本情况，因此能够提供更贴近老年人个体需求的服务。同时，农村老年人对她

们也比较熟悉，也更容易放松顾虑，接受她们的服务。因此，雇用农村无业妇女提供农村居家养老服务是一种切实可行的办法。但同时我们也应该意识到大部分农村妇女的文化程度普遍偏低，她们没有受过专门培训，也不懂老年学、老年心理学以及护理学等相关知识，这些都会直接影响到居家养老服务的质量。因此，在雇用当地农村妇女提供居家养老服务前，必须对她们进行必要的职业技能培训，让她们掌握必要的知识和技能，提高她们的业务水平。但由于知识、年龄和自身条件所限，再加上培训成本，农村妇女经过培训后可成为家政服务人员并从事一些简单的护理工作，但难以胜任专业的护理工作。此外，有条件、有需要的村（社区）也可以配备1—2名专业护理人员作为骨干力量开展服务，一方面可以起到树立形象、加大宣传的作用；另一方面，也可以通过专业护理人员的示范与指导，提高其他专职服务人员的服务水平。

（三）建立一支具有一定规模、人员相对稳定的志愿者服务队伍

在志愿者队伍建设的初始阶段，可以倡导社区中的党员、干部带头加入农村居家养老服务志愿者队伍，通过党员、干部的以身作则，带动身边经济条件好、有能力、有爱心的人也加入志愿者队伍中来。同时，也需要对志愿者给予一定的肯定与鼓励，对优秀的志愿者授予标兵、模范等荣誉称号，以此鼓励志愿者继续投入服务热情。在我国农村地区，一直有着邻里互帮互助的优良传统。在这次的调查中，我们也发现有很多农村居民都义务给村里困难老人提供帮助，有些社区还建立了一对一帮扶制度。因此，只要坚持宣传与鼓励，应该能够带动农村居民的志愿服务热情。笔者认为，农村社区志愿者队伍建设工作的重点和难点不在于宣传，而在于如何使志愿服务工作常态化。城市社区志愿者队伍建设给我们提供了一个可借鉴的经验，那就是“以服务换服务”，即当志愿者为辖区内的老年人提供义务服务以后，可在社区领到一张对应其服务时间和服务内容的“志愿服务卡”，当志愿者本人需要服务时，社区再安排其他志愿者为其服务。这样一方面可以提高志愿者的服务积极性，另一方面也可使志愿服务工作获得长久发展。

（四）加强专业的医疗护理队伍建设

调查表明，健康医疗服务需求是位居农村老年人居家养老服务首位的需求。医疗健康需求是目前农村老年人最迫切的需求，而目前这方面的工作还十分薄弱，问题十分突出。毫无疑问，解决农村老年人看病难和看病

贵，增加农村老年人就医的便捷和可及性是当下开展居家养老服务必须正视的问题。另一方面，随着老年人年龄的增长，失能风险也随之增加，如何对农村失能老年人提供必要的和基本的护理和帮助，是农村居家养老服务工作的重点和难点。因此，无论是从目前还是从长远来看，必须建设一支专业的农村医疗护理队伍，才能从根本上提高农村居家养老服务的专业化水平，缩小城乡居家养老服务的差距。

政府在开展对现有居家养老服务人员培训的同时，应加强对专业人才的系统性培养，高校、职业院校可设置相关专业培养和储备为老行业管理人才和护理服务专业人才。制定优惠政策，鼓励和吸引更多社会优秀人才、大中专学生从事养老服务工作，提升行业的整体素质。

对从事居家养老服务的专职人员，按照统一大纲和教材开展职业技能培训，考试合格者发给相应的职业技能等级证书，同时要加强服务人员的职业道德教育。要有计划地从大专院校养老护理专业毕业生中吸纳老年康复、护理、保健、营养、心理等方面的专业人才充实到居家养老的服务队伍中，不断改善服务队伍的专业结构。

（五）把社会工作者引入居家养老服务

与国外社区照顾相比，目前养老服务业缺乏专业人员如社会工作者、社区护士等人介入，尤其是服务评估及服务监督。现阶段的居家养老服务在很多方面与社区失业人员挂钩，虽然可以为大量中年失业者创造再就业的机会，但这样的理念与做法也使居家养老的服务水平难有突破。不管是从国外成功的经验来看，还是从我国居家养老服务能否达到较好的社会效益来考量，大规模地引入具备社会工作专业背景尤其是社区工作技巧的社会工作者参与其中，是带动居家养老服务较快走向专业化的最佳选择。因此，在倡导居家养老服务的同时，应该更多地考虑如何将之与在我国逐步萌芽的社会工作融合起来。

（六）着力完善社会工作者与志愿者联动发展机制

建议建立注册志愿者与社会工作者结对联系制度，每个社会工作者相对固定联系一定数量的志愿者，有针对性地联动开展社会工作。社会工作者所在机构应为志愿者开展工作提供必要的条件，积极发挥社会工作者在组建团队、规范服务、拓展项目、培训策划等方面的专业优势，形成“社会工作者引领志愿者拓展服务、志愿者协助社会工作者改善服务”的发展模式。

四　加强农村居家养老服务的基础设施和平台建设，丰富居家养老服务的内容，不断创新居家养老服务的形式

（一）加强农村居家养老服务的基础设施建设

农村居家养老服务工作的开展离不开必要的硬件设施，比如老年人居家养老服务中心（站）、老年人活动中心、老年人医疗保健室等。但是，农村公共设施建设一直落后于城市，大部分农村社区都没有配套相应公共服务设施，甚至连可供改造的相应设施都不具备。因此，要发展农村居家养老服务，必须重视相关基础设施的建设。

（二）充分整合农村现有资源，充分发挥其功能，是现阶段做好农村居家养老服务工作的一条捷径

一是要充分发挥和利用农村养老机构设施资源和人力资源的优势，推动农村养老机构将服务工作从院内向院外延伸。比如，养老院的食堂可以向附近的农村老年人提供餐饮，利用养老院的空闲床位开展日托服务，利用养老院的活动设施为居家老年人开展文体活动提供方便，利用养老院服务队伍专业优势开展居家养老服务人员的培训工作，甚至可以利用养老院丰富的管理和服务经验，委托其承担一些农村居家养老服务的具体组织、实施和监督工作，等等。这样既节省了政府的财力和精力，确保了居家养老服务的质量，又拓展了农村养老机构的服务功能，提高了农村养老机构的综合利用率和社会效益，是一个多赢的举措。二是充分利用村卫生服务站的医疗、床位等资源和人力资源，对农村老年人开展健康检查和健康教育，向有需要的居家老人提供上门诊断、打针和送药等服务。三是利用农村已建成的各类体育、文化设施、场所，给老人提供一个锻炼、学习、休闲的场所。如农村中小学的体育场所、图书馆（室）等可在特定的时间向老年人免费开放，实现资源共享。四是利用好闲置资产，为农村居家养老服务工作提供必要的场所。充分利用农村现有办公用房、闲置公房、村合并后多余办公房及闲置的村级学校等资源，来解决农村居家养老服务场所缺乏的问题，可谓一举多得。

（三）农村老年人的长期护理问题要与目前农村医疗问题的解决结合起来，整合医疗资源，探索建立农村社区医疗和社区养老联动的服务机制

应将老年人作为社区卫生服务的重点人群，适合老人的特点和要求，开展健康教育、预防保健、康复和一般常见病、多发病的诊疗服

务。首先，加强宣传指导，让老人从社区就能方便地得到医疗保健的咨询服务。老年人免费体检最好一年一次，体检结果要及时通知老年人，健康有问题的要督促复查，以免贻误治疗时机。培养老年人养成正确的健康观念，提高老年人自我保护的意识和水平。其次，依托社区卫生服务中心，在社区服务机构设立专门的康复病床，由专职康复保健人员提供康复护理可使医疗资源得到更加合理的配置，方便老人及其家属。为此，社区卫生服务中心与上级医疗机构应当建立双向转诊联系，社区卫生服务加强预防工作，进行疾病筛选和及时转诊，并接受上级医疗机构转诊下来的康复护理。再次，建立家庭病床，提供上门服务。社区卫生人员定期对住在家庭病床的老年人进行随访，对其照顾者提供医疗和护理的技术指导。

（四）建设亲属、邻里间的互助网络

对于中国等发展中国家来说，所面临的正是家庭养老功能退化、高成本养老机构建造以及社会服务体系刚起步这三大局面并存的境况，因此，目前可以充分考虑对于亲属或邻里间互助网络的重点建设。通过鼓励亲属间多走访，尤其是住得较近的亲属，多上门探访和照看，解决老人的照料和安全问题，也给予老人情感的问候；通过开展邻里帮扶活动，为独居、高龄老人安排邻里结对，提供陪护外出、打扫照料等服务，使老人感受到邻里之间的温暖与关怀。

根据农村互帮互助的民风和地广人散的实际，采取“走进去”和“走出来”相结合的方式，对缺乏生活自理能力且行动不便的失能、高龄、病残、空巢以及孤寡老人，主要采取指派专业服务人员和志愿者上门提供服务的方式（采取邻里结对、亲属结对、党员结对等形式，按照就近、自愿原则，建立相对固定的结对服务关系）；对于大部分身体尚好、能自我行动的老年人，主要引导其走出家门接受服务。

五　进一步完善农村居家养老服务的管理制度和运行机制

（一）建立起家庭成员为主照顾老年父母的奖励扶助制度，巩固和强化家庭在老年人居家养老服务中的作用

研究结果显示，我国老年人的晚年生活主要是依靠非正式的支持网络，而家庭支持又几乎成为非正式支持的全部。针对目前家庭养老功能弱化的问题，政府要采取各种措施，夯实家庭养老的基础，充分发挥家庭对

老年人照料、健康照顾和精神慰藉的作用，以弥补目前老年福利服务的不足和社会化服务的匮乏。

一些外国的经验可以借鉴。处在儒家文化圈内的新加坡、日本、韩国，在这方面已经走在了我们的前面，给予赡养老人家庭以税收优惠、津贴补助、住房优先等待遇。日本政府很早就对与父母同住者和赡养父母者给予税收上的优惠或住房上的补贴。韩国政府强调弘扬传统的家庭照顾老人和孝顺老人的价值观。政府对与老人同住的人实行了减免部分遗产税和收入税，同时还提供家庭津贴。政府期望通过家庭津贴和住房津贴等，以减轻赡养老人的家庭负担，提高其赡养老人的积极性来保持家庭照顾老人的传统。① 在新加坡，特别注重发挥家庭的同居赡养功能。李光耀一直将家庭养老看作东方社会的一种优良传统，并十分推崇三代同堂这种传统的家庭模式，指出奉养父母是子女应尽的责任。他强调必须采取坚决的步骤鼓励大家庭的亲人住在毗邻组屋里，要不惜任何代价绝不能让三代同堂的家庭分裂。在20世纪80年代的新加坡，大家庭在申请政府组屋时，就比小家庭容易得多。在分配政府组屋时，对三代同堂的家庭给予价格上的优惠和优先安排，同时规定单身男女青年不可租赁或购买组屋，但如愿意与父母或四五十岁以上的人同住，可优先照顾；对父母遗留下来的那一间房屋可以享受减免遗产税的优待，条件是必须有一个子女同丧偶的父亲或母亲一起居住；如果纳税人和父母或患有残疾的兄妹一起居住，该纳税人可享有父母及残疾兄弟税务扣除的优待。②

在我国大力发展市场经济条件下，政府的扶持和资助对保持家庭照料至关重要。比如对那些赡养老人的人增加假期；对照顾无自理能力老人的家庭提供资助；对子女与老人同住或就近居住提供方便和优惠。从政策上鼓励两代、三代同堂，同层隔户居住或就近居住，等等。鼓励子女照顾老人，即可以通过几代同堂来保持，更重要的是，可通过分居但距离很近的两代居住格局来保持。要开发出一种适合代际居住的老年住宅，满足老少多代户特别是三代户所需，创造共居的住房条件。同时应满足老少户可分可合及便于双向照顾的要求。由于生活观念、生活习惯、兴趣爱好的代际

① 谢泽宪：《韩国家庭养老能走多远?》，《社会》2000年第3期，第30页。

② 胡灿伟：《新加坡家庭养老模式及其启示》，《云南民族大学学报（哲学社会科学版）》2003年第3期，第37—38页。

差，最佳选择是在一个单元门，同层隔户居住，既可独立居住，又可共同生活（用餐、聊天、娱乐等）和相互照顾。此外，政府可以从住房补贴、减免税收等各方面予以鼓励。运用这样一系列的方式，鼓励老年人与子女互尽义务。相信政府强有力的支持必将对家庭照料带来新的生机，开创新的局面。[①]

（二）建立和健全善待老年人优待办法，实行农村困难老年人居家养老政府购买服务制度

提高农民养老保障水平和医疗保障水平是增强农村居家养老服务有效需求、做好农村居家养老服务工作的基础和前提，要进一步完善农村基本养老保险制度，逐步推进城乡养老保障制度有效衔接，进一步完善城镇化进程中失地农民的生活和养老保障问题。建立随工资增长、物价上涨等因素调整基本养老金待遇的正常机制，进一步完善农村合作医疗制度，扩大覆盖面，使绝大多数农村老人享受合作医疗，逐步提高城镇居民医保和新农合人均筹资标准及保障水平，减轻老年人等参保人员的医疗费用负担；建立“农村大病救助制度”，作为合作医疗制度的重要补充形式。

建立和健全善待老年人优待办法，积极为老年人提供各种形式的照顾和优先、优待服务，逐步提高老年人的社会福利水平。有条件的农村地区可发放高龄老年人生活补贴和家庭经济困难的老年人养老服务补贴。试行特殊困难老年人群购买服务的相关政策。对于低收入的高龄、独居、失能等养老困难老年人，经过评估，采取政府补贴的形式，为他们入住养老机构或者接受社区、居家养老服务提供支持。

（三）创造社会组织发挥作用的良好环境，加强民间服务组织的培育和引导

政府购买服务、民间组织运作模式的有效运行离不开民间养老组织的发育与成长，离不开多个民间养老组织竞争态势的形成。通过推动登记管理制度改革，降低准入门槛，简化登记手续，使大量民间发起的社会组织获得合法身份，促进了社会组织大发展。只有更多的、不同类型、不同规模的民间养老组织成长起来，彼此竞争，政府的购买才具有可选择性，才可能真正实现竞争性购买，提高政府购买的效率。

---

① 赵丽宏：《城市居家养老生活照料体系研究》，《学术交流》2007 年第 10 期，第 124 页。

首先，我们应抛弃民间养老组织内部的能力建设只是民间养老组织内部事务的错误观点，充分认识政府在民间养老组织能力建设中具有不可替代的作用。国际经验表明，政府与民间组织合作过程中，都十分重视对民间养老组织能力建设方面的投资，包括服务员工的能力提升、改善技术和设施、规范战略计划制订等。在中国，尤其农村，在民间养老组织还比较弱小的背景下，民间养老组织的成长和能力提升更离不开政府的支持，需要政府重视民间养老组织的能力提升工作。为此，民间养老组织需要国家、省级层面和地方、基层政府创造诱致性的激励体制，激发公民个人和社会组织参与到老年服务事业中来；创设配套的制度安排和实施有效的监管，使非营利性组织运转实现制度化和规范化，实现自律与他律的相结合。[①] 通过类似于上海公益孵化器的方式，培育并提升农村民间养老组织的服务输送能力。其次，民间养老组织要加强内部能力建设，不仅需要与政府开展合作，还有必要加强与其他民间养老组织、高等院校、大众传媒和学术组织的合作。与各种类型的社会力量的合作，能为民间养老组织的能力提升提供智力、舆论、人力等资源。

（四）构建并实施质量监督评估体系，规范服务运作

要建立居家养老服务的评估和监督机制，促使居家养老服务工作的规范化运作。评估包括对政府购买服务对象的资格评估和服务质量的评估。要有统一的、科学的、可操作的评估标准和工作流程，保证政府补贴资金真正用到最需要政府帮助的老人身上，并确保其服务质量。同时，要做好对服务实体的监管工作，建立健全相应的监督机制和奖惩措施，规范各服务实体合法经营、诚信运作，避免发生损害老年人合法权益的事件，为居家养老服务健康、有序发展提供有力保证。

（五）建立老年人长期护理保险

长期护理保险也称长期照料保险，是指为那些因老年、疾病或伤残导致丧失日常生活能力而需要被长期照顾的人提供护理费用或护理服务的保险。比如，日本为了解决护理老年人的问题，从 2000 年 4 月 1 日起实施老年人护理保险制度。其护理保险的对象是 40 周岁以上的人，又具体分为 65 周岁以上的老人和 40—64 周岁参加了医疗保险的人。所提供的是包

---

① 陈振明、薛澜：《中国公共管理理论研究的重点领域和主题》，《中国社会科学》2007 年第 3 期，第 143 页。

括保健、医疗、福利在内的综合服务，在费用分担方面，接受了护理保险服务的被保险人承担 10%，其余 90% 由护理保险机构负担。这种新的保障模式，体现了传统儒家文化对老年人的人文关怀，非常值得我们借鉴。我国政府也可通过税收优惠等政策措施鼓励和引导商业保险公司开辟长期护理保险业务，增强群众长期护理保险意识，减轻长期高额护理费用压力，以满足农村老年人有关长期护理的需求。①

我国建立适合国情的长期护理保险制度模式应分三步走：第一步，采取商业长期护理保险的模式；第二步，由国家、企业、个人共同参与的社会基本长期护理保险和商业长期护理保险相结合，商业长期护理保险作为补充保险的模式；第三步，实行政府强制的全民长期护理保险模式。

六　建立一个有利于居家养老的社会氛围和环境

（一）加强立法

无论是中国香港还是美国，政府都制定了完善的政策法规制度，这些政策法规的制定规范了养老服务，有力地促进了养老服务体系的运转。完善政策法规的目的在于，使养老服务实现过程的各个环节都实现规范化、制度化的管理，提升养老服务的质量，加强监督控制，保证养老服务体系的高效运行。虽然当前已经有一些相关的政策法规文件，但是，这些政策法规还没有形成一个完善的体系，许多内容都没有涉及，还有许多方面做得不够细致。因此，需要对相关政策法规进行完善。

（二）加强尊老敬老爱老的教育宣传

尊老敬老爱老，是中华文明长久以来一直都在倡导和传承的优良美德。无论是在过去还是现代社会，这份东方人特有的情感文化和道德文化，也是我国老龄政策文化的重要组成部分，是我国养老服务体系赖以存在的文化基础。

对于这份宝贵的文化传统，除了通过法规政策、社会舆论进行维系和监督外，更应通过课堂、书籍、电视节目、社区宣传等教育宣传途径，提供有效的信息和教材，潜移默化地让青年人真正了解和尊重老年人。最重

---

① 刘霞、申锦莲：《关注老龄化，推进农村社会化养老服务——以烟台为例》，《行政与法》2011 年第 2 期，第 51 页。

要的是，通过各种宣传和专家学者的报告，让年轻人懂得老年人不应是一种潜在的问题或负担，相反的，使老年人过得安康和幸福，应该是在承认个人尊严的基础上，把提供养老服务看成一种基本权利和应得的真诚情感，而不是一种同情和容忍行为。而付出这些真诚感情的青年人，在他们晚年的时候也会得到报答和应有的尊重。①

社会应积极推进农村社区敬老文化的重建和彰显，为家庭福利保障功能的实现创造有利的文化环境。对老年人而言，家庭的重要福利功能不仅表现在子女可能从经济上对老年父母进行支持和帮助，更重要的是随着年龄的增长，老年人的健康状况也会逐渐变差，一旦失去了自我照顾的能力，大多数老年人的照料还离不开家庭。

在相当长时间内，老年人的照料都离不开家庭，特别是在农村地区。可见，采取法律、道德等多方面的有力措施来继续维持家庭的照料功能是相当重要的。

（三）鼓励老年人自尊自立和社会参与

养老社会环境的营造，需要老年人自身的参与。正如相互作用理论所指出的，制定适宜的政策来改善环境，以及鼓励老年人积极参与社会交往是减弱老龄化消极影响的具体措施。无论是老年人口数日益增多的客观现实，还是健康老龄化的发展需求，与过分依赖外界的帮助相比，能否使老年人保持自尊自立的良好心态，尽可能长久地独立生活和热情地参与社会，在现代社会才是更为重要的。

（四）积极发展与老年人相关的服务和产业

随着我国老龄化的进一步加剧，老年人的服务需求也在进一步增长，老年产业是一个朝阳的、光荣的、巨大的市场，必须积极加以探索。国家和地方在制定现代服务业发展规划时，要注重规划老年服务产业；在推动服务业招商引资中，要注重推介老年服务产业项目；在加快园区开发进程中，要注重规划建设老年服务产业园，大力培育一批大型老年服务产业龙头项目，打造一批老年服务产业知名品牌。要鼓励和扶持开发老年产品，引导企业生产满足老年人各种需求、门类齐全、品种多样、经济适用的老年用品；优先发展养老护理、康复保健、社区服务和老年特殊用品等产

① 陈功、杜鹏、陈谊：《关于养老“时间储蓄”的问题与思考》，《人口与经济》2001 年第 6 期，第 72—73 页。

业；大力发展老年旅游业，推出适宜老年人的旅游线路和服务项目；积极开发符合老年人特点的金融、理财、保险等其他产品；培育老年消费市场，鼓励商家设立老年用品专柜，举办老年产品展示会。政府要通过税收优惠和政策鼓励民间资本进入居家养老服务领域，推动老年服务产业上一个新台阶。

附 录 一

居家养老服务意愿调查问卷

调查者　调查时间

尊敬的先生/女士：

您好！

为了更好地了解人们对居家养老模式的选择意愿，以便为进一步解决养老问题提供建议，我们设计了这份问卷，希望能得到您的支持和帮助。本问卷不用填写姓名，答案也没有正确错误之分，我们承诺对您提供的信息予以保密。请您把您的真实情况和想法提供给我们。

占用了您宝贵的时间，向您表示衷心的感谢！

2012 年 6 月

说明：

1. 请在每一个问题后适合自己情况的答案打上“√”或者在“（　）”处填适当的内容。如果没有注明多选题，则为单选题。

2. 按养老经济来源可分类为：养老靠子；养老靠自己；养老靠政府。其中，养老靠政府主要是指靠政府主办或组织的社会养老保险。

3. 按养老居住地可分类为：居家养老、机构养老（福利院、敬老院等）。

4. 按养老是否与子女同住可分类为：跟子女住，不跟子女住。

5. 本问卷的调查对象为 50 岁以上的先生/女士。

注：这里所指的养老意愿，是您自己将来（或现在）的养老意愿，不是指您对长辈的养老意愿。

A　基本情况

您的家庭住址位于江苏省__市__县（市）乡镇__村

A1 您的家庭住址处于：

1. 城镇（　）；2. 农村（　）

A2 您的性别：

1. 男（　）；2. 女（　）

A3 您的年龄：

1. 50—60 岁（　）；2. 60—65 岁（　）；3. 65—75 岁（　）；4. 75—85 岁（　）；5. 85 岁以上

A4 您的受教育年限：

1. 小学以下（　）；2. 小学（　）；3. 初中（　）；4. 高中或中专（　）；5. 大专以上（　）

A5 您所从事的职业（如现在没有工作，可以填写原来的工作）：

1. 务农（　）；2. 经商（如开店、自营运输等）（　）；3. 手艺者（如木匠、水泥匠等）（　）；4. 企业工作（　）；5. 事业单位工作（如学校、政府机关等）（　）；6. 打零工（　）；7. 其他（　）

A6 您是否有特殊经历（指曾经担任过乡村干部、外出务工、参军等）：

1. 有（　）；2. 无（　）

A7 您目前的年收入大概多少元：

1. 1000 元以下（　）；2. 1000—2000 元（　）；3. 2000—3000 元（　）；4. 3000—4000 元（　）；5. 4000—5000 元（　）；6. 5000—6000 元（　）；7. 6000—7000 元（　）；8. 7000—8000 元（　）；9. 8000—9000 元（　）；10. 9000—10000 元（　）；11. 10000—15000 元（　）；12. 15000—20000 元（　）；13. 20000 元以上（　）；14. 30000 元以上（　）

A8 您目前的婚姻状况是：

1. 有偶（　）；2. 离婚（　）；3. 丧偶（　）；4. 未婚（　）

A9 您目前的居住方式：

1. 与子女同住（　）；2. 与老伴单独住在一起（　）；3. 自己一个人住（　）；4. 养老院（　）；5. 老年公寓（　）；6. 托老所（　）；7. 其他（　）

A10 若您与子女一起住，请回答，您与子女一起住的原因（多选）：

1. 靠子女赡养（　）；2. 在经济上帮助子女（　）；3. 需要子女照

顾（　）；4. 帮子女照料家务（　）；5. 享受天伦之乐（　）；6. 没房子分不开（　）；7. 其他（　）

A11 请问你们家庭关系如何？

1. 和谐（　）；2. 一般（　）；3. 偶尔有争吵（　）；4. 经常有争吵（　）

A12 目前您的生活来源主要是靠：

1. 自己（　）；2. 子女（　）；3. 亲戚（　）；4. 政府（　）；5. 其他（　）

A13 您日常生活的自理程度：

1. 完全能自理（　）；2. 偶尔需要帮助（　）；3. 经常需要帮助（　）；4. 基本不能自理（　）

A14 请问您目前有哪些身体状况（可多选）：

1. 高血压（　）；2. 糖尿病（　）；3. 高血脂（　）；4. 心脏病（　）；5. 慢性支气管炎（　）；6. 哮喘（　）；7. 中风（　）；8. 关节炎（　）；9. 高血糖（　）；10. 失能（需要借助他人照顾生活）（　）；11. 其他（　）（请注明）

A15 您工作之余的活动主要是（可多选，答案不超过 3 个）：

1. 看电视、听广播（　）；2. 聊天、打牌（　）；3. 读书看报、琴棋书画、养花鸟、钓鱼等（　）；4. 带小孩（　）；5. 体育锻炼（　）；6. 公益活动、村民互助小组（　）；7. 旅游（　）；8. 基本没有休闲活动（　）

A16 如果没有或者很少参加活动，原因是（可多选）：

1. 经济条件有限（　）；2. 没有人组织（　）；3. 身体健康问题（　）；4. 不感兴趣或者缺乏必要的技能（　）；5. 没有时间（　）；6. 居住地没有或很少有休闲场所和设施（　）；7. 没有伴（　）

B　养老意愿

B1 就养老经济来源看，您希望：

1. 养老靠子女（　）；2. 养老靠自己（　）；3. 养老靠政府（　）；4. 其他（　）

B2 就养老居住地来说，您希望：

1. 居家养老（　）；2. 机构养老（　）

B3 就养老是否与子女同住来说，您希望：

1. 跟子女住（　）；2. 不跟子女住（　）

C　养老机构

C1 您了解敬老院/福利院等养老机构吗？

1. 很了解（　）；2. 一般（　）；3. 不了解（　）

C2 您所居住的地方有养老院、敬老院、福利院等养老机构吗？

1. 有（　）；2. 没有（　）

C3 您是否愿意入住养老机构？

1. 是（　）；2. 否（　）

（如选择“是”，请接着回答 C4，C5，C6；如选择“否”，请回答 C7）

C4 您愿意入住由谁主办的养老机构？

1. 国家主办的养老机构（　）；2. 民办养老机构（　）

C5 您入住的原因是（可多选）：

1. 子女没时间照顾（　）；2. 为了消除孤独和寂寞（　）；3. 家中住房不宽裕（　）；4. 不想拖累家人（　）；5. 其他（　）

C6 假如您要入住养老机构，那么您在选择养老机构时最关心的是（可多选）：

1. 服务质量（　）；2. 价格（　）；3. 居住环境（　）；4. 地理位置与交通方便性（　）；5. 医疗康复条件（　）

C7 您不愿入住的原因是（可多选）：

1. 生活上不自由（　）；2. 容易被人看不起（　）；3. 生活比较单调（　）；4. 亲属探望不方便（　）；5. 怕子女被人非议（　）；6. 不愿离开自己熟悉的环境（　）；7. 收费太高，经济上承受不起（　）；8. 其他原因（　）

D　养老服务

D1 您希不希望社区（村）在养老方面多做点事？

1. 希望（　）；2. 无所谓（　）；3. 没想过（　）；4. 不希望（　）

D2 您认为您所在的社区（村）在养老方面有没有起到作用？

1. 非常大的作用（　）；2. 有些作用（　）；3. 基本不起作用

（　）；4. 一点作用也没有（　）；5. 其他（请注明）

D3 您希望社区（村）提供什么样的居家养老服务（可多选）？

1. 医疗服务（　）；2. 家政服务（　）；3. 文化娱乐服务（　）；4. 教育服务（老年大学等）（　）；5. 心理咨询服务（　）；6. 法律咨询服务（　）

D4 您接受过社区（村）老年服务吗？（如选择 1，请回答 D5 和 D6；选择 2 时，请跳过 D5 和 D6，直接从 D7 开始回答）

1. 接受过社区老年服务（　）；2. 未接受过　（　）

D5 您接受过社区哪些老年服务（可多选）：

1. 生活照料（　）；2. 医疗护理（　）；3. 精神慰藉（　）；4. 文体活动（　）；5. 法律维权（　）；6. 应急救助（　）；7. 其他（　）（请注明）

D6 现在开展的社区老年服务总体情况让您满意吗？

1. 非常满意（　）；2. 比较满意（　）；3. 一般（　）；4. 比较不满意（　）；5. 非常不满意（　）

D7 您认为有没有必要在社区（村）设立为年服务场所或机构？

1. 有必要（　）；2. 没有必要（　）；3. 无所谓（　）

D8 就医疗需要而言，您希望得到以下哪种形式的医疗服务（可多选，答案不超过 3 个）？

1. 开展健康检查（　）；2. 建立健康档案（　）；3. 提供健康咨询（　）；4. 提供护理服务（　）；5. 陪同看病及取药（　）；6. 上门看病（　）

D9 您最需要的日常生活照料有哪些（多选题）？

1. 重体力活（　）；2. 生病时的照顾（　）；3. 陪看病（　）；4. 买菜购物（　）；5. 洗衣洗被（　）；6. 烧菜做饭（　）；7. 上厕所（　）；8. 洗澡（　）

D10 如您接受社区精神慰藉服务，您希望得到以下哪种形式的服务（可多选）：

1. 家访聊天（　）；2. 参加老年大学学习（　）；3. 组织健身活动（　）；4. 提供图书阅览（　）；5. 提供电脑上网（　）；6. 电话问候（　）；7. 其他（　）（请注明）

D11 您是否愿意自己出钱购买由政府提供的居家养老服务（可多

选）？

1. 愿意（　）；2. 不愿意（　）

（如选择 1，请继续回答 D11；如选择 2 时，请跳过 D11，直接从 D12 开始回答）

D12 如果有专门为老年人提供生活照顾的服务，您愿意出钱购买服务的原因是（可多选）：

1. 价格要合理（　）；2. 服务要及时周到，令人满意（　）；3. 能减少子女的负担（　）；4. 政府要给补贴（　）；5. 年老时自身行动不便很需要这样的服务（　）

D13 您不愿意出钱购买养老服务的原因是（可多选）：

1. 经济上可能负担不起（　）；2. 担心服务质量不好（　）；3. 缺少亲情，不放心（　）；4. 没必要，自己能行或者子女能照顾（　）

D14 您老年时想不想参加集体性的活动，如观光旅游、打太极拳、公益或义务劳动：

1. 非常想（　）；2. 一般，有就参加（　）；3. 没兴趣（　）；4. 不想（　）

D15 您愿意参加社区为老志愿服务吗？

1. 非常愿意（　）；2. 比较愿意（　）；3. 一般（　）；4. 不愿意（　）

D16 您认为社区老年服务存在的不足是（可多选）：

1. 收费太高（　）；2. 设施差（　）；3. 时间安排不合理（　）；4. 工作人员专业程度不高（　）；5. 其他（　）（请注明）

D17 当你日常生活需要别人伺候时，你是否得到了照料？

1. 是（　）；2. 否（　）

D18 上题如选择“是”，请继续回答：主要靠谁照料？

1. 配偶（　）；2. 儿子（　）；3. 儿媳（　）；4. 女儿（　）；5. 女婿（　）；6. 其他亲属（　）；7. 朋友/邻居（　）；8. 志愿人员村委会/乡镇人员（　）；9. 养老机构人员（　）

您的回答已结束，谢谢您的参与！

附 录 二

关于全面推进居家养老服务工作的意见

随着我国人口老龄化进程加快，家庭养老功能日益弱化，老年人养老服务已经成为重大的社会问题。但目前我国居家养老服务供给不足、比重偏低、质量不高，不能满足老年人日益增长的服务需求。为全面推进居家养老服务工作，提高老年人生命生活质量，提出如下意见：

一　重要意义

居家养老服务是指政府和社会力量依托社区，为居家的老年人提供生活照料、家政服务、康复护理和精神慰藉等方面服务的一种服务形式。它是对传统家庭养老模式的补充与更新，是我国发展社区服务、建立养老服务体系的一项重要内容。

全面推进居家养老服务，是破解我国日趋尖锐的养老服务难题，切实提高广大老年人生命、生活质量的重要出路；是弘扬中华民族尊老敬老优良传统、尊重老年人情感和心理需求的人性化选择；是促进家庭和谐、社区和谐和代际和谐，推动社会主义和谐社会建设的重要举措；也是加快发展服务业、扩大就业渠道和促进经济增长的重要途径。

二　基本任务

发展居家养老服务，要以科学发展观为统领，以构建社会主义和谐社会为目标，坚持政府主导和社会参与，不断加大工作力度，积极推动居家养老服务在城市社区普遍展开，同时积极向农村社区推进。力争“十一五”期间，全国城市社区基本建立起多种形式、广泛覆盖的居家养老服务网络，使社区居家养老服务设施不断充实，服务内容和形式不断丰富，专业化和志愿者相结合的居家养老服务队伍不断壮大，居家养老服务的组织管理体制和监督评估机制逐步建立、健全和完善。农村社区依托乡镇敬老院、村级组织活动场所等现有设施资源，力争80%左右的乡镇拥有一处集院舍住养和社区照料、居家养老等多种服务功能于一体的综合性老年福利服务中心，1/3左右的村委会和自然村拥有一所老年人文化活动和服务的站点。

发展居家养老服务，必须坚持以下几项原则：坚持以人为本。从老年人实际需求出发，为老年人提供方便、快捷、高质量、人性化的服务。坚持依托社区。在社区层面普遍建立居家养老服务机构、场所和服务队伍，整合社会资源，调动各方面的积极性，共同营造老年人居家养老服务的社会环境。坚持因地制宜。紧密结合当地实际，与本地经济社会发展水平相适应，与社区人文环境和老年人的需求相适应，循序渐进，稳步推开。坚持社会化方向。采取多种形式，充分调动社会各方面力量参与和支持居家养老服务。

三 保障措施

（一）制定居家养老服务发展规划。各级政府应紧密结合本地实际，科学地研究制定本地城乡社区发展居家养老服务规划，并把它纳入当地经济社会发展总体规划和社区建设总体规划中，统筹安排，推动居家养老服务快速健康发展。

（二）加大政府投入力度，合理配置资源。各级政府应转变职能，随着经济发展和社会进步，逐步加大投入，研究制定“民办公助”的政策措施，鼓励和支持社会力量参与、兴办居家养老服务业。各级政府要统筹考虑居家养老服务设施建设、队伍建设和运营管理等问题，合理配置资源。有条件的地区可有针对性地设立专项资金，开设资助项目，探索适应当地特点的居家养老服务模式。

（三）贯彻落实支持居家养老服务的优惠政策。贯彻落实国家现行关于养老服务机构的税收优惠政策，对养老院类的养老服务机构提供的养老服务免征营业税，对各类非营利性养老服务机构免征自用房产、土地的房产税、城镇土地使用税等。

（四）整合资源，建立和完善社区居家养老服务网络。要按照当地社区建设规划和老年人实际需要，协同各个部门，整合资源，在城市社区和大部分农村乡镇建设综合性居家养老服务中心、居家养老服务站点等基础性服务设施，大力推动专业化的老年医疗卫生、康复护理、文体娱乐、信息咨询、老年教育等服务项目的开展，构建社区为老服务网络，为老年人提供就近就便的多种服务。吸引生活自理的老人走出家门到社区为老服务设施接受服务和参加活动；对生活不能自理的老人则采取派专人上门介护，满足老年人生活照料、医疗护理、文化娱乐、心理慰藉等多种需求。依托城市社区信息平台，在社区普遍建立为老服务热线、紧急救援系统、数字网络系统等多种求助和服务形式，建设便捷有效的为老服务信息系统。

（五）加强专业化与志愿者相结合的居家养老服务队伍建设。要鼓励各类职业培训机构对居家养老服务人员开展职业技能培训，考试合格发给相应的职业资格证书。认真实施专业社会工作者职业水平评价制度，科学界定居家养老服务中职业社会工作者的岗位和职责，加强对社工专业人才的吸纳与培养。同时，加强居家养老服务人员的职业道德教育，改善和提高服务队伍的整体素质。

要大力发展社区居家养老服务志愿者组织，鼓励和支持社区居民和社区单位等为居家的老年人提供多种形式的养老服务。

要逐步改善和提高居家养老服务人员的地位和待遇。紧密结合社会工作者职业水平评价制度的实行，为居家养老服务的专业人员落实相应的物质待遇；对符合条件的从事居家养老服务人员，要按规定享受相应的就业再就业扶持政策。

（六）积极培育和发展居家养老服务组织。按照政府职能转变以及与企业、事业、社团分离的原则，对居家养老服务中能够与政府剥离的服务职能都要尽可能交给社会组织和非营利机构去办，交给市场和企业去办。各级政府应积极培育、规范管理各类居家养老服务机构，鼓励居家养老服务机构发展连片辐射、连锁经营、统一管理的服务模式。

（七）建立居家养老服务管理体制。各地政府应加强对居家养老服务工作的管理和监督，建立相应工作机制。在区、街道（乡镇）和社区（村）建立居家养老服务中心、站点，受政府委托负责本辖区居家养老服务的实施和管理，其主要职责是：建立老年人信息库，发布老年人服务需求信息和社会服务供给信息，对享受政府补贴的居家老人进行资格评估；对居家养老服务人员相关资格进行审查，接受服务对象的服务信息反馈，检查监督服务质量。承担政府委托的其他养老服务事项。

（八）切实加强对居家养老服务工作的领导。各级政府应充分认识新形势下发展居家养老服务的重要性，把它列入政府工作议程，并根据本意见的精神，抓紧制定符合当地实际的政策措施。各有关部门要加强配合，积极支持居家养老服务的发展。各级老龄工作委员会办公室要认真履行综合协调职能，配合相关部门，积极推动居家养老服务工作的开展。

全国老龄委办公室　国家发展改革委　教育部　民政部　劳动和社会保障部　财政部　建设部　卫生部　国家人口计生委　国家税务总局

二〇〇八年一月二十九日

附 录 三

我国部分地区开展居家养老服务体系建设的相关法律法规

苏州市加快发展养老服务事业的意见

苏府〔2005〕128号

为进一步加快发展我市的养老服务事业，逐步实现社会福利社会化，根据《国务院办公厅转发民政部等部门〈关于加快实现社会福利社会化意见〉的通知》（国办发〔2000〕19号）和《省政府批转省民政厅等部门〈关于对发展社会福利事业实行政策扶持意见〉的通知》（苏政发〔2002〕96号）等有关文件精神，现提出如下意见：

一 加快发展养老服务事业的总体思路

（一）指导思想：以邓小平理论和“三个代表”重要思想为指导，全面贯彻落实科学发展观，坚持以人为本，积极探索政府倡导资助、社会力量兴办养老服务事业的新路子，建立与社会主义市场经济体制相适应的养老服务事业发展机制和运作机制，推进养老服务事业健康有序发展，为实现“两个率先”目标发挥积极的促进作用。

（二）基本原则：（1）服务对象公众化原则。以面向全社会老年人服务为发展宗旨，满足广大老年人的服务需求，提高老年人的生活质量。（2）服务方式多样化原则。居家养老为主、机构养老为辅，大力发展家政照料、医疗保健、护理康复、精神慰藉等多种服务项目，实行有偿、低偿、志愿服务，满足不同层次老年人的服务需求。（3）服务队伍专业化原则。开展养老服务职业技能培训，实行养老服务职业资格管理制度。（4）投资主体多元化原则。加强政府对养老服务事业的资金投入和政策扶持，支持和资助社会力量兴办养老服务事业，形成多种所有制形式共同发展的新格局。（5）运作机制市场化原则。建立养老服务事业社会化、市场化的运行机制，逐步形成自主经营、自负盈亏、自我发展的公平竞争市场。（6）城乡发展一体化原则。统筹城乡养老服务事业发展，促进社会公平。

（三）目标任务：到2010年，全面建成以居家养老为主体、社区服务为依托、机构养老为辅助，覆盖全体老年人的养老服务保障体系（即苏州模式）。其中，居家养老服务组织实现城乡一体化网络，街道（镇）建有养老服务中心，社区（村）建有养老服务站。社区卫生服务中心（站）建有老年人健康档案，开设老年人常见病专科和家庭病床，覆盖面达到全市老年人口的90%以上，老年人日间护理、康复床位达到5000张以上。各类养老机构床位总量达到全市老年人口的18‰以上，城区22‰以上；具备全护理、半护理服务床位占养老机构床位总量的30%以上。各类养老机构服务人员和居家养老服务组织从业人员经职业技能培训全部实行持证上岗服务。

（四）规划布局：各地民政部门要会同发改委、建设、规划等部门按每个镇、街道拥有养老综合服务设施总床位数不低于200张（不包括县级市、区以上政府办的社会福利机构养老床位数）的原则和建设部、民政部《老年人建筑设计规范》（JGJ122－99）的建设标准规划建设当地的养老服务设施。可根据实际情况规划一处或多处，分期分批建设，并尽量安排在交通便利、环境良好、适宜人居的区域。

二　加快发展养老服务事业的扶持政策

（五）项目审批政策。对符合规划的养老服务设施项目，有关部门要给予优先审批。对列入规划的包括原来已经建有的养老服务设施，任何单位不得挤占或改变性质。因国家建设需要拆迁或占用的，应按照有关拆迁办法给予补偿安置。

（六）土地使用政策。对纳入建设规划的养老服务设施项目要优先安排建设用地，列入年度用地计划。按照法律、法规应当采用划拨方式供地的应予划拨供地；应当采用协议供地的优先搞好用地服务；应当公开交易的通过公开交易方式供地。

（七）费用减免政策。经县级市（区）民政部门审批认定的养老机构和居家养老服务组织等社会福利机构（下同），可减免有关费用。所涉及的税收按国家现行优惠税收规定执行，免征营业税和暂免征企业所得税，暂不征收自用房产、土地、车船的房产税、城镇土地使用税、车船使用税；免收按职工人数收取的城市人防建设资金、残疾人就业保障金、规划技术服务费、城市基础设施配套费、新型墙体基金、教育地方附加费、治安联防费、人防工程易地建设费、绿化补偿或占用绿地费；暂不征收污水排污费；减半收取人防建设费、义务植树费；救护车及生活用车养路费经报请交通主管部门审核后减免征收；减半收取房屋产权登记费；用水、用电、用气按居民生活类价格执行收费；安装电话免收一次性接入费，使用电话及办理其他有关电信业务执行住宅电话资费标准收费；安装有线电视减半收取初装费，月收视维护费按居民收费标准执行。

（八）培训和用工政策。对养老机构和居家养老服务组织吸纳持有苏州市（含各县级市）《再就业优惠证》的人员，政府免费提供养老护理、家政服务等相关职业技能培训，培训后经职业技能鉴定合格的发给相应的职业资格证书，持证上岗可申请享受当地社会公益性岗位政策。

（九）基本医疗保险定点政策。对社会力量兴办的养老机构内部设置的已取得执业许可证的医疗机构和为老年人提供专科医疗服务的医疗机构，如申请医疗保险定点，在符合同等条件情况下给予优先审批。

（十）社会捐助政策。养老机构和居家养老服务组织，可按社会福利机构规定接受国内外组织和个人的捐赠，可公开向社会募集款物。所募款物全部用于改善收（寄）养对象的生活和设施，并接受捐赠人和有关部门的监督检查。募集的资金应纳入财政专户，实行收支两条线管理。捐赠支持养老服务事业的企事业单位、社会团体和个人，凭受捐赠单位出具的财政部门统一印制的票据，按国家有关规定享受税收优惠政策。

（十一）政府资助政策。政府财政部门对养老机构和居家养老服务组织实行资金扶持。平江、沧浪、金阊三个区资助标准如下：对社会力量兴办（新建）的养老机构，根据自理、半护理、全护理的不同类型和相关设置要求，经有关部门验收合格后，分别按每只床位不低于 2500 元、3000 元、3500 元的标准分 3 年给予资助；对以社会独立法人名义经营的养老机构（包括原来由政府办现实行转制，或由社会组织和个人实行租赁、承包经营的养老机构），以入住 6 个月以上的本地户籍老人数，按自理、半护理、全护理三种类型，分别给予每月不低于 50 元、80 元、100

元的床位补贴；对每年固定服务（连续时间 6 个月以上）老年人达到一定数量的居家养老服务组织给予经费补贴，其中对社区卫生服务中心（站）以外的居家养老服务组织按固定服务每 50 户老年人家庭不低于 5000 元/年的标准给予补贴，对经卫生部门批准的社区卫生服务中心（站）按固定开设每 50 户老年家庭病床不低于 1 万元/年的标准给予补贴；对取得 ISO 质量体系认证的各类养老机构和居家养老服务组织（包括社区卫生服务中心/站）给予一次性 5 万元的奖励补贴。其他市（区）可根据当地实际，参照以上标准自行制定。

政府对居家养老的特殊困难老年人实施援助服务。对居家低保孤寡老人、低保边缘孤寡老人以及生活困难的老劳模、重点优抚对象、归国华侨、当地无子女照顾或子女残疾的 80 岁以上老年人提供援助服务；对生活不能自理需要进养老机构的居家“三无”老人，当地政府应安排他们进机构养老；对生活困难且不能自理需要进养老机构的老劳模、重点优抚对象、归国华侨以及当地无子女照顾或子女残疾的 80 岁以上老年人，当地政府给予适当的补贴。

以上政府资（援）助资金政策的具体实施办法由有关部门另行制定。

三　进一步完善加快发展养老服务事业的相关机制

（十二）建立养老服务事业目标管理机制。市政府从 2006 年开始连续 5 年将加快发展养老服务事业列为实事项目，具体由有关部门明确量化指标，实施目标管理责任制，确保目标任务如期实现。

（十三）建立养老服务事业经费投入机制。按照公共财政要求，各级财政要不断增加对养老服务事业的资金投入。从 2006 年起，各市（区）按上年度户籍人口 60 岁以上的老年人数，以每人 80 元的标准安排养老服务事业经费（不含各级政府原来对“三无”、“五保”老人的保障经费），列入同级年度财政预算，今后根据发展需要逐步加大对养老服务事业的投入。其中，平江、沧浪、金阊三个区按现行财政体制，市里承担 30%，区里承担 70%。养老服务事业资金主要用于政府养老服务建设项目、资助社会力量兴办养老机构和居家养老服务组织、对特殊困难老年人提供“援助服务”等。

（十四）建立养老服务社会化运作机制。积极探索“公办民营”和“民办公助”路子。社会力量可以合资、入股、购买和租赁等方式参与国有养老服务设施的经营。对各市（区）以下政府、集体办的福利院、敬老院、老年公寓等养老机构，开展经营主体改革试点，逐步实现“管办分离”。各地可采取养老机构房屋产权和使用性质不变、内部设备公开转让实行经营主体转制，由社会组织或个人负责经营；也可以采取由社会组织或个人租赁、承包经营等形式，实行市场化运作。建立“民办公助”机制，政府对社会力量兴办养老机构和居家养老服务组织实施资助政策，鼓励、扶持社会力量投资发展养老服务事业。对采取多种所有制形式创办的养老机构，有关部门要明确其产权关系，防止发生产权纠纷。

（十五）建立养老服务行业管理机制。民政部门对各类养老机构、居家养老服务组织实行社会福利机构认定制度，会同工商、税务、劳动和社保、卫生、安监、公安、环保、物价等部门实施行业监管。开展养老服务从业人员职业资格培训。

（十六）严格养老服务的社会福利机构认定工作。各地民政部门要做好辖区内各类养老机构和居家养老服务组织的社会福利机构认定工作，进行行业监管。对申请认定社会福利机构的养老机构和居家养老服务组织，民政部门要会同建设、安监、公安、卫生等部门按照建设部、民政部《老年人建筑设计规范》（JGJ112－99）和民政部《老年人社会福利机构基本规范》（MZ008－2001），对建筑设计、消防安全、床位设置、服务设施等方面以及服务人员配备进行严格验收，向社会进行公示，符合规定条件后方可认定为社会福利机构。

（十七）建立定期检查制度。民政部门会同相关部门，依照民政部《老年人社会福利机构基本规范》，对养老机构和居家养老服务组织进行定期检查。对达不到要求的责令限期整改；对不执行整改或整改以后仍达不到要求的，停止社会福利机构享受的各种扶持政策，并向社会公布处理结果；对盗用社会福利机构名义骗取各种扶持政策的，有关部门有权中止并追回相应的减免资金和资助经费；对违反法律法规的要依法追究有关法律责任。

（十八）加强养老服务人员专业化培训。市民政局、劳动和社会保障局要加强养老服务市场的规范管理，按照劳动和社会保障部颁布的《国家养老护理员职业标准（试行）》，对全市养老机构和居家养老服务组织的从业人员开展职业技能培训。到2008年年底，凡是享受政府扶持政策的养老机构和居家养老服务组织，其服务从业人员一律要求持证上岗，对达不到要求的取消社会福利机构资格和相关扶持政策。

（十九）培育发展养老服务行业协会。以各市（区）为单位，由民政部门组织辖区内养老机构和居家养老服务组织建立养老服务行业协会。通过行业协会加强行业自律和自我管理。

四　进一步强化加快发展养老服务事业的组织领导

（二十）各级政府要从全面实践“三个代表”重要思想、落实科学发展观、构建和谐社会的高度，充分认识加快发展养老服务事业的紧迫感和使命感，将加快发展养老服务事业列入当地经济和社会发展计划，切实履行政府职责，加大政策扶持力度。要统筹整合养老服务资源，减少重复建设。对发展养老服务事业工作做出突出贡献的单位和个人要给予表彰奖励。

（二十一）各地老龄委要充分发挥对老龄工作的领导和组织协调作用，集中社会各方力量，大力推进养老服务事业，形成党委政府重视、部门齐抓共管、社会共同支持的良好氛围。各级民政部门要加强调查研究，当好政府的参谋，提出切实可行的实施方案，会同相关部门制定养老服务社会福利机构的认定、政策扶持、经费资助、日常监管等具体操作办法，并做好服务协调和督促检查工作。发改委、财政、公安、劳动和社会保障、建设、规划、房管、交通、文广、卫生、安监、物价、税务、工商、国土、供电、供水、电信等部门要切实履行职能，主动承担任务，落实相应措施，共同推动养老服务事业发展。

（二十二）各地要充分利用广播、电视、报纸等新闻媒体，大力宣传发展养老服务事业的重要意义和先进典型事例，通过舆论宣传、社区教育等多种形式，广泛动员全社会重视养老问题，增强责任和义务意识，在全社会形成尊老爱老、关心支持养老服务事业的良好风尚。

二〇〇五年十二月十二日

关于进一步加快发展苏州市养老服务事业的补充意见

为积极应对人口老龄化挑战，努力实现我市养老服务事业又好又快发展，根据《中共江苏省委江苏省人民政府关于加快我省老龄事业发展的意见》（苏发〔2009〕5号）和《苏州市加快发展养老服务事业的意见》

（苏府〔2005〕128 号）精神，现就进一步加快发展我市养老服务事业提出如下补充意见。

一 提高民办养老机构补贴标准

（一）提高新建民办养老机构资助标准。将原来对每张介助（半护理）床位一次性资助 3000 元的标准提高到 4000 元；介护（全护理）床位由 3500 元提高到 5000 元。资助金拨付仍分三年，调整年度拨付比例，第一年 50%，第二年 30%，第三年 20%。第一次拨付期在养老机构开办运营当年。

（二）鼓励农村敬老院收住社会老人。在保障“三无”、“五保”老人入住的前提下，对农村敬老院收住寄养本市户籍的社会老人，参照民办养老机构给予运营补贴。

二 增加居家养老服务经费补贴

（一）鼓励和支持街道（镇）、社区（村）自治组织及社会力量利用各类资源，在辖区开办日间照料中心、托老所、助餐点等为居家老人提供生活照料、健康保健、心理慰藉、文化娱乐、助餐等内容的服务项目，经民政、财政等有关部门考核达标的，通过以奖代补形式给予经费补贴。

（二）凡在本辖区内开办日间照料中心、托老所，将根据其规模大小、服务质量、服务人数，经有关部门考核验收后，每年给予 2 万—10 万元不等的经费补贴；对主要服务老年人的助餐点，根据规模大小、服务质量、服务人数，经有关部门考核验收后，每年给予 1 万—5 万元不等的经费补贴。具体补贴办法另行制定。

三 扩大政府养老援助服务对象

在原来对苏州市户籍并实际居住在本市范围内的特殊困难老人实施养老援助的基础上，扩大政府养老援助对象。增加后的援助对象如下：

（一）年满 60 周岁，日常生活需要介助或介护的“三无”、“五保”老人、低保和低保边缘孤寡老人。

（二）年满 60 周岁，日常生活需要介助或介护的市级以上劳动模范。

（三）年满 60 周岁，日常生活需要介助或介护的重点优抚对象（领取定期抚恤金或者补助金，且无固定收入的残疾军人、复员军人、带病回乡退伍军人、参战退役人员和烈士遗属、因公牺牲军人遗属、病故军人遗属)。

（四）年满60周岁，日常生活需要介助或介护的归国华侨。

（五）年满60周岁，日常生活需要介助或介护的“二无”（无子女、无劳动能力）困难老人。

（六）年满70周岁，日常生活需要介助或介护的独生子女家庭的困难老人。

（七）年满70周岁，苏州市范围内无子女照顾或子女残疾的困难老人。

四　调整养老服务援助标准和项目

（一）对纳入政府养老援助服务的对象，由原来按月发放每天1小时服务券调整为每月发放450元养老护理服务券，其中介护对象每月发放600元养老护理服务券。

（二）服务券可抵用居家养老服务费用和入住机构养老服务费用，原对入住养老机构给予20%减免的政策停止执行。入住养老机构的援助对象，服务券在市区（七区）范围内通用。服务机构提供服务后凭收取的服务券向发放单位（民政部门）结算。

（三）资助养老机构综合责任险、居家养老护理责任险，70周岁以上老年人人身意外伤害险。

（四）本条具体操作方法另行制定。

五　提高老年敬老金标准

（一）本市户籍年满100周岁及以上的老年人，每人每月发放不低于300元的长寿补贴；在每年老年节期间再发给每人不低于1000元的敬老金。

（二）本市户籍90—99周岁的老年人，在每年老年节期间发给每人不低于1200元的敬老金。

（三）本市户籍80—89周岁老年人的敬老金，各地根据财力自行决定发放标准。

本条各项补贴均由老年人居住地县级市、区人民政府负责发放，其中平江区、沧浪区、金阊区按市、区财政比例共同承担，在养老服务事业费中列支。

六　强化养老服务事业投入机制

继续执行并进一步完善各级财政对养老服务事业的投入机制。加大福利彩票公益金对养老服务事业的资助力度。每年安排一定的福利彩票公益金，用于支持市社会福利中心建设、居家养老服务项目及老年人人身意外伤害商业保险。

七　完善养老服务各项管理制度

（一）健全管理制度。按照“以块为主，分级管理”的原则，各地把推进养老服务事业作为为民办实事的具体举措，加强组织领导，不断完善养老服务工作各项管理制度，做到有章可循，有据可依。

（二）加强服务指导。政府有关部门要积极为民办养老机构提供服务指导，对符合开办条件的要及时给予办理和审批。对新办社会福利养老机构、居家养老服务组织，要严格按照《关于转发城区养老政策扶持三个操作办法的通知》的有关要求，加强规划许可、可行性、建办质量等把关工作。

（三）完善考核评估。实行绩效考核，促进政策公平。各级民政、财政部门要会同有关单位，对养老机构和居家养老服务进行绩效考核评估（具体办法另行制定），按绩效兑现有关扶持政策。强化政务公开、社会公示，提高政策透明度和社会监督力度。

（四）增强行业自律。建立市、区养老服务行业协会，开展行业培训，规范行业行为，推进行业自律，强化行业监管，协调解决养老服务过程中出现的问题，促进养老服务专业化、规范化、市场化、产业化发展，不断提高社会化养老服务管理水平，提升服务对象满意度。

二〇一〇年一月三十日

苏州市居家养老服务体系建设实施意见

苏府办〔2013〕196号

根据《中华人民共和国老年人权益保障法》和国家、省市有关养老服务体系建设文件精神，结合我市居家养老的实践，现就我市居家养老服务体系建设制定如下实施意见。

一　指导思想

坚持政府主导、社会参与、市场运作、家庭负责，建设多层次、多元化的社会化居家养老服务体系，为老年人提供周到、便捷、高效的优质服务，解决居家老年人生活困难，提高老年人生活质量。

二　服务对象

根据实际情况分为政府援助对象、政府补助对象和自助对象三类，其中是政府援助、补助对象的老年人应具有苏州市户籍。

（一）政府援助对象

1. 日常生活需要介助或介护的城乡五保供养对象及低保和低保边缘孤寡老人。

2. 日常生活需要介助或介护的市级以上劳动模范、重点优抚对象、归国华侨的老年人。

3. 日常生活需要介助或介护的“二无”（无子女、无劳动能力）、无子女照顾、子女残疾以及独生子女家庭对象中的困难老人。

（二）政府补助对象

84 周岁及以上的老年人和 70 周岁及以上的计划生育特别扶助对象，三年逐步扩大到 80 周岁及以上的老年人。

（三）自助对象

有经济条件的需要居家养老服务的老年人。

（注：介助，即半护理，老年人日常生活行为需依赖扶手、轮椅或升降等设施帮助；介护，即全护理，老年人日常生活行为需依赖他人护理；困难老人，即年老体弱、生活自理有困难、经济收入在两倍低保标准内的老年人；计划生育特别扶助对象，独生子女死亡或三级及以上伤病残后未再生育或收养子女的父母。）

三　服务内容

根据老年人的实际需求，一方面，依托居家养老服务组织或个人，积极为老年人提供照料服务、商务服务、健康服务、精神慰藉、司法援助等

"走进去"的服务；另一方面，利用社区居家养老服务组织的场地设施，提供照料服务、文体服务、护理与康复服务、老年教育等让老年人"走出来"的服务。

四　服务组织

居家养老服务组织主要分管理类服务组织、运行类服务组织两大类。

（一）管理类服务组织

主要有各县级市（区）、镇（街道）、村（社区）的居家养老指导（管理）中心或服务站，主要任务是建立本辖区老年人信息库，负责养老援助补助的评估、初审、审核与兑现，指导并检查运行类居家养老服务组织的工作，以及承担政府委托的居家养老其他事项。

（二）运行类服务组织

1. "虚拟养老院"：是指在县级市（区）建立的，以现代信息技术为支撑、以会员制老年人为基本组织形式，采取民办非营利性企业登记方式，依靠专业服务人员，为居家老年人提供日常照料、商务服务、健康管理、精神慰藉等养老服务的组织。

2. 日间照料中心：是指一般由镇（街道）来建设、社会力量来运行的，为需要社区照顾的老年人提供膳食供应、日常照料、保健康复、文体娱乐等日间托养服务的组织。

3. 城市"小型托老所"：是指床位数在50张以下，为生活上需要介助、介护的老年人提供膳食供应、短期寄养、娱乐活动等养老服务的组织。

4. 农村"老年关爱之家"：是指床位数在50张以下，能为农村高龄、独居老年人提供集中居住、膳食供应、娱乐活动等养老服务的组织。

5. 助餐点：是指能为老年人提供助餐服务的场所。按其服务能力大小分为三类：综合型助餐服务示范点、综合型助餐服务点和助餐服务点。

6. 志愿养老服务组织：是指社会组织利用社会富余人力资源，在政府指导支持下，按照运行管理市场化、服务价值公益化，为有公益需求老年人提供志愿服务的居家养老服务组织。以镇（街道）为属地单位，由民办非营利性企业主办。

7. 老年学校：主要是指市（区）和镇（街道）主办的老年大学、村（社区）主办的老年学校（办学点），以及社会力量办的老年大学（学校)，以满足老年人“老有所学”需求。

8. 老年活动中心：主要是指由市（区）、镇（街道）、村（社区）主办的老年活动中心、老干部活动中心、老年文化活动室等，以不断满足人民群众基本的精神文化需要为目标，为居民特别是老年人集中活动提供的场所。

9. 基层医疗卫生机构：主要是指城市社区卫生服务中心（站）、乡镇卫生院和村卫生室。能为辖区内居民提供基本医疗和基本公共卫生服务，主要为老年人提供上门服务、团队服务、家庭病床服务等，并免费为老年人提供老年保健、慢性病健康管理、健康教育等多种医疗卫生服务。

10. 其他居家养老服务组织：主要是指各地政府或利用社会组织为社区老年人提供生活或精神方面服务的居家养老服务组织。如为计划生育特别扶助对象家庭服务的“连心家园”、为单身老年人服务的枫树林俱乐部、为需要司法援助服务的法律援助站、为需要紧急求助服务的金乐龄长者服务中心等。

以上各类服务组织的名称、相关建设标准分别见附件1－4。

五　建设要求

（一）服务组织

1. 县级市（区）成立居家养老指导中心：建有“虚拟养老院”。

2. 镇（街道）成立居家养老管理中心：至少建有一家省级标准的日间照料中心或城市小型托老所、农村“老年关爱之家”；有条件的镇（街道）要建志愿养老服务组织。街道要建好一所社区卫生服务中心，镇要建好一所乡镇卫生院（社区卫生服务中心）。

3. 村（社区）成立居家养老服务站：城镇社区至少建有一家省级标准的社区日间照料中心、助餐点或城市小型托老所；1万人以上的城市居住区要建日间照料中心或城市小型托老所；助餐点城乡社区覆盖面达30%以上，其中中心城区覆盖面达50%以上；有条件的村要建有省级标准的农村“老年关爱之家”。每3万—10万常住人口社区要建好一所社区卫生服务中心；中心覆盖不到的地方，每1万人左右的社区要建好一所社区卫生服务站，农村地区每个行政村或3000—5000人居住的社区要建好一所村卫生室（社区卫生服务站）。

具体建设目标见附件5。

（二）活动场所

到2015年，各市（区）、镇（街道）、村（社区）建有一定数量、面积和类别的活动场所。各市（区）建有一所建筑总面积在3000㎡以上的教育现代化老年大学，各镇（街道）和村（社区）应整合资源建有一定规模、达到一定标准的老年大学（学校、办学点），形成以市老年大学为龙头、各市（区）老年大学（学校）为骨干、镇（街道）老年大学（学校）为支撑、村（社区）老年学校（办学点）为基础的四级办学网络，满足老年人"老有所学"精神文化方面需求。按照资源整合、有效利用的要求，各市（区）建有4000㎡的老年活动中心，镇（街道）建有2000㎡的老年文化活动室，各类活动场所功能齐全，设施配套；村（社区）建有活动室、阅览室、心理疏导室、多媒体影像室等老年活动设施。另外，每个市（区）、镇（街道）应建有一定面积的室外活动场地，每个村（社区）应建有600㎡以上、能满足老年人基本精神文化需要的室外活动场地。

（三）服务队伍

到2015年，各市（区）、镇（街道）、村（社区）按照本辖区老年人口总数的比例配备发展为老服务队伍，其中为老服务人员不少于4%（其中护理人员不少于2%）、为老服务志愿者不少于20%。同时，为满足养老服务需求，要建好老年协会等基层老年社会组织，争取到2015年，城乡老年社会组织有较大的发展。

六　建设政策

（一）养老服务组织的扶持政策

1. 管理类服务组织的扶持政策

符合《江苏省社区居家养老服务中心（站）省级"以奖代补"专项资金补助办法》（苏财规〔2012〕9号）的管理类服务组织，在省"以奖代补"给予省级示范性居家养老服务（中心）10万元/个、农村（社区）居家养老服务站1万元/个建设补贴的基础上，各市（区）财政给予同等建设补贴。

2. 运行类服务组织的扶持政策

符合省苏财规〔2012〕9号文件规定的运行类服务组织，可申报省"以奖代补"一次性建设补贴〔每个县（市、区）的虚拟养老院（含居家呼叫服务系统）补助40万元；城市社区小型托老所每张床位补助0.2万元，最高补助10万元；农村“老年关爱之家”新建的每张床位补助0.3万元，最高补助15万元；改（扩）建的每张床位补助0.2万元，最高补助10万元〕。

（1）“虚拟养老院”。各市（区）对建设具有运作机制实现有效持续运行的“虚拟养老院”给予40万元的建设补贴。鼓励政府养老援助补助对象加入“虚拟养老院”享受服务。“虚拟养老院”每年（连续服务6个月以上）固定服务1户老年人家庭，各市（区）给予200元/年的运营补贴。

（2）社区日间照料中心。新建、改（扩）建的社区日间照料中心休息床位达到20张以上，具有配（就）餐室、阅览室、文体活动室、健身康复室、医疗保健室及其他附属设施的，按建筑面积在200㎡、400㎡、600㎡及以上，一次性给予20万元、40万元、60万元的建设补贴。对服务功能、服务项目达到要求，建设面积尚未达标的，酌情给予建设补贴。对取得ISO质量体系认证的给予5万元的一次性奖励补贴，并根据日间照料中心的规模大小、服务质量、服务人数，经考核验收后每年给予2万—10万元不等的运营补贴。服务老年人数达到20人以上的，补贴2万元/年；服务人数每增加10人，增加1万元；最高补贴不超过10万元/年。服务老年人数不足20人的酌情给予运营补贴。

（3）城市小型托老所（农村“老年关爱之家”）。凡新建具有介助、介护性质的符合规定要求的城市小型托老所（农村“老年关爱之家”），每张床位给予1万元的一次性建设补贴；对利用闲置房屋改（扩）建新增生活能自理、介助和介护床位按每张2500元、4000元、5000元给予一次性建设补贴。以上建设补贴分两年各按50%的比例拨付，从其开办运营当年给付。同时，分别给予介助、介护床位每张120元/月、200元/月的运营补助，经费由入住老人户籍所在地政府承担。

（4）助餐点。新建具有固定场所，并配备冰箱、微波炉、灶具、就餐桌椅器皿、清洗消毒等必要设备设施的老年助餐点，一次性给予综合型助餐示范点、综合型助餐服务点和助餐点每家4万元、3万元、2万元的建设补贴。根据助餐点的规模大小、服务质量、服务人数，经考核验收后，对每年（连续时间6个月以上）为固定服务1名老年人的给予100元/年的运营补贴，最高补贴不超过5万元/年。

（5）基层医疗卫生机构。对经卫生部门批准的基层医疗卫生机构按固定开设（连续时间6个月以上）每20张老年家庭病床不低于1万元/年的标准给予运营补贴。

（6）减免优惠有关费用。居家养老服务组织运营主体是各类社会组织的，所涉及的税费按国家现行优惠政策执行；用水、用电、用气以及通信、网络、数字电视使用费执行居民收费标准。

3. 建设与运营补贴的兑现

各类居家养老服务组织在每年1—2月申请上年度的建设、运营补贴，其中管理类服务组织向上级部门申请建设补贴、运行类服务组织向同级管理类服务组织申请建设和运营补贴，并提供申请建设、运营补贴相应证明材料。经各级初审、复核、复审，最后由各市（区）民政、财政部门审核后，于3月底前拨付上年度的建设、运营补贴。

所在地民政部门每年12月底前协同财政、卫生、物价、人社、消防等部门完成对所在地养老服务组织的综合考评，并及时公布考评结果。考评结果分优秀、良好、合格、不合格四档，考评优秀的全额发放运营补贴，考评良好的发放80%，考评合格的发放70%，考评不合格的不予发放。

（二）养老援助补助政策

1. 申请养老援助补助及管理使用

（1）符合政府援助补助条件的、有养老服务需求的可向所在村（社区）居家养老服务站提出申请，填写“养老服务援助、补助申请表”（见附件6），村、社区或居家养老服务站进行初审并公示一周，对群众无异议的报镇、街道或居家养老管理中心复审，最后报市（区）的居家养老指导中心、民政部门审核审批。

（2）经申请审核符合入住养老机构条件的政府援助对象，村（社区）居家养老服务站负责帮助与入住的养老机构签订协议，定期向养老机构按照现行政府援助标准（介助500元/月、介护700元/月）结算相关费用。

2. 养老援助补助标准

养老服务援助补助目的是为老年人解决生活困难，提高生活质量。对政府援助对象每户每月提供720元（36小时）的服务，其中介护对象每户每月提供960元（48小时）的服务；对政府补助对象每户每月提供60元（3小时）的服务。2013年养老援助、补助的服务价格按20元/小时计算，今后随着苏州市最低工资标准的增长幅度实行自然增长机制。

（三）养老服务队伍的激励政策

1. 免费培训。依托市人社部门和各级民政系统的定点培训机构对养老服务人员实行免费培训。

2. 持证奖励。对参加培训取得五级、四级、三级职业资格证书的并经职业鉴定中心认可的在职为老服务人员，给予每人 200 元、500 元、1000 元的一次性奖励，奖励经费由各级福利彩票公益金列支。

3. 特岗补贴。凡持有《养老护理员职业资格证书》的服务人员，在同一居家养老服务组织工作 1 年以上，每月给予 100 元特岗补贴；工作年限每增加 1 年，月特岗补贴增加 100 元，工作年限在 10 年以内，最高补贴不超过 500 元；11 年以上，月补贴 800 元。凭用人单位与从事养老服务人员签订的劳动合同、社保缴费证明进行补贴。

4. 落户优惠。凡取得《养老护理员高级工（三级）职业资格证书》或硕士及以上学位的养老服务人员，被养老服务单位聘用连续工作满 2 年以上，且同时段参加社保有固定住所的，允许其本人和配偶、未成年子女落户；无固定住所的允许其本人落户在养老服务单位集体户口。

（四）企业参与养老服务事业的鼓励奖励政策

鼓励爱心企业参与养老服务事业。对在居家养老服务中作出成绩、名列前茅的企业给予表彰。

（五）子女为老服务的鼓励引导政策

引导子女切实履行赡养老年人的义务，适时出台子女为老服务的鼓励引导政策。各市（区）参照以上标准执行，姑苏区与市财政按现行财政体制分担相关补贴等费用。

七　保障措施

（一）建强队伍，加强养老事业组织领导

各市（区）要加强老龄工作组织体系建设，建好为老服务队伍。老龄委成员单位要明确负责人和联络员、老龄办要落实独立科室机构编制并配足人员，管理类服务组织要配备专兼职人员，落实工作职责，协调为老服务工作，强化养老事业的组织领导，确保老龄事业有序发展。

（二）增加投入，扶持养老事业持续发展

各级人民政府要根据经济社会发展水平和老龄事业发展需要，多渠道筹措资金，加大老龄事业的资金投入，认真落实养老事业的补贴扶持、奖励激励等政策，确保养老事业持续发展。

（三）加强监管，确保养老事业健康发展

养老服务主管部门要建立完善居家养老服务组织的建设质量标准和等级评估标准，健全养老服务行业规范标准和管理制度。民政、财政、卫生、物价、人社、消防等相关部门要加强对养老服务行业的监管；镇（街道）、村（社区）要加强对居家养老服务组织的指导和管理，确保养老服务行业健康发展。

（四）形成联动，促进养老事业快速发展

市县镇村四级、政府各委办局、社会各行业等相关涉老组织逐步建立为老服务覆盖范围广、涉及内容多的利用资源、服务老人、数据统计、信息共享的联动机制，促进养老事业的快速发展。市及各市（区）民政部门要会同规划部门结合各地实际，编制老年服务设施布局专项规划。基层各运行类养老服务组织要充分整合，有效利用养老服务资源，实现有条件的医养结合、养文互动。

各市（区）根据本意见结合当地实际，制定具体实施办法或实施细则。本意见自 2013 年 12 月 1 日起实施。

二〇一三年九月十八日

上海市民政局关于进一步推进深化居家养老服务工作的通知

沪民福发〔2004〕6 号

自 2003 年 11 月起，市民政局在本市部分区进行了深化居家养老服务和社区助老万人就业项目工作的试点，取得了明显的成效。为扩大试点成果，我局决定在全市进一步推进深化居家养老服务和社区助老万人就业项目工作。现将有关事项通知如下：

一　指导思想

坚持社会福利社会化，按照构建以居家养老为主、机构养老为辅的养老福利事业体系的要求，结合实施“万人就业项目”，积极组建社区助老服务机构，更好地为老年人开展专业化的服务，不断提高为老服务质量。

从2004年起，计划用1—2年的时间，建立起覆盖全市各区（县）、街道（乡镇）的较为完善的居家养老服务网络，形成良性的运行机制，促进本市老年人福利事业进一步发展。

二　推进原则

（一）先城镇、后农村原则。

（二）个人自费购买服务与政府补贴服务相结合原则。

（三）政府推动与市场化运作相结合原则。

（四）为老服务与推进再就业相结合原则。

三　主要任务

（一）制订本区（县）深化居家养老服务工作计划和具体实施方案，按照时间节点稳步推进，确保市政府实事项目任务的完成。

（二）重组区（县）和街道（镇）居家养老服务（指导）中心，并按照民办非企业单位法人要求进行登记。

（三）组建非正规就业劳动组织形式的街道（镇）社区助老服务机构。

（四）会同各区（县）劳动部门公开招聘居家养老服务人员，按全市统一要求进行上岗培训。

（五）开展调查研究，摸清老人服务需求，制定个性化的服务内容。

（六）大力宣传居家养老服务，不断培育居家养老服务市场。

四　补贴对象

居家养老服务面向本市60岁及以上老年人。同时，政府采取服务券形式，为下列四类老人购买服务或提供优惠：

（一）困难老人。享受低保或经济困难家庭中，生活不能自理或部分不能自理的老人。补贴标准每人每月一般在100—250元。

（二）特殊贡献老人。伤残优抚对象、省市级以上劳动模范（全国单项先进等）和归侨中经济相对困难，生活不能自理或部分不能自理的老人。补贴标准每人每月一般在50—250元。

（三）百岁以上老人。补贴标准每人每月100元。

（四）80岁以上其他老人（指以上三类对象之外的老年人）。该类对象在接受居家养老服务时，按其服务费用总额给予15%的优惠。每月优惠补贴最高不超过150元。

五　服务内容

居家养老以家庭为核心，社区为依托，引进专业化的服务。目前，居家养老服务内容主要包括：（1）上门服务：日常生活照料、护理服务、精神慰藉服务；（2）日托服务：日常综合照料服务。

六　运作机制

（一）各级民政部门是居家养老服务的主管部门。主要职能为：对居家养老服务进行宏观调控；制定有关政策和进行综合协调；负责居家养老服务资金拨付。

（二）市、区（县）、街道（镇）三级居家养老服务（指导）中心受政府部门委托，具体组织实施居家养老服务。主要职能为：制定居家养老服务实施要求和操作规程；开展居家养老服务评估；规范居家养老服务市场；监督居家养老服务质量；做好居家养老服务统计；发放居家养老服务券；结算居家养老服务经费。

（三）社区助老服务社按照市场化运作方法，组织为老服务队伍，为老年人提供专业化服务。

（四）委托市社会福利行业协会开展对申请居家养老服务补贴老人身体状况的评估工作。

七　招聘人员

按照市政府“万人就业”项目要求，从事居家养老服务的人员主要招用失业、协保人员和农村富余劳动力。

八　教育培训

对居家养老服务人员实行培训和持证上岗制度。市民政局与市劳动和社会保障局通过公开招标形式，已在全市确定一批社会办教育培训机构，按照统一大纲和教材对居家养老服务人员开展培训，考试合格，颁发市劳动和社会保障局统一印制的“岗位培训合格证书”。

受市民政局委托，市社会福利行业协会负责编制居家养老服务人员、评估人员教育培训大纲和教材；开展教育培训的具体组织实施工作。

九　资金来源

（一）对困难老人、特殊贡献老人、百岁老人、80 岁以上其他老人的补贴，经费来源共分为三块：1. 对百岁以上老人、特殊贡献老人助老服务项目，市财政分别按每人每月 100 元和人均每月 150 元的标准给予补助；2. 社会福利彩票公益金投入 1000 万元［市、区（县）各 50%］；3. 区（县）政府结合市级财政补助资金，根据本区（县）助老服务项目的开展，提供必要的资金支持，以及通过社会募集方式筹集资金，确保社区助老服务（居家养老服务）万人就业项目的实施。

（二）一次性开办费补贴、上岗培训费补贴和岗位补贴等，由市促进就业专项资金承担。

（三）交通费、误餐费补贴，由各区（县）促进就业专项资金承担。

（四）社区助老服务（居家养老服务）项目其他补贴经费，由区（县）财政、社会募集资金以及彩票福利金承担。

十　费用标准

根据《上海市人民政府办公厅转发市劳动保障局、市财政局关于本市实施万人就业项目若干意见的通知》（沪府办〔2004〕3 号）文件精神，社区助老服务（居家养老服务）项目的费用开支如下：

（一）社区助老服务员（居家养老服务员）按劳务结算（收入）每人每月工资收入一般为 800 元（含交通、误餐费补贴）。

（二）招用失业人员的社会保险费应按照非正规就业劳动组织的缴费标准或者小城镇保险的缴费标准予以缴纳。

（三）劳动防护及识别服费用为每人每年 300 元。

（四）社区助老服务社一次性开办费为 6 万元。

（五）社区助老服务员（居家养老服务员）具有本市户籍的失业、协保人员和农村富余劳动力上岗培训费予以一次性全额补贴，每人一般不超过 420 元。

（六）招用就业特困人员，“4050”中的失业、协保人员、农村富余劳动力和失业一年以上的长期失业人员，给予岗位补贴，补贴办法和标准按沪府办〔2003〕67 号文件的有关规定执行。

（七）必需的日常办公管理经费。

（八）各街道（镇）每年须落实不少于5万元的经费用于补贴老人以外的居家养老服务各项支出。具体支出内容按沪民福发〔2003〕28号文件执行。

居家养老服务（社区助老服务）各项费用开支应专款专用，规范管理，不得挪作他用。

十一　优惠政策

根据市政府办公厅《关于组织实施万人就业项目的试行意见》（沪府办〔2003〕67号）文件规定，社区助老服务（居家养老服务）项目享受有关组织形式、开办费补贴、培训补贴、岗位补贴和交通误餐费补贴等优惠政策。

十二　工作要求

深化居家养老服务和社区助老万人就业项目已被列入今年市委、市政府重点工作和市政府实事项目，要高度重视，狠抓落实，确保这项重点工作任务的完成。

（一）要充分认识深化居家养老服务和社区助老万人就业项目在推进社会协调发展和稳定中的重要意义，统一思想，提高认识，把这项惠及于民的事情做实、做好。

（二）要加强对此项工作的领导，各单位一把手要亲自挂帅，落实相关的组织实施部门，并配备专人负责，认真完成。

（三）要加强与劳动保障、财政等各有关部门的联络，相互协作，形成工作合力，并落实相关资金。

二〇〇四年四月二十日

上海市民政局关于进一步规范本市社区居家养老服务工作的通知

（沪民福发〔2009〕26号）

根据《关于全面落实2005年市政府养老服务实事项目进一步推进本市养老服务工作的意见》（沪府办〔2005〕42号）、《关于进一步促进本市养老服务事业发展的意见》（沪民福发〔2006〕18号）和《关于全面落实 2008 年市政府养老服务实事项目进一步推进本市养老服务工作的意见》（沪民福发〔2008〕5 号）等文件精神，为全面落实社区居家养老服务各项工作目标，推进本市养老服务工作全面发展，现就进一步做好本市社区居家养老服务工作的有关事项通知如下：

一 服务对象

社区居家养老服务对象是指本市 60 周岁及以上、有生活照料需求的居家老年人，包括服务补贴对象和自费服务对象。

二 养老服务需求评估

养老服务需求评估是通过界定老年人的生活照料等级，为服务安排和服务补贴提供客观、公正的依据。评估工作由具有资质的养老服务评估员实施，使用全市统一印制的《上海市养老服务需求评估表》（见附件一）。

（一）评估类型：为首次评估、持续评估和复检评估三种。

1. 首次评估：对初次申请社区居家养老服务补贴的老年人进行的评估。

2. 持续评估：对已享有服务补贴的老年人定期（1—2 年）或不定期（因政策调整或当老年人身体状况发生重大变化时）的评估。

3. 复检评估：老年人及其亲属对首次评估或持续评估后的审批结果有异议时申请的评估。

（二）评估结论：为“正常”或“轻度”、“中度”、“重度”三个照料等级。

三 补贴范围

（一）60 周岁及以上、低保或低收入家庭中，经评估照料等级为轻度、中度、重度的本市户籍老年人，按属地化原则可申请获得服务补贴。

（二）80 周岁及以上、独居或纯老家庭中，本人月养老金低于全市城镇企业月平均养老金的，经评估照料等级为轻度、中度、重度的本市户籍城镇老年人，在本人承担 50% 居家养老服务费的前提下，按属地化原则可申请获得服务补贴。

（三）在沪民福发〔2008〕5 号文之前已经享有居家养老服务补贴的老年人（以下简称“老老人”）。

各区县可根据本区域社区居家养老服务开展情况和财力保障水平，界定若干条件后，适当扩大服务补贴范围。

四　补贴标准

服务补贴由养老服务补贴和专项护理补贴组成，系以非现金的“服务券”形式兑换养老服务。养老服务补贴标准为：人均 300 元/月；专项护理补贴标准为：“中度”每人 100 元/月，“重度”每人 200 元/月。具体为：

（一）上述“补贴范围（一）”的标准为：“轻度”每人 300 元/月；“中度”每人 400 元/月（养老服务补贴每人 300 元/月加专项护理补贴每人 100 元/月）、“重度”每人 500 元/月（养老服务补贴每人 300 元/月加专项护理补贴每人 200 元/月）。

（二）上述“补贴范围（二）”的标准为：“轻度”每人 150 元/月、“中度”每人 200 元/月（养老服务补贴每人 150 元/月加专项护理补贴每人 50 元/月）、“重度”每人 250 元/月（养老服务补贴每人 150 元/月加专项护理补贴每人 100 元/月）。

（三）上述“补贴范围（三）”的标准分三类。第一：已通过经济状况审核和养老服务需求评估的“老老人”，直接按“补贴标准（一）”调整至相应的补贴额度；第二：未经养老服务需求评估的“老老人”，对其进行经济状况审核和服务需求评估后，对应“补贴范围（一）”或“补贴范围（二）”，分别调整至相应的补贴额度；第三：其余的“老老人”维持原补贴额度不变。

“中度”或“重度”照料等级的老年人，当接受机构养老服务时，服务补贴可以带入区县民政部门指定的养老机构。目前已入住养老机构的困难老年人，可向户籍所在街道（镇）社区事务受理服务中心（或者社区居家养老服务中心）提出服务补贴申请，经社会救助事务管理所经济状况审核、居家养老服务中心服务需求评估和审批，符合补贴条件者可获得服务补贴，并入住区县民政部门指定的养老机构。

五　资金来源

（一）服务补贴资金。养老服务补贴资金来源于财政资金与福利彩票公益金，由市、区县福利彩票公益金每年各出资 1000 万元，其余资金由市、区县两级财政，按 1∶1 配比落实；专项护理补贴资金来源于财政资金，由市、区县两级财政按 1∶1 配比列支。区县自行扩大服务补贴范围的，扩大部分所产生的费用由区县财力予以保障。

（二）组织机构运作经费。社区居家养老服务组织日常运作经费、人员经费、评估经费等，按照“事权与财权相统一”原则，由各级财政予以保证。民办非企业单位性质的社区居家养老服务组织、老年人日间服务机构等，其运作经费等由区县或街镇以政府购买服务的形式予以落实。

社区助老服务社一次性开办费补贴、万人就业“社区助老项目”就业人员的上岗培训费补贴和岗位补贴等，由市促进就业专项资金承担。其他养老服务从业人员的培训费用，由各区县在市财政转移支付的外来从业人员技能培训资金中统筹解决。

（三）社区助老服务员收入。社区助老服务员收入通过直接或间接为老年人提供居家养老服务获得。其中，符合社区助老“万人就业项目”要求的本市户籍从业人员，其岗位补贴自 2006 年 9 月 1 日起，在原有收入标准基础上的提高部分，50% 由市失业保险基金承担，其余部分由市、区县两级财政按 1∶1 比例配比予以落实。招用失业人员的社会保险费按照非正规就业劳动组织的缴费标准或者小城镇保险的缴费标准予以交纳。劳动防护及识别用品费为每人每年不超过 300 元。

六　资金结算

市级福利彩票公益金承担的补贴资金，由各区县民政局每半年汇总上报市局结算（居家养老服务经费汇总表见附件二）。市局分别于当年 7 月 20 日前和次年 1 月 20 日前核拨。

市级财政承担的补贴资金，根据沪民福发〔2004〕7 号文，由区县民政局在每年 10 月提出下一年度的用款计划，报同级财政部门和市民政局，年终根据当年的实际支出编制决算，经区县财政审核无误后，其中属市财政承担部分，在年度终了 6 个月内报送市财政局审核后下拨各区县财政局。

七　工作流程

（一）咨询

街道（镇）社区事务受理服务中心（或者社区居家养老服务中心）

应当为老年人提供居家养老咨询服务。

（二）申请

1. 自费服务申请人直接到社区助老服务社申请并填写《上海市居家养老服务申请表》（见附件四），约定服务内容、服务时间、服务费用。

2. 服务补贴申请人到街道（镇）社区事务受理服务中心（或者社区居家养老服务中心）申请，申请服务补贴时应接受经济状况审核，并提交下列材料：户口簿、身份证、参保人员社保卡（医保卡）、养老金收入证明等复印件；相关医疗证明和由街道（镇）社会救助事务管理所出具的低保或低收入证明；填写《上海市居家养老服务补贴申请审批表》。

社区事务受理服务中心应将上述材料及时转交街道（镇）居家养老服务中心（5个工作日内）。

（三）评估

养老服务评估员应当上门对服务补贴申请人进行养老服务需求评估。评估员应当及时、准确填写评估信息，完成评估报告，并将评估结论提交街道（镇）居家养老服务中心（10个工作日内）。

（四）审批

街道（镇）居家养老服务中心应对补贴申请提出初审意见（5个工作日内），并报区县居家养老服务指导中心核准后（5个工作日内），向符合补贴条件的申请人发放《准予服务补贴告知书》，同时通知社区助老服务社；对不符合补贴条件的申请人，街道（镇）居家养老服务中心应发放《不予服务补贴告知书》（见附件七）。如申请人对告知结论有异议的，可在收到告知书之日起10个工作日内，向街道（镇）社区事务受理服务中心（或者社区居家养老服务中心）申请复检评估（《上海市居家养老服务复评申请表》见附件八）。复检评估结论将作为本次审批的有效依据使用。

（五）服务确认

社区助老服务社接到服务补贴对象信息后，应根据其审批的补贴额度，核定服务内容，发放服务券（5个工作日内）。

社区助老服务社对自费服务对象应根据老人的服务需求，约定服务内容和收费。

（六）服务提供

社区助老服务社应制定服务计划，安排服务人员，提供“助餐”、

“助浴”、“助洁”、“助行”、“助急”、“助医”等服务（10个工作日内）。

（七）变更

街道（镇）居家养老服务中心对长期服务的补贴老年人应进行持续评估，及时调整补贴标准和服务内容。

（八）终止

街道（镇）居家养老服务中心对已不符合服务补贴条件或身故的老年人应及时终止服务与补贴。

八　工作要求

（一）健全组织机构。各区县要建立健全社区居家养老服务的组织机构。区县层面应成立居家养老服务指导中心，工作人员应不少于5人；街镇层面应成立居家养老服务中心，工作人员应不少于3人。

（二）做实服务实体。各区县要进一步发挥助老服务社的实体作用，要配备服务所需人员、场所和设施设备，确保社区居家养老服务工作有序开展。

（三）拓展服务内容。各区县要进一步整合服务资源，规范服务行为，提高服务效能，大力推进项目化服务、集约化运作，在发展特色服务的基础上，形成组合式服务菜单，方便老年人选择。

（四）加强队伍建设。各区县要积极吸纳社工、康复、护理等专业人员从事管理、评估、护理等工作。强化岗前培训，坚持持证上岗，努力提高社区助老服务员的业务技能，切实提高社区居家养老服务水平。

（五）提高管理效能。各区县要高度重视养老服务信息管理建设，落实必需的设施设备，配备相应的信息技术人员，实现服务补贴申请审批、需求评估、资金补贴、服务提供等工作的信息化管理，提高养老服务管理效能。

本文件自2009年7月1日起施行，以往文件与本文有不一致的，以本文件为准。

二〇〇九年六月九日

宁波市人民政府关于推进居家养老服务工作的若干意见

甬政办发〔2006〕17号

为应对我市人口老龄化，切实提高居家老年人的生命生活质量，建设“平安宁波”，构建和谐社会，经市政府同意，现就推进我市居家养老服务工作提出若干意见，请认真贯彻执行。

一　指导思想、工作目标和基本原则

（一）指导思想：以邓小平理论和“三个代表”重要思想为指导，立足我市实际，按照构建社会主义和谐社会的要求，建立健全与经济发展和社会需求相适应的居家养老服务体系，实行政府主导、社会参与、市场运作的工作方针，向居家老年人开展以生活照料、医疗保健、精神慰藉、文化娱乐为主要内容的服务，全面提高居家老年人的生命生活质量。

（二）工作目标：到“十一五”末，全市初步建立政府宏观管理和扶持，社会各方力量兴办，服务机构按市场化要求自主经营的居家养老服务体系、管理体制和运行机制，基本满足居家老年群体多层次、多样化的服务需求。

（三）基本原则：

1. 坚持家庭服务与社会服务相结合。家庭为居家养老服务第一责任人，居家养老服务以家庭服务为核心，社会服务是居家养老服务的必要补充和提高。

2. 坚持政府主导与社会兴办相结合。政府做好对居家养老服务的统筹规划，加大公共投入，发挥主导作用，并通过制定扶持政策，支持和鼓励社会力量兴办各类老年服务实体，丰富老年服务产品。

3. 坚持福利服务、收费服务与公益服务相结合。居家养老服务面向全体老年人。对经济困难确需政府保障的居家老年人，主要通过“政府购买服务”的形式，提供福利性服务；对有一定经济能力的居家老年人，主要通过“个人购买服务”的形式，提供收费性服务；积极倡导和动员社会各界为老年人提供无偿的公益性服务。

4. 坚持走市场化、专业化道路。积极引入市场机制，充分发挥市场优化配置资源的作用，引导各老年服务实体按照市场规律，公平竞争，不

断提升服务功能和服务档次；大力加强服务队伍培训，努力实现服务的专业化。

二 工作措施

（四）将居家养老服务体系建设纳入全市国民经济和社会发展总体规划，建立持续增长的公共财政投入机制。

（五）将居家养老服务用房统一纳入社区公共服务设施配套内容。居家养老服务用房应具有向老年人提供日间托管、饭菜制作及就餐、医疗保健、文化娱乐等项目。要整合各种服务设施，实现资源共享。应当适应人口老龄化程度不断提高的实际需要，适当提高社区公共服务设施用房配套面积标准。老社区的居家养老服务用房由区和县（市）政府统筹安排，通过整合资源、盘活闲置房产、设立服务用房专项资金等方式，以购买、置换、改造、新建等办法逐步加以解决。有条件的农村也应逐步开展居家养老服务设施的建设。

（六）建立社区居家养老服务中心。市六区每个街道到2006年年底，县（市）人民政府所在地的街道到2008年年底，均建立若干个室内建筑面积不小于100平方米、设有老年食堂和托老所（室）的社区居家养老服务中心，向老年人提供定点服务和上门服务。区和县（市）政府对社区居家养老服务中心建设应给予必要的财政补助。市财政对海曙、江东、江北、镇海、北仑五区符合上述条件且在民政或工商部门登记注册的居家养老服务中心给予适当补助。民政部门负责监督居家养老服务中心的管理和运作。

（七）各区和县（市）财政应建立居家养老服务工作专项经费。专项经费列入当地财政预算，用于对特殊困难老人居家养老的补贴和社区居家养老服务中心工作经费的补助。市财政对已建立居家养老服务工作专项经费的海曙、江东、江北、镇海、北仑五区每年给予适当补助。

（八）将居家养老服务列入社会公益性岗位。已设立居家养老服务中心的社区可在原公益性岗位定额上再增加2—3个专门用于居家养老服务的公益性岗位，人员配置和经费落实按现行社会公益性岗位的有关规定执行。

（九）酌情减免老年服务机构的各项税收和规费，各区和县（市）老年服务机构用电、用水按居民生活用电、用水价格收取。企事业单位、社会团体以及个人向政府创办的居家养老服务中心的捐赠，在缴纳企业所得税和个人所得税前准予全额扣除。

（十）放宽老年服务市场准入，按照“谁投资、谁管理、谁受益”的原则，鼓励和支持不同所有制性质的单位和个人投资兴办老年服务实体。民办老年服务机构在适用政府扶持和优惠政策上与国办老年服务机构同等对待。政府还可以通过向民办老年服务机构财政补贴、购买服务等方式，支持民办老年服务机构的发展。

（十一）开展对居家养老服务人员的职业道德教育和职业技能培训，逐步推行持证上岗制。培训工作由劳动保障部门负责，各区和县（市）财政给予适当的培训经费补助。服务人员经培训并考核合格后，颁发上岗证。

（十二）完善居家养老服务人员的社会保障制度，切实维护服务人员的合法权益。老年服务机构应与服务从业人员签订用工劳动合同，明确双方责任、权利和义务，确保居家养老服务从业人员取得合理的劳动报酬，按规定参加各项社会保险，缴纳社会保险费，并逐步提高服务从业人员的福利待遇，改善他们的工作条件，促进居家养老服务队伍的稳定和壮大。

（十三）大力发展居家养老服务志愿者队伍。积极动员、组织、引导企事业单位、社会团体、慈善组织和广大市民为有需求的居家老年人提供各种公益性服务，充分发挥社会志愿者的作用。倡导低龄健康老年人参与为老志愿服务。要加强对志愿者队伍的组织和管理，在充分尊重志愿者意愿的基础上，对志愿者资源进行合理配置。各地还应结合实际，建立居家养老服务志愿者的激励机制，进一步调动社会志愿者参与居家养老服务的积极性。

（十四）建立健全居家养老服务工作的各项管理制度。包括享受政府服务补贴的老年人资格评估机制、享受政府扶持的老年服务机构资格评估机制以及服务机构的质量评估和监管机制等，并在实践中不断加以完善，实现服务工作有章可循、有据可依。各老年服务机构也要加强内部管理，建立健全规章制度，明确服务标准、服务流程和服务人员的工作职责，制定奖惩措施，实现规范服务。

（十五）大力培育老年服务市场，规范老年服务市场秩序，加强老年服务价格监管和质量监督，努力创造老年人放心消费的服务环境，不断促进老年服务市场的成熟和老年服务产业的壮大。

三　工作要求

（十六）各级政府和部门（单位）要从全面贯彻“三个代表”重要思想，构建和谐社会的战略高度，充分认识开展居家养老服务工作的重要性、必要性和紧迫性，把推进居家养老服务工作作为“解难创优、爱心帮扶”活动和为民办实事的具体举措，列入各级政府的重要议事日程，列入文明社区建设的考核指标之一，制定工作目标，加强组织领导。市成立由民政局为主的推进居家养老服务工作（领导）小组，及时研究和协调解决居家养老服务工作中的重大事项和突出问题，加强监督和考核。各区和县（市）也要建立相应的组织领导机构。

（十七）发改、财政、民政、劳动保障、卫生、文广新闻出版、教育、体育、国土资源、建设、规划、工商、物价、城管、电业、老龄等部门要明确职责，各司其职，加强协调，密切配合，齐抓共管，形成工作合力。

（十八）各地要加强调查研究，及时掌握老年人的基本情况和需求动态，建立健全老年人信息库。重视搭建信息沟通和中介服务平台，为老年服务供求双方牵线搭桥。

（十九）各地要充分挖掘、整合和利用现有的医疗机构、养老机构、家政服务机构、社区文化宫、“81890”老年人应急求助信息系统等可供开展居家养老服务的各种公共资源，积极拓展服务功能，扩大服务对象，延伸服务范围，实现资源共享。要严格管理公益性老年服务设施，提倡“一室多用”，最大限度地发挥公益性服务设施的综合效益。

（二十）要继续在全体市民中广泛深入开展敬老、爱老、养老、助老的美德教育，提高全社会的老龄意识和敬老意识。要加强居家养老服务工作重要性的宣传，使社会各界形成共识。重视做好对老年人及其子女的宣传教育，引导老年人树立健康的养老观念和积极的消费理念，引导成年子女自觉履行赡养和照顾老年人的义务。新闻媒体要大力宣传居家养老服务中涌现出来的先进典型和先进经验，营造良好的社会舆论氛围。

（二十一）居家养老服务工作要坚持从实际出发，因地制宜，有重点地稳步推进。注重抓好试点，培育典型，总结经验。服务工作要着眼于长远发展，着力于建立长效机制。

（二十二）居家养老服务工作先在城镇社区推行，待条件成熟后，再逐步向农村拓展。

（二十三）各区和县（市）政府应根据本意见的精神，结合当地实际，制定推进居家养老服务工作的具体实施办法，认真组织实施，确保居家养老服务工作顺利开展，不断提高居家老年人的生命生活质量。

二〇〇六年一月二十五日

宁波市关于推进农村居家养老服务工作的指导意见

目前，我市农村老年人有58.7万人，占全市老年人口的70%。随着农村家庭年轻成员持续向城镇迁移，农村“空巢”老人与日俱增，现已占到农村老年人人口比重的77%，许多缺乏生活自理能力的农村“空巢”老人，特别是独居老人的基本生活发生了困难，还带来了孤独、寂寞等精神问题，使他们的生活质量受到严重影响。建立健全农村居家老年人养老服务保障机制，是坚持以人为本、建设社会主义新农村、构建农村和谐社会的必然要求，势在必行。现根据市政府办公厅《关于推进居家养老服务工作的若干意见》（甬政办发〔2006〕17号）精神，就推进农村居家养老服务工作提出如下指导意见。

一　指导思想和工作目标

（一）指导思想。以邓小平理论和“三个代表”重要思想为指导，深入贯彻党的十七大精神，全面落实科学发展观，按照构建社会主义和谐社会的要求，坚持政府主导、社会参与的工作方针，建立完善与宁波经济社会发展相适应的农村居家养老服务体系、管理体制和运行机制，向农村居家老年人提供以生活照料、精神慰藉、健康保健、文化娱乐为主要内容的服务，不断提高农村居家老年人的生命生活质量。

（二）工作目标。力争到2008年年底，全市有5%的行政村开展居家养老服务工作（工作基本要求见附件），到2009年年底达到10%，2010年年底达到30%以上，有条件的地方可以加快推进步伐。同时，从2008年起，对基本生活难以自理的部分经济困难农村居家老年人，逐步推行政府购买服务，提供生活照料为主的服务。

二　工作内容

（三）完善服务设施。各地要加强农村老年服务设施建设，结合推进社会主义新农村建设的契机，进一步完善农村老年人的医疗、文化、娱乐、健身等服务设施，重点建立一批农村居家养老服务机构，向有服务需求的老年人提供多内容、多形式的定点、定时和上门服务。对老年人口比例较高、老年人口绝对数较大的行政村，应在老年人口居住相对比较集中且有服务需求的村落建立起具有日间托管、医疗保健、文化娱乐等功能于一体，配有一定工作人员的居家养老服务场所。

（四）建立服务队伍。积极动员组织有爱心、愿为老年人服务的农村群众组织和个人参与为老服务，逐步建立起义工和专职人员相结合的农村居家养老服务队伍。根据农村老人居住较分散的特点，服务人员来源应立足本村，注重吸收当地的低龄健康老年人和中年农村妇女自愿加入。为提高服务效率、节省服务成本，承担政府购买服务的服务人员宜在服务对象居住地的村落就近选择。各地要逐步对农村专职服务人员实施培训，推行执证上岗。

（五）整合服务资源。各地要充分挖掘、整合、利用农村养老机构、医疗机构、村落文化宫、村民学校、老年人活动室等各种公共服务资源参与到居家养老服务中来，根据不同服务资源的特点和专长，有针对性地拓展服务功能、增加服务项目、扩大服务范围，最大限度地发挥现有公共服务资源在农村居家养老服务中的作用，实现资源共享。特别要充分发挥和利用农村养老机构设施资源和人力资源的优势，推动农村养老机构将服务工作从院内向院外延伸，鼓励其为农村居家老年人提供餐饮、日托、保洁等服务。有条件的农村养老机构可以承担一些农村居家养老服务的组织管理和人员培训等工作。

（六）发挥老协作用。要把农村老年人协会作为开展农村居家养老服务工作的一支重要依靠力量，加强工作指导，充分发挥其优势，动员和组织协会中低龄、健康老年人参与安全看护、精神慰藉、简单生活照料等对体力和技能要求相对不高的居家养老服务。对组织有方、服务规范的农村老年人协会，可以委托其承担一些农村居家养老服务工作的具体组织实施和监督评估等工作。

（七）实施分类服务。要针对不同老年人的情况和需求，采取不同的服务方式。对经济困难确需要政府保障的居家老年人，应主要通过政府购买服务的形式提供福利性服务，对其他有服务需求的居家老年人则应更多通过社会力量提供公益性服务，重点要积极发动和组织农村党员、农村志愿者、老人邻里等，以结对帮扶、定点定时、邻里守望等形式向农村居家老年人开展无偿服务。要坚持“走进去、走出来”的服务形式。对缺乏生活自理能力且行动不便的高龄、空巢、独居和病残老年人，主要通过服务人员走进老年人家庭开展服务，对大部分身体尚好、能自我行动的农村居家老年人，主要通过在村落设置亲情化、人性化的服务项目，引导其走出家门，到户外接受服务。

（八）培育服务市场。大力扶持和不断壮大老年服务实体，注重鼓励和引导企业、社会组织、个人在农村创办托老所、老年食堂、家庭养老院等民间老年服务机构，各地应在资金、设施、场所、业务指导等方面给予必要的帮助。在税费征收上要根据有关政策文件给予适当减免。有条件的地方可以逐步引入市场机制，指导老年服务实体按照市场规律自主经营，引导有经济能力的农村老年人按照自身需求自费购买服务，促进服务的市场化。

（九）健全服务制度。各地要重视建立健全农村居家养老服务的各项工作制度和管理制度，实现服务运作有章可循，有据可依。要建立和完善农村居家养老服务的绩效评估和考核监督机制。

要积极指导各老年服务机构和服务组织完善内部规章制度，制定服务标准，实行规范服务。

（十）建立激励机制。各地要认真贯彻落实好现有的推进老年服务业发展的各项优待优惠政策，并结合本地实际，进一步加大扶持力度，力争出台相关配套措施，逐步建立起良好的社会广泛参与激励机制，推进农村居家养老服务社会化。对养老机构、老年人协会、民间服务机构等参与农村居家养老服务，各地可以通过经费补助、购买服务、以奖代补等形式给予支持。要建立居家养老服务工作表彰制度，对开展农村居家养老服务工作成绩突出的单位、组织和个人要及时给予表彰。

三　工作要求

（十一）提高认识，统筹规划。各地要认真按照党的十七大精神要求，从深入贯彻落实科学发展观，构建社会主义和谐社会的战略高度，充分认识开展农村居家养老服务工作的重要性、必要性和紧迫性，将推进农村居家养老服务作为社会主义新农村建设的一项重要内容，纳入当地农村养老事业发展整体规划，整合资源，统筹兼顾，科学规划，合理布局。要结合本地实际和工作需要，制订切实可行的农村居家养老服务推进计划，做到目标明确，重点突出。原则上各地2008—2010年工作进度不能低于市确定的工作目标；对工作基础条件较好、老年人服务需求较大的地方，适当加快推进步伐。

（十二）加强领导，加大投入。各地要切实加强组织领导，将推进农村居家养老服务列入工作议事日程，明确工作部门，落实工作责任，配备必要的工作人员，并积极指导乡镇（街道）和行政村建立起相应的工作机构，形成上下齐抓的工作网络。要投入必要的工作经费，积极争取财政的支持，将农村居家养老服务工作经费纳入当地财政预算，并逐年有所增长。县（市）、区民政部门每年要安排一部分福利彩票公益金用于农村居家养老服务工作，市民政局每年将安排部分本级福利彩票公益金给予各地适当补助。财政资金和福利彩票公益金主要用于为特殊困难居家老人购买服务、农村居家养老服务设施建设、农村居家养老服务机构运作经费补助及必要的服务管理费用支出，并实行专项管理，专款专用。要努力扩大资金来源渠道，积极引导村委会加大对本村老龄事业的资金投入，并通过社会集资、社会捐赠、慈善救助等形式，引导更多的社会资金和慈善资金投入到农村居家养老服务。

（十三）当好参谋，增强合力。各地民政部门在开展农村居家养老服务工作中，要当好党委、政府的参谋，积极主动同相关职能部门加强联系与沟通，争取得到更多的支持；要建立健全上下联动、左右协调的工作机制，不断增强工作合力。

（十四）做好调研，分类指导。各地要认真开展调查研究工作，摸清当地农村老年人的基本情况和需求动态，特别要准确掌握生活难以自理的农村居家老年人的数量和分布情况，逐步建立起农村居家老年人服务需求信息库。要加强对基层的工作指导，已经开展农村居家养老服务工作的地区，要在总结、提炼经验的基础上扩大工作面，丰富服务内容；尚未开展的地区，可先选择部分条件较好的农村开展试点，取得经验后再逐步推开。

（十五）因地制宜，力求实效。农村居家养老服务要坚持从实际出发，因地制宜，量力而行，先易后难，稳步推进。服务内容和服务方式要贴近老年人需求，符合当地实际，体现人性化、亲情化、个性化。要积极探索和总结农村居家养老服务规律与特点，注重提高服务工作的实效性，着力建立服务工作的长效机制。

（十六）加大宣传，形成共识。充分发挥舆论引导作用，积极在全社会广泛宣传开展农村居家养老服务的意义和作用，提高社会共识度，扩大社会参与面，努力形成社会各界关心、支持农村居家养老服务的良好氛围。要重视做好对农村居家老年人的子女的宣传，提高他们对居家养老服务的正确认识，教育、督促成年子女切实承担起对老年父母的赡养职责和照料义务，充分发挥好家庭在农村居家养老服务中的基础性作用。要大张旗鼓地宣传农村居家养老服务中涌现出来的先进典型和积极分子，增强他们的社会荣誉感，引导更多的社会力量和有志之士参与服务工作。

（十七）城乡统筹，协调推进。各地要把农村居家养老服务工作与城镇居家养老服务工作有机结合起来，统筹兼顾，注重吸收和借鉴各自的成功经验，促使良性互动，协调并进。有条件的地方可以逐步实现居家养老服务工作城乡一体化。

（十八）结合实际，认真实施。各地应根据本指导意见，结合当地实际，制定推进农村居家养老服务的具体工作措施，认真组织实施，确保农村居家养老服务工作顺利开展。

大连市完善居家养老服务工作实施意见

为适应人口老龄化发展趋势，推动居家养老服务由补缺型向适度普惠型转变，根据全国老龄工作委员会办公室等十部委联合下发的《关于全面推进居家养老服务工作的意见》（全国老龄办发〔2008〕4 号）和辽宁省民政厅、财政厅《关于深入推进居家养老服务工作的通知》（辽民函〔2005〕48 号）精神，按照《大连市开展“敬老行动”实施意见》（大委办发〔2006〕17 号）部署，结合我市实际，特制定全市完善居家养老服务工作实施意见如下：

一　基本原则

1. 全面关怀，重点照顾。为所有老年人提供居家养老服务，为特殊老年人提供政府养老补贴。

2. 立足社区，面向家庭。以社区为基础，以居家养老服务组织为基本单位，直接服务老年人家庭。

3. 协调推进，统筹配合。与社区医疗、社区文化等各项社会建设工作协调推进，与机构照料服务相互补充。

4. 保障生活，兼顾其他。以生活照料为主，逐步拓展到其他为老服务需求。

二　工作目标

着眼老年人居家养老服务需求，搭建居家养老服务平台，发动社会各界力量，整合各类社会资源，组建居家养老服务队伍，建设全市居家养老服务信息系统，形成居家养老服务网络，给老年人提供生活照料、医疗护理、精神慰籍、文化娱乐、社会交往、安全巡视等专业化居家养老服务，为老年人居家养老创造便利条件。

三　组织体系

建立市、区（市、县）、街道（乡镇）和社区四级居家养老服务组织网络。市、区（市、县）两级民政部门设立居家养老服务指导中心，街道（乡镇）设立居家养老服务中心，社区设立养老服务站，共同负责组织开展居家养老服务工作。所需工作人员，由各单位在本系统内自行调剂解决。同时，以区（市、县）为单位，选拔优秀居家养老工作人员，组成居家养老服务评估小组（兼职），经培训后，负责对全区申请居家养老服务的老年人进行资格评估。

四　补贴对象和形式

凡居住在我市辖区内、具有本市非农业户籍，享受城市最低生活保障的60周岁（含60周岁）以上的老年人及遗属孤老，均可申请城镇特困老年人居家养老服务补贴。城镇特困老年人居家养老服务补贴，坚持“全员补贴、待遇有别、突出重点、适当普惠”的原则，按照所在地区的消费水平，区分老年人身体情况、家庭困难程度和现实养老服务需求，经指定部门评估后，确定个人补贴标准。市、区（市、县）两级政府建立居家养老服务补贴专项资金，以居家养老“服务券”的形式，对城镇特困老年人给予居家养老服务补贴。居家养老“服务券”由市民政局统一印制。具体服务项目由各区市县民政部门视本地实际情况自行开发。

对城镇散居的“三无”老人，鼓励入住国办社会福利院；对入住民营养老福利机构的“三无”老人和遗属孤老，政府给予适当补贴。

居家养老服务补贴标准，要建立随着城镇居民可支配收入水平的提高而调整的自然增长机制。具体补贴标准由市民政局、财政局另行制定。

五　补贴审批程序

符合居家养老服务补贴条件的老年人，可向社区提出申请，经街道评估确认，报区（市、县）民政部门审批后，凭居家养老“服务券”享受服务。

六　人员培训

提供居家养老服务的养老护理员，须经专业培训，持证上岗。具有本市户籍、年龄在55周岁（含55周岁）以下的下岗失业、退职退休、农村务工人员，经具备培训资质的培训机构培训、取得养老护理职业资格证书，并与街道居家养老服务中心签订非全日制用工协议后，可凭协议享受普惠制培训相关的补助政策。

七　管理保障

城市特困老年人居家养老服务补贴由各级民政、财政部门按职责和所承担的任务组织实施。民政部门负责组织网络、人员队伍、信息系统的建立，以及补贴对象的评估、审批和动态管理；财政部门负责补贴资金的筹集、拨付和监督。

大连市民政局　大连市财政局

二〇〇八年七月二十九日

吉林省关于开展农村居家养老服务大院建设工作的意见

党的十七届三中全会做出的《中共中央关于推进农村改革发展若干重大问题的决定》中提出了“发展农村老龄服务”的要求，为贯彻落实好中央精神，现就推进农村居家养老服务大院建设工作提出以下意见。

一 开展农村居家养老服务大院建设工作的重要意义

农村居家养老服务大院是我省为应对农村人口老龄化快速发展的战略性举措，是组织实施居家养老服务的平台，是农村养老服务体系的重要组成部分。其服务宗旨是在大院内为本村老年人提供以生活照料、精神慰藉、健康保健、文化娱乐为主要内容的服务。建设农村居家养老服务大院，有利于公共服务资源向农村延伸，使农村老年人共享发展成果；有利于家庭和睦、社会和谐；有利于实现“六个老有”的老龄工作目标；有利于社会主义新农村建设。

二 农村居家养老服务大院建设工作的指导思想、总体目标和基本原则

（一）指导思想

以邓小平理论和“三个代表”重要思想为指导，全面落实科学发展观，按照构建社会主义和谐社会的要求，坚持“党政主导、社会参与、全民关怀”的老龄工作方针，建立完善与我省经济社会发展相适应的农村居家养老服务体系、管理体制和运行机制，不断提高农村居家老年人的生活质量，为推动全省经济社会更好更快发展做出贡献。

（二）总体目标

2010 年农村居家养老服务大院建设工作在全省普遍展开，每个地区抓 1—2 个县（市），每个县（市）抓 2—3 个乡（镇），探索经验，由点到面，逐步铺开，力争用 3—5 年时间，覆盖所有行政村。实现农村居家老年群体困有所助、难有所帮、需有所应，使农村居家养老服务工作做到服务到位、管理科学，老人受益、群众满意。

（三）基本原则

坚持以人为本、分类服务原则。顺应老年人的客观需求，将农村居家老年人特别是空巢、失能、高龄、贫困等老人最关心、最迫切的服务需求，作为服务的重点和突破口。在此基础上，不断扩大服务对象，丰富服务内容，逐步满足不同层次居家老年人的多元化养老服务需求。

坚持政府主导、社会参与原则。政府及相关部门要在农村居家养老服

务工作中发挥主导作用，社会各方面力量要积极参与，提供服务和支持，发挥辅助作用。切实发挥好政府、村委会、基层老年群众组织和社会志愿者作用，共同营造农村老年人居家养老服务的良好社会环境。

坚持因地制宜、循序渐进原则。区分不同类型和经济社会发展水平的地区，确定试点单位，实行分类指导，待总结经验后逐步推开。

坚持资源共享、整体联动原则。有关部门和单位要注重工作综合、资源整合和政策聚合，结合农村文化大院、农家书屋、农村基层组织建设等惠民工程，加强工作联动，合力推动农村居家养老服务大院建设。

三 农村居家养老服务大院建设工作的主要内容

（一）加强服务设施建设。利用村集体闲置房舍等资源或原有老年活动设施，给予适当投入改造，添加必要的文体活动器材，因地制宜地建设居家养老服务大院。通过资源共享方式，完善服务设施，拓展为老服务功能。居家养老服务大院活动室使用面积应不低于60平方米，有基本取暖设施，配有桌椅、书柜、电视、音响等器材，并有适量图书、报刊及电子音像制品。日间照料室要有适当数量床位、卧具，具备提供日间照料服务的基本条件。室外应建有不低于100平方米的活动场地，配备适宜的健身器材。

（二）规范服务方式和内容。开展居家养老服务要以空巢、失能、高龄、贫困等老人以及分散供养“五保”老人为重点，针对不同老年人的情况和需求，采取不同的服务方式。对经济困难确需要政府保障的居家老年人，应主要通过政府购买服务的形式提供生活照料、精神慰藉、健康保健等福利性服务，对其他有服务需求的居家老年人则应更多通过社会力量提供公益性服务，重点要积极发动和组织农村党员、志愿者，以结对帮扶、定点定时、邻里守望等形式向农村居家老年人开展无偿服务。对大部分身体尚好、能自我行动的农村老年人，主要通过养老服务大院设置亲情化、人性化的为老服务项目，达到为老年人服务的目的和宗旨。

（三）建立健全服务网络。居家养老服务大院要依托村委会和村老年人协会，协调乡（镇）、村其他为老服务组织，动员卫生院（所）、商业、餐饮等营业服务点构建服务网络。要建立老年人信息档案，具备条件的应设立为老服务和求助热线，为有困难老人提供上门便捷服务。建立以村干部和老年人协会为主体的居家养老服务队伍，依托中小学校、党团组织、妇女和民兵组织、部队等建立志愿者服务队伍，动员组织有爱心、愿为老年人服务的农村群众组织和个人参与为老服务，逐步建立起义工和专职人员相结合的农村居家养老服务队伍。还可成立各类老年文体活动组织，让老年人实现自我管理、自我服务。

四　农村居家养老服务大院建设工作的保障措施

（一）建立农村居家养老服务大院建设工作领导体制和工作机制。居家养老服务在老龄、民政部门的指导和村“两委”的领导下组织实施。各地要建立“党委政府领导、老龄与民政部门组织、有关部门配合、村级组织主办、社会力量支持、群众广泛参与”的领导体制和工作机制，切实加强对农村居家养老服务大院建设工作的组织领导，发挥乡（镇）政府、村级组织及老年人协会的重要作用，共同推进农村居家养老服务大院建设。

（二）建立多元化资金投入机制。居家养老服务大院建设要发挥各级政府的主导作用，给予必要的资金投入，可在福利彩票公益金中安排部分资金用于养老服务大院建设，还要多元化筹措建设资金，争取社会各界支持，动员村民自愿捐助。村级组织应对居家养老服务大院日常运作经费给予适当补助，具备条件的应建立老年田、老年林等创收基地。

（三）明确相关部门责任。老龄与民政部门负责规划、协调、指导、督促、检查农村居家养老服务大院建设工作，总结经验并及时推广，发现问题及时予以纠正。财政、文化、卫生、体育以及老龄委各成员单位，应根据各自职能积极支持和扶助居家养老服务大院建设。

（四）建立激励机制。村级组织要对负责居家养老服务大院工作的老年人协会会长或专职负责人员给予适当补贴。要把居家养老服务大院建设工作作为当地政府考核基层工作的重要内容，并纳入老龄委各成员单位和各地老龄工作目标考核体系。各级政府要对设施完善、组织健全、活动丰富、服务规范的农村居家养老服务大院及表现突出的部门、单位和个人进行表彰奖励。

吉林省老龄办　省民政厅　省财政厅　省文化厅　省卫生厅　省体育局

二〇一〇年五月十八日

浙江省农村社区居家养老服务照料中心规范化建设指导意见

为规范我省农村社区居家养老服务照料中心的建设与管理，建立完善长效运营机制，推动农村养老服务事业发展，根据民政部、省政府有关文件和《社区老年人日间照料中心建设标准》（建标〔2010〕193 号）、《居家养老服务与管理规范》（DB33/T837—2011），特制定本意见。

第一章　总则

第一条　农村社区居家养老服务照料中心（以下简称照料中心）是指在农村社区建设的，为有需求的老年人提供集中就餐、托养、健康、休闲等服务，上门为居家老人提供照护服务，开展老年人信息登记、身体状况评估的专用场所或服务机构。

第二条　农村社区都要建立照料中心。村社区范围较大的，可以有多个照料中心。

第三条　照料中心应有规范的名称，统一为“村（社区）名称 + 居家养老服务照料中心”，并将名称标识标牌悬挂在醒目位置。

第四条　照料中心的服务半径，一般为老年人步行 20 分钟左右。

第五条　已建农村“星光老年之家”、居家养老服务站，应通过改造升级转型为照料中心。

第六条　已建集中居住式的农村老年公寓在配建相应的服务设施、完善服务功能后，可挂牌照料中心。

第七条　乡镇（街道）、村（社区）敬老院应增挂照料中心牌子，并按要求开展居家养老服务，其服务半径能覆盖的农村社区可不再另建照料中心。

第八条　照料中心实行属地管理。县（市、区）民政部门是照料中心的业务主管部门，负责指导和监督工作。镇（街道）政府是照料中心的责任主体，负责辖区内照料中心的规划建设和运作保障，指导做好日常管理和运营。村（社区）是照料中心建设和管理的实施单位，负责日常运行管理，确保安全。

第九条　照料中心应满足农村老年人在生活照料、健康服务、精神文化等方面的基本需求，做到规模适宜、功能完善、安全卫生、节约集约。

第十条　鼓励引导民间资本参与照料中心的建设和运营。鼓励农村基层老年人协会参与照料中心的服务与管理。

第二章　建设

第十一条　照料中心建设坚持就近就便、功能配套、方便实用的原则，可以通过改造农村“星光老年之家”、老年活动室，整合利用现有农村社区基础设施和场地，建筑面积在200平方米以上；其中提供全托服务的建筑面积应不少于500平方米。

第十二条　照料中心宜设在建筑低层部分，相对独立，并有独立出入口，配有安防、消防等设备和必要的交通工具，有通风换气装置。

第十三条　照料中心宜和农村社区卫生服务中心毗邻，实行资源和服务共享。

第十四条　照料中心应根据老年人实际需要，合理设置生活服务、健康服务、文体娱乐及辅助用房，并配备相关设施设备。其中：

老年人生活服务用房包括休息室、沐浴间和餐厅（含配餐间），休息室至少配有可提供20人以上休息的躺椅或床位，使用面积不少于50平方米，并配有降温、取暖设备；餐厅能提供20名以上老年人同时就餐，就餐面积不小于30平方米。

老年人健康服务用房包括医疗保健室、康复训练室和心理疏导室；应配备老年人安全使用的健身康复器械和设备，建立健全老年人健康档案资料，使用面积不少于20平方米。

老年人文体娱乐用房包括阅览室（含书画室）、网络室和多功能活动室；阅览室应配有桌椅、书架和适合老年人阅读的图书、报纸、杂志，面积不少于20平方米。

老年人辅助用房包括办公室、厨房、洗衣房、公共卫生间和其他用房（含库房等）。厨房应符合食品卫生防疫规定，并备有灭火器具。卫生间应方便轮椅出入，便池安装扶手。

第十五条　照料中心应设立室外活动场所，配备适合老年人的健身康复设施。

第三章　服务内容和形式

第十六条　照料中心的服务对象为居住在本社区需要服务的老年人，重点是高龄、空巢、独居、生活困难的老年人。

第十七条　照料中心服务内容包括：

（一）老年人口信息登记：老年人基本信息采集、整理和档案管理。

（二）养老服务需求评估：协助评估老年人的身体状况、收入状况及服务需求。

（三）生活照料：为老年人提供托老、用餐（配、送餐）、家政服务等一般照料和陪护等服务。

（四）健康保健服务：提供健康教育、疾病防治、康复训练、心理卫生等服务。

（五）文体娱乐服务：为老年人提供有益身心健康的文体娱乐活动，包括知识讲座、上网阅览等服务。

（六）精神慰藉服务：为老年人提供聊天谈心、心理疏导、协助交友等服务。

（七）法律维权服务：提供法律咨询、法律援助，维护老年人赡养、财产、婚姻等方面的合法权益等服务。

（八）志愿服务：为老年人提供无偿、有组织的志愿者服务和邻里、老年人互助服务。

第十八条　服务形式：照料中心主要提供集中式的日托照料服务和分散式的上门服务。

（一）日托服务：为在照料中心接受服务或委托服务的老年人提供生活照料、休闲娱乐、健康护理和精神慰藉等日托服务。

（二）上门服务：由经过专业培训的服务人员上门为居住在家中的老年人提供照护服务，为失能、空巢老人提供定期上门查看、定期电话查访等安全服务。

第十九条　照料中心提供的服务，应以无偿和低偿为原则。为老年人提供的休闲娱乐、图书阅览、知识讲座、聊天谈心、法律维权、志愿者服务等公益类项目以及健身、康复器材设备使用等实行零收费。为老年人提供的日托、就餐、送餐、家政等服务，可根据服务成本制定合理的收费标准。

服务项目和收费标准应在照料中心醒目位置公示。

第二十条　有条件的照料中心应采取信息化服务方式，可依托“96345”、“81890”等社区公共服务信息平台，为照料中心服务延伸进家庭提供信息化支撑。

第四章　运行管理

第二十一条　照料中心按省级地方标准《居家养老服务与管理规范》

实行星级管理。

第二十二条　照料中心应配有与其业务范围相适应的管理和服务人员，且专（兼）职管理（服务）人员不少于2名，其中提供全托服务的应不少于5名。工作人员可以由社区居委会成员、公益岗位人员、志愿者队伍及其他聘用的专业服务人员等组成。

专职工作人员应签订聘用合同或者劳动合同，并经有关部门培训合格后持证上岗。专职工作人员薪酬待遇不低于公益性岗位人员的工资标准。

第二十三条　照料中心应有规范的管理制度和服务标准。各项制度应予以公示，包括服务项目、收费标准、规章制度、工作流程、服务承诺、人员职责分工等。

第二十四条　照料中心应有独立的办公用房及相应办公设备。

第二十五条　照料中心可以通过社区服务组织备案方式进行登记管理。符合民办非企业单位登记条件的照料中心，应当办理法人登记。

提供全托服务的照料中心可登记为养老机构。

第二十六条　照料中心应当与享受日托或上门服务的老年人或其家属（监护人）签订委托服务协议书，明确双方的责任、权利和义务。

第二十七条　照料中心应有能够确保日常运营的资金。经费主要由各级财政资金、村集体经济以及社会捐赠等构成。

第二十八条　各级政府应建立购买服务制度，为照料中心运行提供资金支持。照料中心应增强自身运行能力，积极承接政府购买服务项目。

第二十九条　照料中心的运营管理可采取以下几种方式：

（一）由具有一定实力的养老机构运营管理。

（二）由具备资质的、专业从事居家养老服务的社会组织承担运营管理。

（三）由村（社区）管理，承担日常服务管理工作。

（四）其他。

第三十条　照料中心应当建立财务独立核算科目，做到专款专用，账据相符。

第三十一条　照料中心应保持环境整洁，履行安全运行义务，加强各方面的管理，确保老年人的安全。

第三十二条　照料中心应制定应急预案，每年定期开展演练。

第三十三条　照料中心应当建立服务质量评估制度，经常听取老年人及其家属的意见和建议，发挥老年人对养老服务和管理的监督促进作用，改进服务质量，提高服务水平。

第三十四条　县（市、区）民政部门每年不定期组织对照料中心运行管理情况进行检查，根据星级标准，实行动态管理。

第五章　附则

第三十五条　各市、县（市、区）可依据本意见制定实施细则。

第三十六条　本办法自印发之日起30日后施行。

浙江省民政厅

二〇一三年十一月二十七日

甘肃省民政厅关于建设农村互助老人幸福院的意见

为了认真贯彻民政部“邯郸会议”精神，落实省委联村联户为民富民行动协调推进领导小组办公室《关于在联村联户为民富民行动中对58个县（市、区）所有贫困村实现“八个全覆盖”做好“四件实事”任务分解的通知》（甘联领办发〔2012〕9号）要求，现就建设农村互助老人幸福院（日间照料中心〔室〕）（以下简称互助老人幸福院）工作，提出如下意见。

一　建设互助老人幸福院的重要意义

我省是农村劳动力输出大省，也是未富先老的省份之一。目前，我省农村老年人已达226万人，占全省325万老年人的69.5%，尤其是农村留守、独居（空巢，以下略）老人占农村老年人的比例已高达35%，今后一段时间还会大量增加。关心农村老人生活问题已迫在眉睫。国家民政部经过多年的探索和实践，并经邯郸市三年实践和河北省两年全面推广验证，按照村级主办、村民互助、邻里互助、社会捐助、政府支持的方式建设“互助老人幸福院”，为农村老人提供一个白天相聚交流、互助互娱，晚上想住即住、回家自便的场所，已成为解决农村老人，特别是留守、独居老人生活和养老问题最实际、最有效的途径。其生命力在于：群众有需求并能接受、村级组织办得起、政府有条件支持和各个层面建立互助机制的支撑，具有一定的普遍意义。因此，民政部于今年4月在邯郸专门召开现场会，决定在全国推广邯郸——互助养老模式，逐步在行政村建立互助老人幸福院。

我省农村养老工作经过几年探索，取得了一定成效。目前，农村养老服务需求大、积极性高，但差异较大且需求方式多样。借鉴邯郸做法，贯彻民政部要求，落实省委联村联户为民富民行动协调推进领导小组安排，在联村联户为民富民行动中，通过建立村互助养老协会、实行一帮一结对关照和建设互助老人幸福院等途径，关心照料好农村留守、独居等老人生活问题，对于破解农村养老难题、推进全社会敬老爱老助老、维护农村老年人合法权益、促进农村经济社会发展、增进民生福祉具有重要的现实意义，必将有力地推进我省农村养老事业快速发展。

二　建设互助老人幸福院的指导思想、总体目标和服务对象

（一）指导思想。坚持以邓小平理论和“三个代表”重要思想为指导，深入贯彻落实科学发展观，以关心农村老人生活为目的，以建设互助老人幸福院为重点，坚持从实际出发、尊重群众意愿的方针和统一政策、多种形式、进出自由、整体覆盖的原则，采取成立协会、结对帮扶、改建扩建新建等方式，不断完善农村社会养老服务设施，为农村留守、独居等老人创造一种相互帮助、相互关照、消除孤独、改变短时孤立无援的环境，达到子女安心、政府放心、老人开心的效果；为社会关心、邻里互助、大家关爱老人开通一条敬老助老通道。

（二）总体目标。以村为单位，从现在开始，年内都要成立养老服务互助协会，全面建立关心关爱农村老人的结对帮扶工作制度和工作机制。要把互助老人幸福院建设纳入基本养老服务体系建设总体规划，力争到“十二五”末，30%以上的行政村实现“四个一”目标，即建成1个互助老人幸福院、配备1套为老服务设施设备、建立1套日常活动管理制度、形成1个正常运行的长效机制，为留守、独居等老人提供养老服务，创建符合当地实际、具有甘肃特色的农村养老服务新路子。

（三）服务对象。建设互助老人幸福院，重点是关心农村因子女长期外出务工经商或长期在外、身边无人照料的农村留守、独居老人和其他老人。无子女即无法定赡养人的孤寡老人，应按五保供养条件全部纳入“五保供养”范围，享受“五保供养”政策。

三　建设互助老人幸福院的标准和方式

对于农村居住比较分散的留守、独居等老人，以及不愿离开自家院落的老人，要发挥好养老互助协会的作用，建立管用的联系方式、设定具体的探视时段、明确相应的帮扶内容，采取党员干部“一对一”结对帮助、志愿者和社工扶助、老人互助、邻里互帮等多样化的帮扶方式，靠实责任，对他们独居期间的日常生活予以帮助。

村民要求迫切、“两委”班子坚强有力（联村单位愿意资助）、建设互助老人幸福院积极性高的，鼓励先干，省、市、县民政部门予以重点支持。建设互助老人幸福院，要以村为单位，按照“村级主办、互助服务、政府支持、群众参与”的原则和“尊重群众意愿、依据实际需求，尽力而为、量力而行，讲求实效、持续发展”的要求，体现自愿、自治的公益性特点，突出互助特色。严禁将互助老人幸福院建成老人长期吃住性质的老年公寓或与政府供养五保老人的敬老院、“五保家园”混淆的场所，防止老人住不起、村集体经济办不起、政府支持不起的问题发生。

（一）建设标准。村内老人少于20人的，建筑面积不低于120平方米；超过20人的，不低于200平方米。院内要设有日间照料室和床位、老年活动室、夕阳餐桌。日间照料所需床位按各村老人实际人数设置，所占面积不低于建筑面积的70%。床位可采取固定床、简易床和躺椅等灵活多样的方式进行配置，餐桌场所与活动场所可合并利用，尽量避免闲置。同时，要有一定面积的室外活动场所。

（二）建设方式。互助老人幸福院建设要按照因地制宜、实际实用，多策并举、方式多样的思路，充分利用各种资源，采取改建、扩建或新建等方式进行。

1. 用好“五保家园”。已建有五保家园或敬老院的，要加挂“互助老人幸福院”和“老年人日间照料中心（室）”牌子，在满足五保供养需要的基础上，向留守独居老人开放。

2. 利用好公益设施。利用村上现有文化活动室等活动场所，采取合理划分时段、优化配置设施等方式，为留守、独居等老人日间交流聚会等提供活动时段和相应服务，可加挂“互助老人幸福院”和“老年人日间照料中心（室）”牌子。

3. 利用村民资源。留守、独居等老人愿意提供自家院落和房屋，主动为本村老人提供交流聚会、文化娱乐活动场所的，当地民政部门要给予支持，配备必要的设施，可加挂“互助老人幸福院”和“老年人日间照料中心（室）”牌子。

4. 整合村内场所。主要是利用本村闲置的校舍、厂房等场所进行改建或扩建。建设规模和方式要尊重群众意愿，不搞一刀切。

5. 新建。以村为单位自主筹资，同时积极争取联村单位资助、社会帮扶进行建设。

今明两年，省上将重点支持利用五保家园、闲置场所进行改建扩建的互助老人幸福院。凡属新建的原则上从 2014 年开始建设。对于村上有经济能力、联村单位有帮扶积极性的，可积极建设。无论是利用“五保家园”，还是利用闲置校舍、集体厂房改造或新建互助老人幸福院的，省上通过以奖代补的方式将给予支持。

（三）建设程序。互助老人幸福院建设（开展联村联户为民富民行动的村要与富民项目建设紧密结合起来）要统筹规划、认真论证、逐级申报。申报按照村委会申请、乡镇政府复核、县（市、区）民政局审核、市（州）民政局汇总、省民政厅审定后实施的程序进行，组织实施的项目要建档立卡，不得重复建设。

（四）成立协会。在村委会的指导下，宣传发动村民按自愿原则成立村养老服务互助协会，负责组织开展以关心留守、独居等老人为重点，多种方式并存、各个层面参与的互助养老活动，指导搞好互助老人幸福院的日常运行管理。协会由会员民主选举理事会作为其日常管理机构，理事会由会长、副会长、理事组成，一般 5—7 人。理事会成员应从德高望重、号召力强、热心公益活动的老人中推举，会长一般由村干部兼任，副会长在老年人中选举产生。协会成立后，要建立相应的管理制度，实现自我管理、自我服务和自我监督。

（五）互助方式。进入互助老人幸福院，要坚持本人自愿的原则，所需的衣被等生活用品由本人自带和子女保障。互助老人幸福院的水、电、暖、有线电视、固定电话等日常运转费用，由村集体与入院老人家庭共同承担或村集体承担。各地要积极探索建立村上资助、社会捐助、邻里帮助、志愿者义助、老人互助、子女依法养助的扶助机制和院内老人自治、自助的办院模式，鼓励互助老人幸福院创新互助内容和形式，逐步提高民主管理和互助服务水平，实现可持续发展。

四 建设互助老人幸福院需要落实的相关政策

（一）全面落实五保供养政策。要按照《农村五保供养工作条例》和《甘肃省农村五保供养办法》规定，全面落实农村五保供养待遇，符合五保条件的孤寡老人要全部纳入五保供养范围，不折不扣地落实集中供养和分散供养的生活补助政策，不断提高供养标准和服务质量，切实保障五保老人的基本生活不低于当地居民平均生活水平。

（二）认真落实老年人优待政策。要按照《老年人权益保障法》及相关法律法规的规定，切实落实好各项老年人优待政策。全面落实高龄老人生活补贴制度，加快制定出台 80 岁以上高龄老人生活补贴制度。有条件的地方要研究出台农村养老服务政策，为经济困难的高龄、独居、失能等老人养老服务提供支持。

（三）大力开展敬老助老活动。要以村党支部为核心、党员干部为骨干、志愿者和社工为依托，动员社会各方力量，大力开展关心照顾、扶助服务老人的活动。既要为互助老人幸福院的老人开展日常照料、情感交流、应急服务、文化娱乐、法律援助等服务，又要对零散居住在村内的老人开展"定人定点定时"探视帮扶照料活动。积极倡导多种形式的孝亲敬老助老活动和民间慈善活动，努力营造和丰富农村精神文明建设的氛围。

五 建设互助老人幸福院的保障措施

（一）加强组织领导。各地要建立党政主导、民政牵头、部门协同、社会参与的工作机制。各级民政、老龄工作部门要把建设互助老人幸福院摆上重要议事日程，主动向党委政府汇报，争取纳入为民办实事计划，切实加强统筹协调、制定规划，强化业务指导和督促检查。

（二）完善扶持机制。要制定有效的激励扶持政策，争取相关部门支持，积极整合各类资源，加快建设互助老人幸福院。互助老人幸福院作为公益性项目，在审批时争取纳入绿色通道优先安排，所需建设用地争取从农村集体所有土地中采取划拨方式优先解决，所需的水、电、暖等费用按照居民用户最低标准收取。要与村卫生所建立联系，为老人就医提供便利，做到小病院内诊治、大病子女接回养治。市县两级要将本级留成的福利彩票公益金按不低于 30% 的比例，用于互助老人幸福院建设。省级福彩公益金将由以往按项目资助的方式改为“以奖代补”，对建设资金落实到位、工作成效显著的地方给予重点支持，对达不到上述比例和要求的地方，将不予资助。

（三）动员社会力量。要落实优惠政策，引导和鼓励社会各方力量积极参与设施建设。动员机关、企事业单位、社会组织和个人开展结对帮扶、爱心捐赠活动；鼓励和组织社会力量及志愿者为农村留守、独居等老人提供生活照料等方面的服务；引导外出务工经商人员回报乡里，共同为建设互助老人幸福院做出贡献。对企事业单位、社会组织、慈善组织和爱心人士资助或兴办互助老人幸福院的，要大力宣传并给予表彰奖励。

（四）强化督促检查。从今年开始，省民政厅将把建设互助老人幸福院作为民政工作的一项重要指标，对市州进行绩效考核，对任务落实情况进行通报。各级民政、老龄工作部门要精心制定实施方案，落实责任分工，明确进度时限和服务要求。要规范项目和资金安排程序，自觉接受财政和审计部门的审计检查。鼓励和吸纳社会各界对建设互助老人幸福院情况进行监督，切实推进农村养老服务事业顺利发展。

甘肃省民政厅

二〇一二年七月二十六日

参考文献

[1] 马斯洛：《存在心理学探索》，云南人民出版社 1987 年版。
[2] 杨团：《社区公共服务论析》，华夏出版社 2002 年版。
[3] 夏学銮：《社区照顾的理论、政策与实践》，北京大学出版社 1996 年版。
[4] 王树新：《社会变革与代际关系研究》，首都经济贸易大学出版社 2004 年版。
[5] 范明林、张钟汝编著：《老年社会工作》，上海大学出版社 2005 年版。
[6] 郑功成：《社会保障学》，商务印书馆 2001 年版。
[7] 梁鸿、赵德余：《人口老龄化与中国农村养老保障制度》，上海人民出版社 2008 年版。
[8] 中国发展研究基金会：《中国发展报告 2008/09：构建全民共享的发展型福利体系》，中国发展出版社 2009 年版。
[9] 杜鹏：《新时期的老龄问题我们应该如何面对——从六普数据看我国老龄化新形势》，《人口研究》2011 年第 4 期。
[10] 李秀丽、王良健：《我国人口老龄化水平的区域差异及其分析研究》，《西北人口》2008 年第 29 期。
[11] 姜卫平：《中国人口发展趋势》，《人口与计划生育》2010 年第 8 期。
[12] 王金营、原新：《分城乡人口预测中乡—城人口转移技术处理及人口转移预测》，《河北大学学报》2007 年第 3 期。
[13] 全国老龄办农村空巢家庭老年人状况调查研究课题组：《全国农村空巢和类空巢家庭老年人状况调查》，《中国社会工作》2009 年第

5 期。
[14] 李凡：《中国人口老龄化的现状、原因及对策》，《科教文汇》2010 年第 10 期。
[15] 李辉、王瑛洁：《中国人口老龄化城乡倒置现象研究》，《吉林大学社会科学学报》2012 年第 1 期。
[16] 李建民：《新时期的老龄问题我们应该如何面对》，《人口研究》2011 年第 4 期。
[17] 全国老龄工作委员会办公室：《中国人口老龄化发展趋势预测研究报告》，《中国社会报》2006 年 2 月 27 日。
[18] 牛翠萍：《和谐农村视阈下农村空巢家庭养老问题浅析》，《经济研究导刊》2012 年第 9 期。
[19] 龚文君：《农村空巢家庭的养老保障问题研究》，《西北人口》2007 年第 28 期。
[20] 王慧：《浅析建立农村新型居家养老模式的必要性和可行性》，《科协论坛》2012 年第 2 期。
[21] 王德文、檀晓青：《人口老龄化语境中的健康寿命及其探索》，《福建江夏学院学报》2012 年第 2 期。
[22] 沈长月、时媛媛、郭牧琦：《国内外居家养老服务保障的理论、理念与发展研究》，《广西经济管理干部学院学报》2011 年第 2 期。
[23] 张国平：《农村老年人居家养老服务的需求及其影响因素分析》，《人口与发展》2014 年第 2 期。
[24] 林闽钢、王章佩：《福利多元化视野中的非营利组织研究》，《社会科学研究》2001 年第 6 期。
[25] 彭华民、黄叶青：《福利多元主义：福利提供从国家到多元部门的转型》，《南开学报（哲学社会科学版）》2006 年第 6 期。
[26] 张康之：《限制政府规模的理念》，《行政论坛》2000 年第 4 期。
[27] 刘熙瑞：《服务型政府：经济全球化背景下中国政府改革的目标选择》，《中国行政管理》2002 年第 9 期。
[28] 姚远：《血亲价值论对中国家庭养老机制的理论探讨》，《中国人口科学》2000 年第 6 期。
[29] 刘燕、刘静林、李乐：《养老服务业的市场需求分析》，《长沙民政职业技术学院学报》2006 年第 4 期。

［30］王文敬：《提供差异化服务的居家养老模式》，《经济与管理》2011年第7期。
［31］王莉莉：《基于“服务链”理论的居家养老服务需求、供给与利用研究》，《人口学刊》2013年第2期。
［32］李建新：《中国农村养老意愿和养老方式的研究》，《人口与经济》2004年第5期。
［33］宋宝安：《老年人口养老意愿的社会学分析》，《吉林大学社会科学学报》2006年第4期。
［34］孔祥智、涂圣伟：《我国现阶段农民养老意愿探讨——基于福建省永安、邵武、光泽三县（市）抽样调查的实证研究》，《中国人民大学学报》2007年第3期。
［35］陈建兰：《空巢老人的养老意愿及其影响因素——基于苏州的实证研究》，《人口与发展》2010年第2期。
［36］初炜、胡冬梅、孔祥金、吴云红、宋桂荣：《农村老年人群养老需求模式及其影响因素分析》，《中国社会医学杂志》2008年第2期。
［37］胡宏伟、李玉娇、张亚蓉：《健康状况、群体差异与居家养老服务保障需求——基于城乡老年人调查的实证分析》，《广西经济管理干部学院学报》2011年第2期。
［38］郭竞成：《农村居家养老服务的需求强度与需求弹性——基于浙江农村老年人问卷调查的研究》，《社会保障研究》2012年第1期。
［39］杨团：《农村老人照护服务体系的初步探索》，《社会保障研究》2008年第2期。
［40］祁峰：《英国的社区照顾及启示》，《西北人口》2010年第6期。
［41］苏永刚、马娉、陈晓阳：《英国临终关怀现状分析及对中国的启示》，《山东社会科学》2012年第2期。
［42］陈成文、孙秀兰：《社区老年服务：英、美、日三国的实践模式及其启示》，《社会主义研究》2010年第1期。
［43］王秋梅、田新平、沈悌：《美国全面的老年人服务项目模式》，《中国老年学杂志》2010年第2期。
［44］谢芳：《美国的退休社区和“居家援助式”养老模式》，《社会》2004年第12期。
［45］陈竞：《日本护理保险制度的修订与非营利组织的养老参与》，《人

口学刊》2009 年第 2 期。
[46] 肖莎、杨翠迎：《社会照顾视角下的养老方式：以香港为例》，《南京工程学院学报》2010 年第 2 期。
[47] 田北海：《香港与武汉：老年福利服务模式比较》，《学习与实践》2007 年第 12 期。
[48] 郭竞成：《居家养老模式的国际比较与借鉴》，《社会保障研究》2010 年第 2 期。
[49] 张国平：《居家养老社会化服务的新模式——以苏州沧浪区“虚拟养老院为例”》，《宁夏社会科学》2011 年第 3 期。
[50] 张国平：《地方政府购买居家养老服务的模式研究》，《西北人口》2012 年第 6 期。
[51] 颜领帅、吴忠、职韵秋、向甜：《政府购买居家养老服务的政策过程分析——仅以上海市为例》，《劳动保障世界》2012 年第 5 期。
[52] 周元鹏、张抚秀：《上海市社区居家养老服务发展的背景、需求趋势及其思考》，《人口与发展》2012 年第 2 期。
[53] 吴玉霞：《政府购买居家养老服务的政策研究——以宁波市海曙区为例》，《中共浙江省委党校学报》2007 年第 2 期。
[54] 邵文娟、刘晓梅、奚伟东：《老年养老服务的现状和问题——以大连市为例》，《长春大学学报》2012 年第 7 期。
[55] 钟金玲：《非政府组织参与居家养老的优势、问题与对策》，《福建行政学院学报》2012 年第 2 期。
[56] 陈友华：《居家养老及其相关的几个问题》，《人口学刊》2012 年第 4 期。
[57] 郭风英：《社区居家养老服务供给机制研究——以宁波市江东区社区服务为例》，《新疆社科论坛》2011 年第 1 期。
[58] 高利平：《为居家养老建立社会支持》，《红旗文稿》2007 年第 11 期。
[59] 曹洪香：《赵立新农村居家养老需要强有力的道德支持》，《长春工业大学学报（社会科学版）》2009 年第 4 期。
[60] 孙慧峰：《中国城镇居家养老服务体系研究》，《兰州学刊》2010 年第 5 期。
[61] 刘颂：《解析居家养老服务体系建设的终极目标及运作路径——基

于南京市玄武区两个街道的调查》，《南京人口管理干部学院学报》2012 年第 1 期。

[62] 王阳：《我国普遍型社会福利体系的公共财政支持研究》，《经济研究参考》2011 年第 65 期。

[63] 王春光：《城乡一体化视野下的中国社会福利问题研究》，《中共福建省委党校学报》2011 年第 8 期。

[64] 谢泽宪：《韩国家庭养老能走多远?》，《社会》2000 年第 3 期。

[65] 胡灿伟：《新加坡家庭养老模式及其启示》，《云南民族大学学报（哲学社会科学版）》2003 年第 3 期。

[66] 赵丽宏：《城市居家养老生活照料体系研究》，《学术交流》2007 年第 10 期。

[67] 陈振明、薛澜：《中国公共管理理论研究的重点领域和主题》，《中国社会科学》2007 年第 3 期。

[68] 刘霞、申锦莲：《关注老龄化，推进农村社会化养老服务——以烟台为例》，《行政与法》2011 年第 2 期。

[69] 陈功、杜鹏、陈谊：《关于养老“时间储蓄”的问题与思考》，《人口与经济》2001 年第 6 期。

[70] Parrott，Lester. Social Work and Social Care，London：New York Routledge，2003.

[71] United Nations. Access to Social Services By the Poor and Disadvantaged in Asia and the Pacific：Major Trends and Issues，New York：United Nations Publications，2002.

[72] Gree R. Maximizing the use if Performance Contracts Skills for Effective Management of Nonprofit Organizations，NASE Press，Washington DC，1998.

[73] Kettle. Sharing Power：Public Governance and Private Markets，Washington，DC. The Brookings Institution Press，1993.

[74] Maria Gorsky、Sally Sheard. Financing Medicine：the British Experience 1750，New York：Routledge，2006.

后　记

农村养老问题的研究一直是我国学术界关注的热点问题，以前大家比较重视养老经济问题的研究和探讨。随着我国经济的快速发展和农村养老保障制度的不断完善，农村老年人的基本生活已得到了保障。但随着我国老龄化程度的不断加剧，农村老年人对养老服务的呼声不断高涨，对养老服务的需求不断增长。与城市相比，农村老年人收入低、生活苦、保障少，尤其是由于农村青壮年的大量外流，农村空巢老人、高龄老人、困难老人、生活不能自理老人等老年群体的生活照料和养老服务需求日益凸显，如何满足农村老年人养老服务的需求不仅仅是关系家庭安宁的问题，还是攸关家庭和谐、农村发展、社会稳定的大事。农村老年人养老方式的调查表明，绝大多数农村老年人都选择居家养老的方式，居家养老是我国农村老年人养老的最为主要的方式。农村居家养老服务问题研究是农村养老问题研究的具体化和深化，有助于我国农村居家养老服务体系的建设。

本书是笔者主持的国家社科基金“农村老年人居家养老服务体系研究”项目的研究成果。作为国家社科基金项目，本课题研究的主线是从理论、实践、政策三个层面全面分析、系统论述、深刻探讨我国农村居家养老服务体系。本书做的主要工作有如下几个方面。一是从概念上厘清居家养老与社区服务和社区照顾等概念的区别。二是分析了我国农村居家养老服务供需现状及其原因。三是在充分借鉴国内外研究成果的基础上提出了我国农村居家养老服务体系建构的设想。我国农村居家养老服务体系由五大主体、五大运行机制和六大支持系统构成，这一体系可概括为“5—5—6”体系。农村居家养老服务体系的五大主体是指政府、村（社区）、企业、非营利组织、家庭（个人）；五大运行机制是指行政机制、准市场机制、志愿服务机制、自我服务机制、混合机制；六大支持系统是指政策法规支持、经济支持、组织网络支持、服务设施和环境的支持、道德文化支持、监督管理系统支持。我国农村居家养老服务体系运行的目标是实现“政府购买服务、社会组织运作、市场推动、各方参与”的模式。四是提出了发展我国农村居家养老服务体系的对策思路与政策建议。我国农村居家养老服务体系建设的基本路径应从整个社会整体设计，多元切入；根据老年人对居家养老项目的需求差异，突出重点和急需问题，不断提高居家养老社会化服务的质量和水平；按照老年人口不同的经济、健康、居住情况，实施分类分层服务推进的策略；把农村居家养老服务体系建设与发展可持续的老年人长期照护服务体系紧密结合。为此，应加强规划和政策引导，强化组织领导；加大政府财政投资力度，拓宽资金的投入渠道，建立多元化长效投入机制；加强居家养老服务队伍建设，提高居家养老服务的专业化水平；加强农村居家养老服务的基础设施和平台建设，丰富居家养老服务的内容，不断创新居家养老服务的形式；进一步完善农村居家养老服务的管理制度和运行机制；建立一个有利于居家养老的社会氛围和环境。

本课题在研究过程中得到了众多学术界同仁的关心和帮助。南京大学社会学院陈友华教授、山西社会科学院社会学所谭克俭研究员、苏州大学社会学院梁君林教授、南京社会科学院李程骅教授对书稿提出了很多宝贵意见，使我受益匪浅，在此表示衷心感谢。本书的顺利出版，还要感谢中国社会科学出版社的大力支持，责任编辑王茵女士为本书的出版付出了辛勤劳动。我的两位硕士研究生程中丽、徐蓓蕾全程参与了本课题研究，并承担了大量的工作。本书在写作过程中，还参阅了大量专家、学者的文献资料，在此，一并表示感谢！感谢所有在我课题研究和写作过程中给予我关心、支持和帮助的人！

做学问搞研究，青灯孤影，焚膏继晷，所付出的辛苦自不待言。每当自己在学术之旅上经过跋涉和攀登领略到更多更美的风景时，感觉自己的努力和付出都是值得的，内心总是充满喜悦和欣慰。我国农村居家养老服务体系的研究是一片有待开发的处女地，本书只是对我国农村居家养老服务体系研究的一个初步探索。限于研究时间及笔者的水平和能力，本书还存在诸多不足，真诚希望学术界同仁提出宝贵意见，以便在今后的研究中进一步完善。

路漫漫其修远兮，吾将上下而求索。

张国平

2015 年 7 月 28 日于昆承湖畔